高等职业院校财经类专业“十三五”规划教材

网络营销实务

夏薇薇　李元杰　主　编
罗　维　郭　鑫　副主编

上海财经大学出版社

图书在版编目(CIP)数据

网络营销实务/夏薇薇，李元杰主编．—上海：上海财经大学出版社，2018.9
(高等职业院校财经类专业“十三五”规划教材)
ISBN 978-7-5642-3102-6/F・3102

Ⅰ.①网…　Ⅱ.①夏…②李…　Ⅲ.①网络营销-高等职业教育-教材
Ⅳ.①F713.36

中国版本图书馆 CIP 数据核字(2018)第 191788 号

□ 责任编辑　柳萍萍
□ 封面设计　张克瑶

网络营销实务

夏薇薇　李元杰　主　编
罗　维　郭　鑫　副主编

上海财经大学出版社出版发行
(上海市中山北一路 369 号　邮编 200083)
网　址：http://www.sufep.com
电子邮箱：webmaster @ sufep.com
全国新华书店经销
上海同济印刷厂有限公司印刷装订
2018 年 9 月第 1 版　2018 年 9 月第 1 次印刷

787mm×1092mm　1/16　19.25 印张　493 千字
印数：0 001—3 000　定价：45.00 元

高等职业院校财经类专业“十三五”规划教材

编写委员会

前　言

近年来，网络营销随着互联网的广泛应用而迅猛发展，并随着 Web2.0 的发展达到了一个高潮。根据中国互联网络信息中心发布的统计数据显示，截至 2017 年 12 月，我国网民规模达 7.72 亿人，普及率达到 55.8%，全年共计新增网民4 074万人，增长率为 5.6%；我国手机网民规模达 7.53 亿人，网民中使用手机上网人群的占比由 2016 年的 95.1%提升至 97.5%；与此同时，使用电视上网的网民比例也提高 3.2 个百分点，达 28.2%；网民在线下消费使用手机网上支付的比例由 2016 年年底的 50.3%提升至 65.5%，未来网络购物用户和市场增长空间十分巨大。

从社会调查数据显示，企业营销的主战场越来越多地转移到互联网上，绝大多数企业正开展不同层次的网络营销活动，各种网络推广方式层出不穷，且得到了广泛深入的应用，取得了显著成效。目前众多电子商务企业、大中型网站、细分的行业网站，都需要专业的各类网络营销人才，如网站策划、网站设计、网络编辑、媒体公关、广告管理、网络咨询、SEO 专员、网商业务员、网络贸易专员、网店零售专员等。

但是当前网络营销人才非常紧缺，已成为各公司竞相争夺的对象，就业前景非常广阔。优秀的网络营销人员应该了解网络消费行为和心理、搜索引擎排名和网络广告，掌握网络营销工具的使用方法，清楚点击率和转换率，甚至链接广泛度和 PR 值，懂英语、市场、营销等知识。未来 10 年，仅仅企业网站的维护管理、营销推广就需要数以百万计的网络营销人才。

本书旨在为适应经济发展对网络营销人才的需求而编写。本书按照“理实一体，情景设计，行动导向，任务驱动”的原则，根据现代企业网络营销工作中岗位设置、任务分工及业务流程的要求，介绍了网络营销工作岗位的职位描述及任职要求，重点对主流网络营销工具进行介绍，且围绕网络营销及其发展动态的核心工作，包括网络运营、网络文案、网络推广、BAT 营销实战等精心设计了 27 个任务，围绕任务展开内容的讲解，力求实现内容上的先进性和适用性、技术上的前沿性和代表性、实训上的可操作性和拓展性。本书在内容选择上主次分明、重点突出、循序渐进、文字精练、步骤清晰、通俗易懂。

本书的编写特色是既方便教师教又让学生实实在在地学到知识和技能，先以项目情景导入，每个项目按实践技能要求再进行任务分解，由浅入深、循序渐进。每个任务设有“情景设计”“任务分解”等模块，在任务中贯穿活动，如“想一想”“做一做”“友情提示”“知识窗”等，以帮助学生思考、理解和消化本活动的知识与技能。

本书由咸宁职业技术学院夏薇薇、武昌职业学院李元杰担任主编，广州市土地房产管理职业学校罗维和临沂职业学院郭鑫担任副主编。全书的编写分工如下：咸宁职业技术学院夏薇薇负责教材的目录、前言、项目一编写并统稿改稿；四川南溪职业技术学校周萍负责编写项目二；临沂职业学院郭鑫负责编写项目三；武汉铁路职业技术学院刘晓晶、福建省莆田职业技术学校朱琳琳、武汉职业技术学院邓小飞、广州市土地房产管理职业学校罗维负责编写项目四；陕西邮电职业技术学院乔晓娟负责编写项目五；王舒冰负责编写项目六；湖南机电职业技术学院朱靖华负责编写项目七。

在本书的编写过程中，我们参阅借鉴并引用了大量国内外有关网络营销方面的书刊资料和研究成果，浏览了许多相关网站，并得到了有关学校和企业的支持，在此一并表示感谢。本书既适用于经贸类高职高专，也适用于应用型本科，还可供其他从事网络营销的相关人员参考。由于作者水平有限，书中疏漏在所难免，恳请广大读者批评、指正。

编者

2018 年 4 月

目　录

项 目 一

网络营销认知

项目情景

陈晓玲在填报高考志愿专业时,她犯愁了,于是她向在武汉某高校任职的舅舅请教。舅舅问她:"你大学毕业后最想做的工作是什么?"她想了想说:"我喜欢电脑,喜欢网络,我想从事与电脑网络相关的工作,我想赚很多钱,改善家里的生活。""那好,你读电子商务专业吧,这个专业可以教你一些利用网络赚钱的方法,应该可以实现你的愿望。""嗯,好吧,谢谢舅舅!"她经过多方比较和慎重思考,最后选中了咸宁职业技术学院的电子商务专业。开学报到以后,晓玲就给自己认真制订了一个学习计划,她要好好学习网络技能。晓玲很勤奋,她经常利用课余时间翻看一些网络营销方面的书籍,同时也经常关注网上的一些招聘信息里的要求,她希望通过电子商务专业的学习,在毕业后能找到一个满意的工作单位,一个自己喜爱的工作岗位。

项目目标

【知识目标】

1. 理解网络营销的概念。
2. 了解适合网络营销的行业。
3. 掌握网络营销与传统营销的区别。
4. 掌握网络营销人才需求的岗位工作任务和任职素质要求。

【技能目标】

1. 能总结提炼网络营销在工作中的应用情况。
2. 能准确表述网络营销岗位类别、任职要求、职业素养。
3. 能设计一份以网络营销为主的招聘广告牌。

【情感目标】

1. 具有网络营销意识。
2. 具有网络营销的职业热情。

任务一　网络营销内涵认知

情景设计

陈晓玲是一名电子商务专业的高职学生，下学期就要顶岗实习了，由于她特别爱好网络，她希望有一家网络公司能聘用她。她在网上看到广州一呼百应网络技术有限公司这几年发展很快，社会评论也很好，加上一呼百应网现位列中国 B2B 电子商务平台排行榜前列，一直致力于服务中小企业原材料采购，于是她就试着给该公司打了电话，请求到该公司市场推广部门实习，公司要求实习生最起码对网络营销特别熟悉、特别热爱。挂断电话后，晓玲开始思考怎样才能对网络营销特别熟悉呢？于是她决定好好学习《网络营销》课程。

任务分解

晓玲的近期目标是顺利进入心仪的单位实习，远期目标是成长为一名网络营销高手。她要实现目标，必须具备网络营销的基础知识。那么她第一步的任务是：了解什么是网络营销，了解适合网络营销的行业，区别网络营销与传统营销。

备战工具：网络营销实务教材一本、笔记本一本、记录笔一支，多媒体教室。

活动一：了解什么是网络营销

【活动背景】

晓玲想成功进入广州一呼百应网络技术有限公司市场推广部门实习，她需要提前掌握网络营销的一系列技能，但她首先需要知道什么是网络营销，以及网络营销在实际中如何应用。

【活动实施】

网络营销是一种直复营销方式，是企业整体营销战略的一个组成部分，是为实现企业整体经营目标所进行的以互联网为手段营造网上经营环境的各种活动。网络营销作为在 Internet 上进行的营销活动，它的基本营销目的和营销手段是一致的，只不过在实际操作中与传统营销方式有着很大的区别。

● **友情提示**

直复营销，源于英文词汇 Direct Marketing，即"直接回应的营销"。它是以营利为目标，通过个性化的沟通媒介向目标市场成员发布发盘信息，以寻求对方直接回应（问询或订购）的社会和管理过程。其主要类型如图 1.1.1 所示。

美国直复营销协会（DMA）对其定义为：直复市场营销是一种互动的营销系统，运用一种或多种广告媒介在任意地点产生可衡量的反应或交易。

第一步，学习什么是网络营销。

网络营销（on-line marketing/cyber marketing）的全称是网络直复营销，属于直复营销的一种形式，是企业以电子信息技术为基础，以计算机网络为媒介和手段而进行的各种营销活动（包括网络促销、网络分销、网络服务等）的总称。

狭义地说，网络营销是指组织或个人基于开放便捷的互联网，对产品、服务所做的一系列

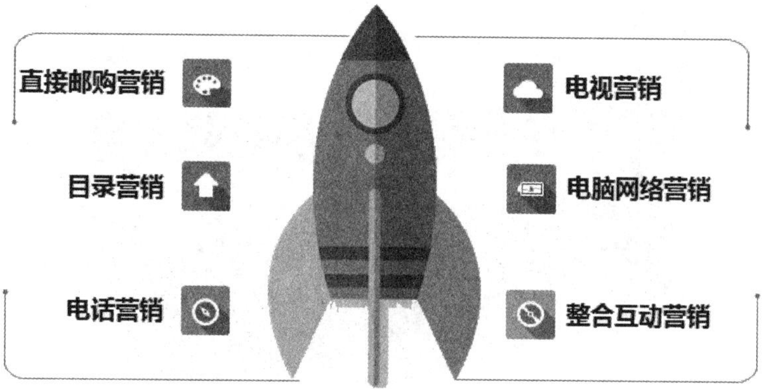

图 1.1.1　直复营销的主要类型

经营活动，从而达到满足组织或个人需求的全过程。例如，在淘宝网、京东网、当当网等网站上销售，如图 1.1.2 所示。

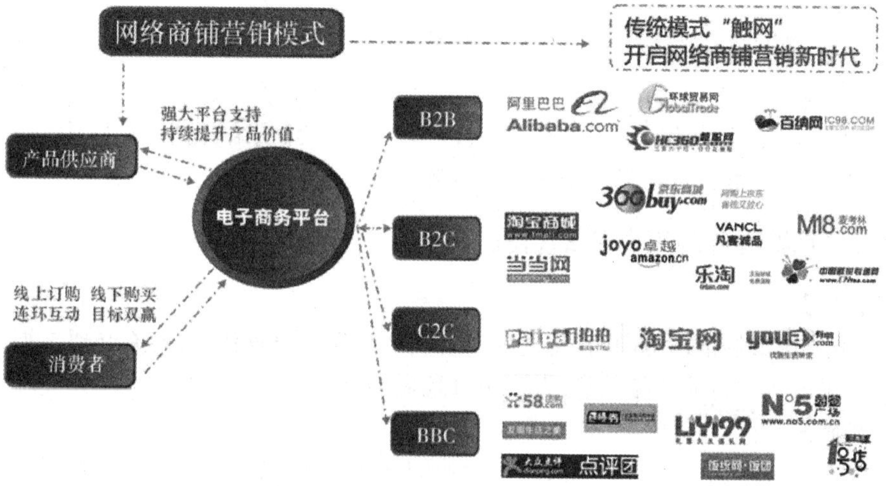

图 1.1.2　网络营销平台

广义地讲，网络营销贯穿企业开展网络活动的整个过程，包括信息搜集、信息发布等。可见网络营销具有很强的实践性特征，从实践中发现网络营销的一般方法和规律，比空洞的理论讨论更有实际意义。

第二步，了解网络营销实际应用。

网络营销好比一个系统工程，涉及很多方面，需要结合自身实际对市场需求进行分析，做好网络营销计划，最终才能实现网络营销对企业宣传推广的作用。

例如，可口可乐公司凭借着独特的创意，推出“歌词瓶”，从周杰伦到范玮琪，歌词瓶上的歌词大多是人们耳熟能详的歌曲，如图 1.1.3 所示。此外，消费者扫描瓶上的二维码，便可观看小段音乐动画，并在社交平台上分享，让年轻人通过瓶上的歌词或音乐来表达自己的心情。可口可乐公司先是利用名人效应在微博上发布与歌词相关的内容，进行定制化产品投放，使消费者熟知，然后在自身微博上发布与歌词相关的内容，与产品配合，于是没过多久我们便看到不少微信朋友圈上晒出的有意思的歌词瓶。

图 1.1.3　可口可乐“歌词瓶”

由此可见，网络营销只要抓住时机，找到属于自己的市场，就能在这个新时代的蛋糕里拥有属于自己的一份。

● **想一想**

请同学们上网查查网络营销还有哪些实际应用，并举例说明。

【活动评价】

晓玲懂得了网络营销的内涵，知道了很多网络营销平台、网络营销在实际中的应用，收获很大。她接下来想了解适合网络营销的行业有哪些。

活动二：了解适合网络营销的行业

【活动背景】

进入网络公司市场推广部门，肯定需要对各类产品做网络宣传，晓玲有必要掌握适合网络营销的行业，了解不同行业产品信息，以便更好地做网络销售。

【活动实施】

随着时代的进步，网络营销已经受到了企业的热捧。网络营销作为一种特殊的营销方式，并不是所有企业都能成功的，有一定局限性。因此，企业的首要任务是了解网络用户的特征，确定网络营销使用的产品。

第一步，调查了解网络营销行业产品。

据调查，当前网络用户一般具有以下总体特征：喜欢创新，乐于尝试，注重自我。他们的具体要求各不相同，越来越独特，越来越变化多端，对铺天盖地的官方广告轰炸也有相当的抵抗力。因此，对信息的组织和整理，成为网络营销的当务之急！通过网络调研，我们得出了以下8种适合网络营销的行业产品，如图 1.1.4 所示。

第二步，了解行业产品适合做网络营销的原因。

1. 创意性产品

利用网络沟通的广泛性和便利性，使创新独特的新产品可以更主动地向更多的人展示，充分满足那些品位独特、需求特殊的顾客。如今，一款“礼物说”软件(图 1.1.5)利用其 APP 扫描任意商品条形码、二维码，即可存入声音、照片、视频，送出一份会说话的礼物。朋友收到礼物后，扫码就能听到你的语音祝福，特别适用于旅游纪念、惊喜祝福。其中的“最全礼物攻略”大受年轻人欢迎。也正是凭借“礼物说”这个创意型网站，“90 后”温城辉成为年轻的创业富翁。

图 1.1.4　网络营销行业

图 1.1.5　“礼物说”软件

- **想一想**

网络上还有哪些创意产品？你能给自己的网店设计一些创意产品吗？

2. 服装

时代在进步，现在不止女性喜欢买衣服打扮自己，男性也不甘落后，对服装的要求越来越高。无论是淘宝网(图 1.1.6)，还是以前只卖图书的当当网(图 1.1.7)，由于服装市场繁荣，现在也卖各类服装产品，琳琅满目的服装，首页大屏幕滚动呈现的方式，很好地刺激了消费者的需求，且邮寄方便。

3. 化妆品

唯品会(图 1.1.8)等相关网站数据表明，当前网购人群中，无论从购买频率、消费额还是从其他方面看，女性都是商家特别重视的一个购买群体。其中女性购买化妆品的比重非常大。

现在是一个看脸的社会，爱美之心人皆有之。而且今天再也不是只有女性才用化妆品的时代，男性也学会了保养自己的皮肤，化妆品已经成为人们必不可少的生活用品。

图 1.1.6　淘宝网服饰营销

图 1.1.7　当当网服饰营销

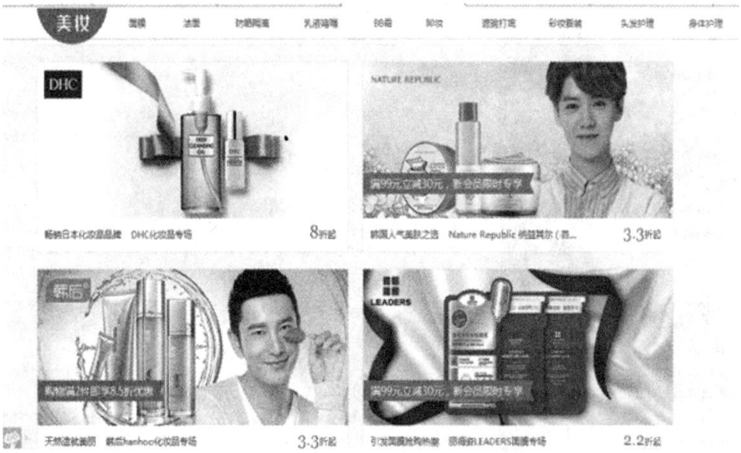

图 1.1.8　唯品会化妆品营销

4. 计算机及其配件

这类产品在网上销售一直很活跃，原因主要有以下三点：

(1)计算机软件通过网络传输非常便利。可以采用试用或免费赠送等方式引起消费者的兴趣，在使用过软件的网上试用版后，再决定是否购买整个软件。

(2)网络销售中的很多计算机厂家，在销售过程中都会突出省去中间环节的费用进行推广，从而使计算机价格比市面上的低。

(3)网络用户大多数对这类产品信息最为热衷，而且产品的升级、更新换代使得这一市场有着永不衰退的增长点。

5. 书籍

世界头号书籍电子商务是美国的亚马逊，国内旗手则是当当网(图 1.1.9)。书籍之所以适合在网上销售，其最主要原因是基本要素(如封面、作者、出版社、目录等)能够清晰地发布在网页上(图 1.1.10)，以便读者了解书本详细信息。

图 1.1.9　当当网首页

图 1.1.10　当当网书籍营销

6. 服务等无形产品

服务类产品包括宾馆预订、鲜花预订、演出票预订、旅游线路预订、储蓄业务、电子机票预订、生活缴费(图 1.1.11)和各类咨询等。借助于网络，这类服务显得更人性化，高效快捷，如图 1.1.12 所示。

图 1.1.11　淘宝无形产品营销界面　　图 1.1.12　京东无形产品手机营销界面

7. 日常用品

例如牙刷、牙膏、毛巾、洗发水、沐浴露等都是日常用品，这些跟我们日常生活息息相关，这些物品体积小、样式精巧、价格亲民，在互联网上很受宅男宅女的青睐，动动手指即可收入囊中。

8. 母婴产品

“80后”女性逐渐成为人母，母婴市场迎来了消费主力军。网络销售可以让妈妈们很快捷地找到世界各地的奶粉，并且这一代女性舍得为孩子花钱，她们看重产品质量、售后服务及购买的便捷性，而且价格方面多有忽略，因此“80后”女性将成为各大电子商务网站眼中的一块“肥肉”。

由于母婴市场发展空间巨大，各大资本开始“围猎”母婴市场，如联想投资童装企业、DCM注资绿盒子、红杉注资十月妈咪等，掀起轩然大波。

● **想一想**

有哪些行业的商品不适合网络营销？请到图书馆查资料或上网查资料后举出实例，至少要说出三种行业的商品。

【活动评价】

晓玲不仅知道了适合网络营销的行业商品，而且也了解到这些商品适合网络营销的原因，为走向网络营销工作打下了基础，但她搞不懂网络营销与传统营销有什么区别，还需要进一步学习。

活动三：区别网络营销与传统营销

【活动背景】

晓玲心仪的实习单位是一家网络科技公司，该公司在营销推广上要用到网络营销与传统营销相结合的手段，晓玲需要搞清楚网络营销与传统营销的不同点以及如何整合。

【活动实施】

第一步，了解网络营销与传统营销的不同。

传统营销是以实体市场的线下交易为主，而网络销售是以虚拟市场的在线交易为主。网络营销与传统营销是构成企业整体营销战略的重要组成部分，网络营销是在网络环境下对传统营销的拓展和延伸，它与传统营销有着内在的必然联系，但在手段、方式、工具、渠道以及营销策略方面有着本质的区别，如图1.1.13所示。

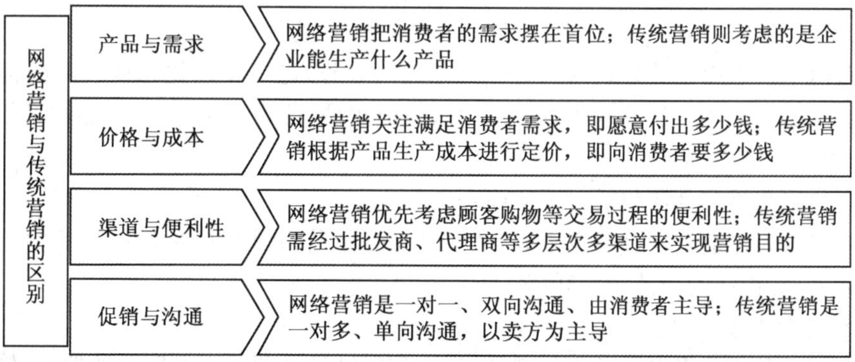

图1.1.13　网络营销与传统营销的区别

第二步，整合传统营销与网络营销内容。

传统营销与网络营销实质上是企业营销战略的两个有机组成部分。传统营销为网络营销创造了前提条件，网络营销则依靠其廉价、即时、互动的特征成为企业实现营销目标的主要手段，二者缺一不可，必须整合才能发挥最大功效。

1. 顾客整合

网络营销中，企业最重要的顾客是与产品购买和消费直接有关的个人或组织，在传统市场营销中，顾客亦如此定义。

如今网民相比前几年在地域分布和年龄特点等方面都有很大的不同，同时网民人数占总人口的比例呈不断上升趋势，如图 1.1.14 所示。现在企业开展网络营销应进行全方位、战略性的市场细分和目标定位。

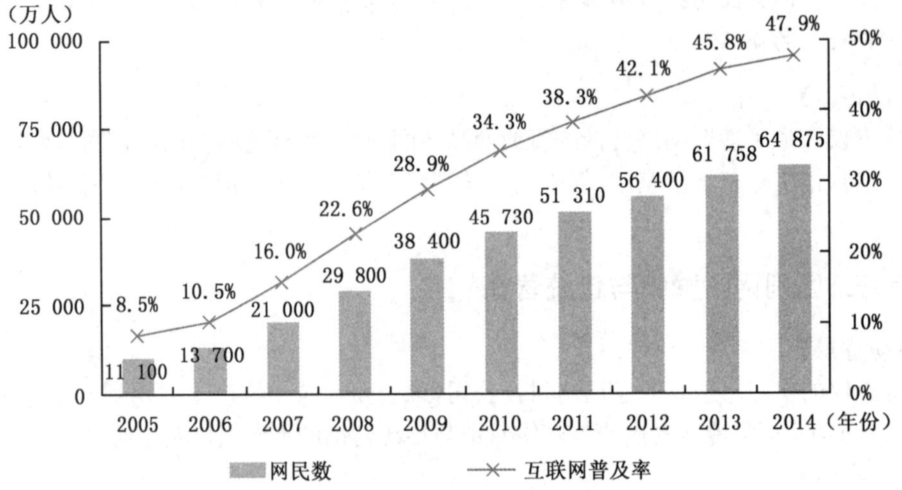

来源：CNNIC 中国互联网络发展状况统计调查（2014 年 12 月）。

图 1.1.14　中国网名规模及互联网普及率

2. 产品整合

网络营销一方面将产品定义为提供市场上引起注意、需要和消费的东西，另一方面又继承了传统营销中产品的定义，即将产品解释为能够满足某种需求的东西，并认为完整的产品是由核心产品、形式产品和附加产品构成的，这是整体的产品概念。

网络营销主张以周全的方式为顾客提供完美的服务，进一步细化整体产品的构成。可以用 5 个层次来描述整体产品的构成：核心产品、一般产品、期望产品、扩大产品和潜在产品。

3. 企业营销思想整合

企业营销思想整合具体包括以下方面：

产品和服务满足消费者个性需求；以消费者能够满足的脚底成本定价；分销渠道以方便消费者购买为主；促销强调与消费者联络。

4. 营销组合的整合

传统电子商务与网络电子商务的产品、渠道和促销已经到了不可区分的地步；价格以顾客意识到的产品价值来计算，而不是以生产成本为基础；顾客对产品的选择和对价值的估计很大程度上受网上促销的影响，网上促销的作用备受重视；由于网上顾客普遍知识水平较高，因此网上促销的信息含量大大提高，如图 1.1.15 所示。

图 1.1.15　营销组合的整合

5. 企业组织的组合

现阶段，网络营销带动了企业理念及企业内部网络的发展，形成了企业内外部沟通与经营管理均以网络为主要渠道和信息源的局面。销售部门人员、经销代理与门市店数量的减少，渠道的缩短，虚拟经销商、虚拟门市部门等内外组织的盛行，都促使企业对组织进行再造成为迫切需要。

由此可见，网络营销的产生和发展，会使营销本身及其环境发生根本变革，以互联网为核心的网络营销正在发展为现代市场营销的主流。

【活动评价】

晓玲搞懂了网络营销与传统营销的区别，还学习了两者整合的内容，对网络营销有了一个感性认识，接下来她需要了解一下网络营销会有哪些岗位。

任务二　网络营销岗位认知

情景设计

有一天，老师给同学们布置了一个任务，可以通过上网或到图书馆或外出调研等方式查找中小企业网络营销的工作岗位、任职要求、职业素养，并要求形成文案在下次课堂上做汇报。晓玲首先想到的是先到网络上找相关信息，有一天，她在“淘工作”网站看到金圣斯皮具有限公司发布的招聘信息，有网络运营、网络文案、网络推广等岗位，她读完招聘信息，心里嘀咕“网络文案我知道是做什么的，但是网络运营和网络推广是做什么的呢？这些岗位又有什么要求呢？”晓玲室友看到她的样子，拍拍她的肩膀说，我们再继续查查资料吧……

任务分解

晓玲对具体的网络营销职业素养及岗位工作任务不清楚，她也想知道更多的网络营销岗位，为了帮她解答心中的疑问，她的学习任务是：认识网络营销岗位、了解网络营销的职业素养。

备战工具：网络营销实务教材一本、笔记本一本、记录笔一支，多媒体教室。

活动一：认识网络营销岗位

【活动背景】

室友约晓玲一起去图书馆，借了好几本网络营销方面的书籍，接下来的周末，晓玲就沉浸在书的海洋里，她需要了解网络营销岗位及其特点。

【活动实施】

网络营销人员必须基于互联网，能熟练运用各种网络工具，具备一定的市场营销能力。网络营销人员要全面了解自己服务的行业，能根据市场营销变化为企业量身定制合理的营销方案。

● **知识窗**

百度 CEO 李彦宏曾指出："未来的企业全部都是互联网企业，所以我相信网络营销师这个职位一定会成为未来互联网时代最炙手可热的高薪职位。"

中国人民财产保险股份有限公司网络保险事业部总经理原宇玲这样预计对人才的需求："未来 3 年，互联网营销岗位需求数量还将保持强劲增势，2015 年，招聘总量预期超过 240 万，我们求贤若渴。"

● **友情提示**

网络营销师：中国互联网行业兴起后产生的一个新型职业，其职责是将互联网技术与市场营销相结合，通过各种技术手段与营销推广方式，迅速提高网站访问量及网络知名度。

图 1.2.1 是阿里巴巴颁发的网络营销师证书：

图 1.2.1 网络营销师证书样本

● **做一做**

现在常有的网络营销岗位有：运营经理、运营专员、网络编辑员、SEO 专员、网站推广员、文案编辑、产品运营、新媒体运营、活动策划、营销策划、渠道推广、售前客服、售后客服、直通车推广、客户经理、平面设计、网站设计、产品设计、淘宝客服、京东客服。这些岗位如何归类呢？

- **友情提示**

网络营销典型岗位有运营专员、SEO专员、网络编辑、网站推广、电商渠道运营主管，如图1.2.2所示。

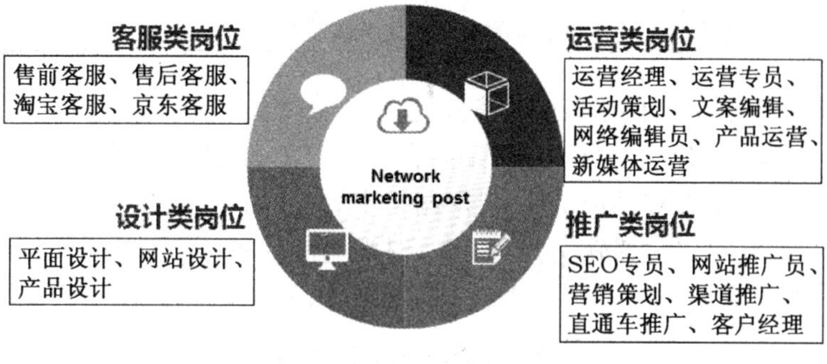

图1.2.2　网络营销岗位归类

1. 网络营销运营专员

该岗位主要负责网络运营部产品、品牌、创意、推广文案的撰写和网站专题活动的策划，对网站销售力和传播力负责。

表1.2.1　网络营销运营专员岗位职责及要求

岗位职责	1. 熟悉商城或网店的运营环境、交易规则，精通网上销售的各个环节，负责产品页及首页的页面编辑、图片编辑
	2. 负责商城或网店日常维护，能独立操作商品陈列，以增强网店吸引力、扩大产品销量
	3. 参与商城或网店的整体规划、营销和客户关系管理等系统经营性工作
	4. 分析网络会员的购物习惯和购物心理，能根据客户网购心理需求，对售前售后服务进行有效页面支持
	5. 负责策划、执行活动方案，优化活动效果
岗位要求	1. 有网站、网上商城成功运营经验
	2. 具有淘宝商城或皇冠网店独立运营经验
	3. 有1年以上淘宝网店工作经验，或有开店经验
	4. 有较好的审美能力、文字功底
	5. 具有良好的项目管理能力、沟通能力、创新能力、团队合作精神和较强的责任心

2. SEO专员

表1.2.2　SEO专员岗位职责及要求

岗位职责	1. 分析网站及各频道的关键词解决方案，监控网站关键字，监控和研究竞争对手及其他网站相关做法，并围绕优化提出合理的网站调整建议
	2. 负责网站SEO推广、网站的各种流量推广方案的执行与跟踪，撰写网站SEO操作文档，针对主流搜索引擎以及外部链接的建设
	3. 进行流量、数据、反向链接或服务交换，或战略合作联盟，增加网站的流量和知名度
	4. 监测主流搜索引擎收录和排名，按阶段汇报优化结果、监控结果和研究结果

续表

岗位要求	1. 大专以上学历，2年以上网站推广工作经验，精通主流搜索引擎的搜索排名原理和SEO优化技术
	2. 熟悉SEO部署技巧，善于利用多种形式迅速提升网络人气，如软文、论坛、博客、社区、SNS、导购网站、交换友链、EDM、短信营销、活动营销、病毒式营销策略等推广
	3. 有成功的网站推广经验和丰富的互联网资源者优先

3. 网站编辑（网络编辑、网络营销文案编写）

主要负责网络运营部资讯、专题等网站内容和推广文案的撰写执行工作，定期对网站资讯内容及产品进行编辑、更新和维护工作；对网站销售力和传播力负责。

从事这项工作，还可以包括软文营销，撰写时尚类信息和对产品的软文宣传。具体包括微博类（新浪微博、腾讯微博、掌柜说等）、BBS类（淘帮派、母婴类亲子论坛等）的软文推广。

表1.2.3　　网站编辑岗位职责及要求

岗位职责	1. 负责操作网站后台，进行网页文章发布、产品描述的日常更新
	2. 对图片或软文内容进行剪切整合处理、格式转换等工作
	3. 根据有限的产品资料，配合公司的美工做出图文并茂的产品描述
	4. 配合企划、推广人员进行专题策划和实施，根据提供的主题资料策划出宣传活动的文案
	5. 结合公司情况撰写公司的企业文化以及管理制度
岗位要求	1. 能够熟练运用Photoshop等编辑和制图软件，懂DreamWeaver的优先
	2. 具有较强的逻辑思维分析、语言表达、策划能力，具有扎实的文字功底、独立撰写方案的能力
	3. 具有较强的信息搜索能力，能举一反三地从各种渠道搜索信息
	4. 工作高效、态度积极、责任心强、工作细心，能承受较强工作压力，有良好的沟通能力和协调能力，有团队合作精神
	5. 具有较强的时尚敏感度（例如对女装、童装等时尚信息捕捉敏锐）
	6. 在校学生，专业不限，热爱网站编辑工作
	7. 具备良好的创新能力

4. 网络推广/网站推广专员

主要负责网络运营、创意文案、推广文案的撰写及发布，媒介公关和广告投放等工作，负责提升网站有效流量。

表1.2.4　　网络/站推广专员职责及要求

岗位职责	1. 熟悉各种网络推广工具的使用，含搜索引擎营销推广、网站联盟推广、视频营销推广、论坛社区营销推广等，也包括平台内营销推广，如淘宝营销工具中的直通车、淘宝客、淘宝活动、淘江湖、钻石展位等，找到性价比高、有效的推广方式，提高网站的访问量
	2. 负责商城或网店等各类促销活动的制定策划与实施，通过店铺推广，提高店铺流量、产品点击率和转化率；进行各种优化工作，包括产品类目排名优化（如关键词、人气宝贝、浏览量等）、标题优化、店铺流量优化、转化率优化、数据研究统计等
	3. 根据有限的产品资料，配合公司的美工做出图文并茂的产品描述
	4. 能熟练地对多种营销工具进行优化和整合运用（比如竞价排名、搭配套餐、关联营销、秒杀、限时打折、团购等）
	5. 负责店铺广告图片的主题策划，与美工协同完成广告图片的设计和投放；运用其他网络推广工具如百度、谷歌等进行网络推广

续表

岗位要求	1. 熟悉搜索引擎优化 SEO 技术
	2. 有 1 年以上宣传推广工作经验
	3. 精通网络营销规则，熟悉网络会员购物习惯和购物心理
	4. 熟悉各种网络营销推广工具的运用
	5. 具有良好的策划推广能力和项目执行能力
	6. 热爱电子商务工作，努力勤奋，思维活跃，有良好的创新和团队合作精神

5. 电商渠道运营主管

表 1.2.5　　电商渠道运营主管岗位职责及要求

岗位职责	1. 负责当前主流电商平台店铺的日常营运管理，会店铺诊断，能及时发现店铺运营的问题并提出解决方案
	2. 与各电商平台的运营人员保持良好互动，争取活动资源
	3. 制定和实施店铺运营计划，针对不同平台的特点策划相应的主题活动
	4. 懂数据分析，能根据数据研究分析用户、客户的需求，深度研究竞争对手优劣势及动态，提炼出有利于自身产品改进的意见及运营策略，提高订单转换率
	5. 协调美工或其他人员，能快速有效地提高单个产品或者整体效果
	6. 负责开拓具有潜力的电商分销平台
岗位要求	1. 有一年以上的当前主流电商平台中店铺的运营经验，熟悉这些平台的销售模式
	2. 熟悉电商行业现状，对互联网和电子商务发展趋势有敏锐的洞察力、创新意识及良好的分析判断能力，有很高的商业敏感度；有清晰的电子商务项目运营思路，能针对不同业务阶段制定有效的运营策略
	3. 对数据敏感，有数据分析能力，能够独立策划并执行相关推广活动
	4. 思维敏捷，想象力丰富，视野开阔，有较强的执行力
	5. 有良好的工作和学习方法，擅长对纷繁的工作进行统筹与规划
	6. 具备分销渠道的开拓谈判能力
	7. 会使用 Photoshop、Dreamweaver 等工具，会用代码编辑店铺

- **友情提示**

图 1.2.3 为某培训学校的网络营销培训内容。

- **做一做**

请思考：电子商务和网络营销的区别。

- **友情提示**

电子商务和网络营销既有区别又有联系：电子商务的核心是电子化交易，强调交易方式和交易全过程的各个环节；而网络营销是以互联网为平台的营销活动，主要研究的是交易前的各种宣传推广。电子商务的重点是实现了电子化交易；而网络营销的重点在互联网环境下的宣传和推广。电子商务可看作是网络营销的高级阶段，企业在开展电子商务前可开展不同层次的网络营销活动。

- **知识窗**

电子商务工作招聘信息平台中求职招聘网站推荐：

1. 淘工作网，http:// zhaopin. taobao. com；
2. 前程无忧网，http://www. 51job. com；

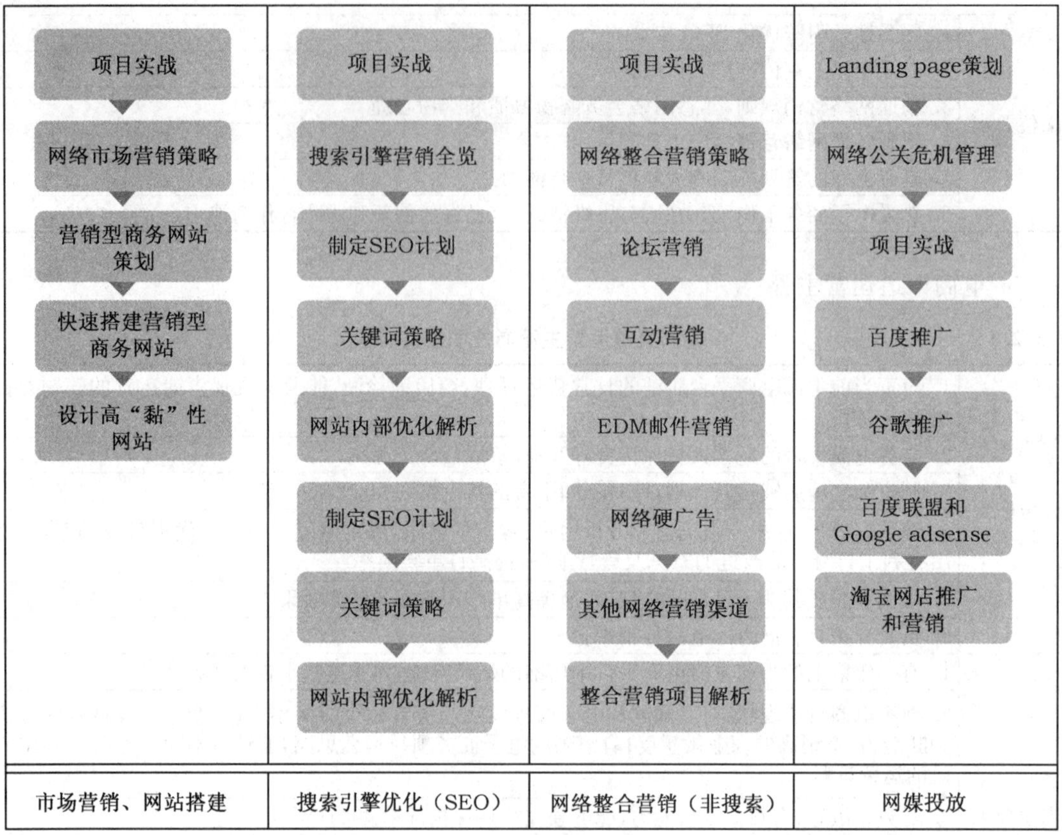

图 1.2.3　网络营销技能培训内容

3. 58 同城招聘网，http://www. 58. com/；

4. 智联招聘网，http://www. zhaopin. com。

● **知识窗**

图 1.2.4 为企业对网络营销岗位的技能需求。

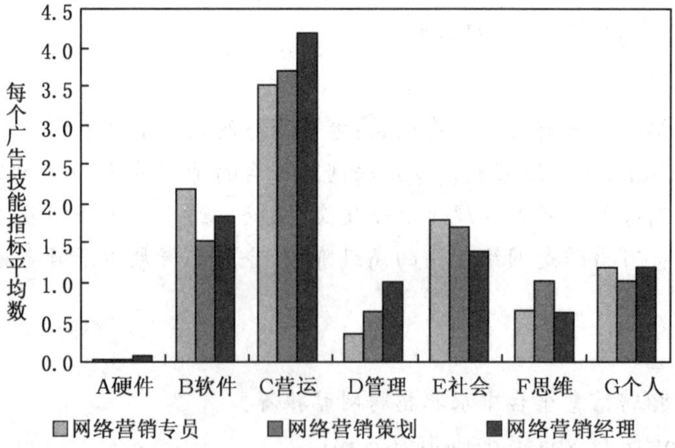

图 1.2.4　企业对网络营销岗位技能需求

【活动评价】

晓玲终于搞懂了网络营销典型岗位职责和任职要求，接下来她还需要了解网络营销的职业素养才能完成老师布置的作业。

活动二：了解网络营销职业素养

【活动背景】

通过几天的查资料，晓玲了解到网络营销的很多岗位对企业的影响非常大，那么网络营销岗位职业素养肯定也很重要，为了交作业也为了以后的工作，她决定再好好学习一下。

【活动实施】

网络营销职业素养培养，是伴随在网络营销特定的职业教育环境、特定的网络营销工作岗位及特定的工作管理制度下，逐步形成的一种职业道德素养，依附于娴熟的网络营销职业技能和规范的网络营销职业行为之中。

1. 培养诚信的网络商务意识

培养诚信的网络商务意识，让天下没有难做的生意。诚信务实是每个从事网络营销工作人员的一项最基本的职业素养，包括忠诚于企业，时刻维护企业形象和声誉；不泄漏客户信息、不追求任何虚假成绩；奉行言必行、行必果的处事原则。

例 1：中国诚信企业联盟网 http://www.taxexpert.com.cn/qylm/，以“中国诚信企业联盟是一家”作为企业的经营原则，如图 1.2.5 所示。

图 1.2.5　中国诚信企业联盟网首页

例 2：网络营销如果采用了如图 1.2.6 所示的欺骗手段，肯定会造成不良的后果。

图 1.2.6　网络非诚信的某些表现

2. 培养爱岗敬业的精神

培养爱岗敬业的精神。首先，要从乐业、勤业和精业做起。乐业，树立职业理想；勤业，强化职业责任；精业，提高职业技能。其次，作为职业人要随时以客户为尊，树立客户优质印象，想客户之所想，急客户之所急。

例如，现在网店竞争越来越激烈，店主们要想获得更大的一份蛋糕，需要不定期地学习网络营销技能知识，定期做后台数据分析，以便及时了解市场需求的变化。图 1.2.7 就是一位爱岗敬业的淘宝店主。

图 1.2.7　爱岗敬业的网店店主

3. 树立团结合作的意识

树立团结合作的意识是要求网络营销工作团队中每个人追求目标一致、气氛和谐；能发扬团队主人翁精神；齐心协力争创一流业绩。个人之所以要加入一个组织，为的是通过组织的力量来达到个人的目标，完成自己的事业，实现自我价值。现代企业想要做强做大必须有一种团结协作精神，如图 1.2.8 所示。

图 1.2.8　团结协作工作

【活动评价】

看完资料后，晓玲舒了一口气，她不仅弄懂了网络营销岗位也知晓了其职业素养，终于可以开始撰写老师布置的任务了，而且她还很有信心做好！

项目总结

本项目主要讲述两大方面内容：一是网络营销内涵认知内容，含网络营销概念、网络营销的行业、网络营销与传统营销的区别；二是了解网络营销岗位和职业素养，重点介绍网络营销主要集中的工作岗位，即网络营销运营专员、网站编辑员（网络编辑、网络营销文案策划）和网络推广员（网站推广专员）、培养诚信的网络商务意识、敬岗爱业的精神和树立团队合作的意识。

项目检测

一、单选题

1. 网络营销又可称为（　　）。

A. 网上营销和离线营销　　B. 网上营销和在线营销

C. 网下营销和在线营销　　D. 在线营销和离线营销

2. 下面关于网络营销的说法，下面哪句是正确的？（　　）

A. 网络营销就是网上营销　　B. 网络营销不是仅限于网上

C. 网络营销与传统营销无关　　D. 网上广告是网络营销的本质

3. 关于网络营销的特点，下列哪个表述是错误的？（　　）

A. 与传统的市场营销相比，网络营销呈现个性化特点

B. 与传统的市场营销相比，网络营销呈现跨时空特点

C. 与传统的市场营销相比，网络营销呈现交互式特点

D. 与传统的市场营销相比，网络营销呈现多元化特点

4. 网络营销的企业竞争是一种（　　）的竞争形态。

A. 以产品为焦点　　B. 以技术为焦点　　C. 以人才为焦点　　D. 以顾客为焦点

5. 网络营销渠道依据（　　）可分为直接分销渠道和间接分销渠道。

A. 有无国界　　B. 有无仓库　　C. 有无流通费用　　D. 有无中间商

二、多选题

1. 网络营销的特点有（　　）。

A. 成本低　　B. 效率高　　C. 效果好　　D. 收益好

2. 以下关于进行网络营销目的描述，正确的有（　　）。

A. 为了借助互联网使得企业品牌在网络中迅速有效地传播

B. 提高企业知名度

C. 提升企业品牌效应

D. 提升产品的知名度

3. 在网络信息时代，组成网络营销市场的三个主要因素也已经改变，具体表现在（　　）。

A. 消费主体的变化　　B. 消费者购买环境的改变

C. 消费者购买欲望的改变　　D. 消费者购买力的改变

4. 信息发布是网络营销的基础，通过网站发布信息是网络营销的主要方法之一，这里的“信息”包括（　　）。

A. 文字　　B. 图像　　C. 企业动态　　D. 产品

5. 网络营销和传统营销有哪些相同点？（　　）

A. 两者都是一种营销活动

B. 两者都需要企业的既定目标

C. 两者都把满足消费者需求作为一切活动的出发点

D. 两者对消费者需求的满足，不仅停留在现实需求上，而且还包括潜在需求

三、判断题

1. 网络营销和传统营销属于整个市场营销活动中的一部分。（　　）
2. 网络营销岗位只包括网络编辑、网站推广、网络运营这些岗位。（　　）
3. 网络营销是促进电子商务活动的重要环节。（　　）
4. 网络营销活动是虚拟网络环境下的营销活动。（　　）
5. 开展网络营销需要一定的网络环境。（　　）

四、简答题

通过百度、谷歌等搜索引擎，使用“网络营销”关键词查询，了解网络营销的含义，阐述自己对网络营销行业的理解。

五、实训题

陈晓玲从网上看到上海某皮具有限公司发布的招聘信息中有网络运营、网络文案、网络推广等岗位招聘，于是她准备去参加面试。公司要求面试人员介绍对所应聘岗位的认知和对应岗位的工作计划，以及需要具备怎样的技能及素养才能胜任该岗位。

请帮助陈晓玲设计一份面试发言稿，发言稿中要求涉及公司要求的内容，并模拟现场招聘的场景。

项 目 二

网络消费行为分析

项目情景

天猫是中国最大的提供消费者购物的网站，由淘宝网分离而成。由知名品牌的直营旗舰店和授权专卖店组成，拥有10万多品牌商家。天猫原名淘宝商城，是淘宝网打造的再现B2C(Business to Customer)购物平台，自创立以来，受到了消费者的热烈欢迎。根据阿里巴巴集团的数据，2015年"双11"于零时准时开锣，第18秒，交易额就超1亿元。2015年天猫"双11"总交易额达到912.17亿元，同比增长59.7%。

李敏是一名即将毕业的大学生，一直没有找到适合自己的工作。最近，各大媒体都在争相报道今年天猫"双11"创造了全球新纪录，而且身边的很多朋友和同学都在网上做生意，这让一向对销售感兴趣的李敏也有点跃跃欲试。在图书馆翻看了许多相关资料，又在网上查阅了很多网络营销的成功案例之后，她向朋友和家人借了一大笔钱，决定自己也在天猫商城上开一家网店。

项目目标

【知识目标】

1. 了解近年来网络市场和消费行为的发展状况。
2. 认识网络消费者的总体特征。
3. 掌握网络消费的需求与购买动机。
4. 了解对网络消费者购买产生影响的主要因素。
5. 明确网络消费者的购买决策过程。

【技能目标】

1. 能够对网络消费者的特征进行分析。
2. 能够对网络消费者的行为进行分析。
3. 能够总结出影响网络消费者购买的主要因素，并制定相应的购买策略。
4. 能够熟练收集网络消费信息并进行市场定位分析。

【情感目标】

1. 引导学生搜集网络营销的相关知识，学会对生活中的事物进行分析和总结。
2. 在学习过程中，培养学生自主探究的精神。
3. 在小组协作学习过程中，提高学生团队协作精神。

任务一　认识网络消费行为需求与动机

情景设计

李敏兴致勃勃地打开天猫商家入驻的页面，却不知道如何继续下去，因为商家入驻首先需要选择销售商品的类目和品牌。可是现在的网络消费者都喜欢什么样的商品，什么品牌更适合网络销售，李敏却是丈二和尚——摸不着头脑。于是，她想起了自己的同班同学刘磊。刘磊在校期间就一直对网络营销非常感兴趣，经常在各大购物网站帮同学代购，而且他课余时间也在做微商。他告诉李敏，网络营销首先需要攻破的关卡就是了解网络消费者，所以必须做一次关于网络消费者的调研工作。

任务分解

刘磊说，一个优秀的猎手首先要了解猎物的习性。如果想要详细地了解消费者，首先应该理解网络市场。了解网络市场的需求，对网络消费者进行分析是网络营销实践的基础。所以这一次调研任务大概可以分为两个方面：认识网络市场和消费行为；了解网络消费者的需求与购买动机。

备战工具：一台能上网的计算机。

活动一：认识网络市场和消费行为

【活动背景】

关于如何开展调研工作，刘磊给李敏的建议是采用网络调研。Internet 作为 21 世纪新的信息传播媒体，它的高效、快速、开放是无与伦比的。所以通过网络来了解网络市场和消费行为是最合适不过的。

【活动实施】

为了顺利开展网络调研，李敏首先对如何进行网络调研进行简单的了解。

● **友情提示**

网络调研方法可分为网上直接调研和网上间接调研的方法。网上直接调研的方法包括观察法、专题讨论法、在线问卷法和实验法，使用最多的是专题讨论法和在线问卷法。网上间接调研的方法根据调查的渠道可分为利用搜索引擎收集资料、利用 BBS 收集资料、利用新闻组收集资料和利用 E-mail 收集资料。

企业采用最多的是网上间接调研的方法，因为这种方法收集信息比较便捷，整理统计也比较快。在本活动中，李敏决定主要采用网上间接调查方法。

于是，李敏便打开中国最大的搜索引擎——百度，开始利用搜索引擎的途径收集关于网络市场的相关资料，且最终调研结果如下：

一、网络市场

随着互联网成为重要的传播媒介，其营销传播价值得到越来越多企业的重视，IT、汽车、快消等行业对网络市场的投入规模和投放形式都有了较大增长。

1. 网络市场的含义

网络市场是一个由 Internet 上的企业、政府组织和网络消费者组成的市场，即以现代信息技术为支撑，以互联网为媒介，在消费者与厂商之间、不同消费者之间形成的一个信息、商品、服务交易平台。

2. 网络市场的组成结构

市场营销学中通常以购买动机和购买者身份为依据，将网络市场划分为网络消费者市场和网络组织市场两大类。

网络消费者市场：为了满足生活消费需要，而通过 Internet 购买货物或劳务的一切个人或家庭的所有消费者称为网络消费者市场。主要包括 B2C 与 C2C 两种模式。

网络组织市场：一般把通过 Internet 实现自己部分或全部购买行为的所有组织称为网络组织市场。主要包括 B2B、B2G 两种模式。

随着互联网的发展，利用网络市场来进行营销活动成为各个企业的新选择。Internet 上的网络市场成为 21 世纪最有发展潜力的新兴市场，从市场运作的机制看，网络市场主要具有六个优点：无须店铺经营、低库存经营、成本低廉、全天候经营、无空间限制以及营销环节精简化。正是这些优点成就了网络营销的繁荣昌盛，也成就了许多电子商务平台的崛起，使网络市场在很多方面大有超过传统市场的势头。

二、我国网络市场结构特征

2016 年 1 月，中国互联网络信息中心(CNNIC)发布了《第 37 次中国互联网络发展状况统计报告》。通过该报告中的一部分数据，可以看出我国网络市场的发展现状以及未来趋势。

1. 网民规模

网民作为主要的个体消费者，是推动网络营销发展的重要力量。截至 2015 年 12 月，我国网民规模达 6.88 亿人，稳居世界第一位。报告显示，中国网民规模呈现持续快速发展的趋势。2015 年全国共计新增网民3 951万人，增长率为 6.1%，较 2014 年提升了 1.1 个百分点，如图 2.1.1所示。

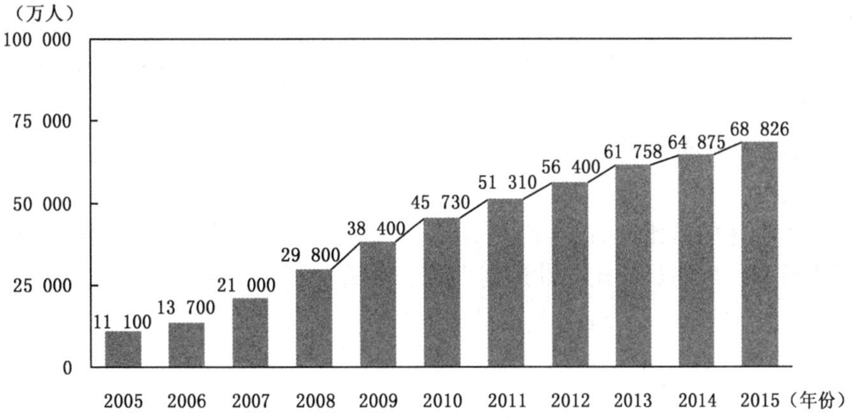

图 2.1.1　中国网民规模发展趋势图

随着网络环境的日益完善、移动互联网技术的发展，三四线城市、农村地区人口对互联网的使用也呈现快速增长的势头。在中国大陆31个省、自治区、直辖市中，中国网民数量超过千万规模的达26个。我国网民中农村网民占比28.4%，规模达1.95亿人，同比增长9.5%，增长速度是城镇的2倍。

2. 网民结构

(1)性别结构

本次调查结果显示，中国男性网民规模已达到3.68亿人，女性网民规模已经达到3.19亿人，中国网民中女性比重正逐步上升，女性互联网普及率为46.4%，仅比男性互联网普及率低7.2个百分点，性别结构逐渐趋向均衡。

(2)年龄结构

目前中国网民年龄结构发展仍不够均衡，以10～39岁群体为主，占整体的75.1%。其中20～29岁年龄段的网民占比最高，达29.9%。10～19岁、30～39岁群体占比分别为21.4%、23.8%。详见图2.1.2。

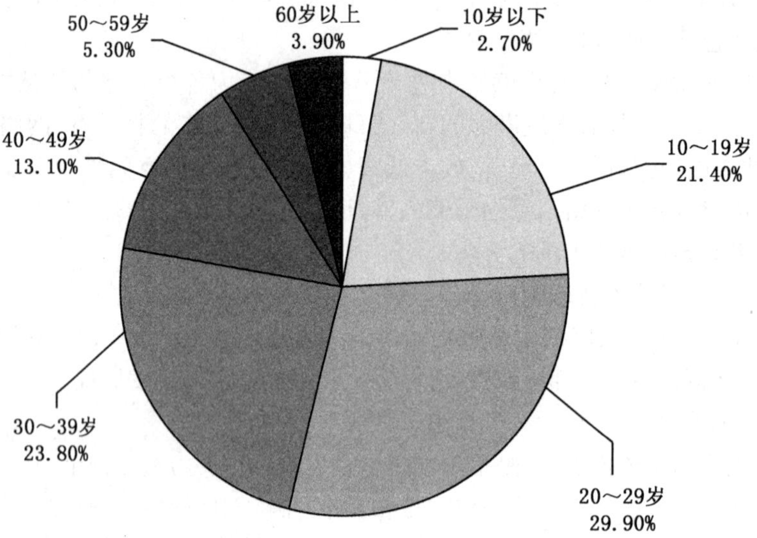

图2.1.2 中国网民年龄结构

(3)学历结构

2015年，网民中具备中等教育程度的群体规模最大，初中、高中/中专/技校学历的网民占比分别为37.4%、29.2%。从图2.1.3可以看出，中国网民继续向低学历人群扩散。这要归功于手机上网人群的不断增多，使得上网不再受限制。

(4)职业结构

网民中学生群体的占比最高，达到了25.2%，其次为自由职业者，占总数的22.1%，企业/公司的管理人员和一般职员占比合计达到15.2%。详见图2.1.4。

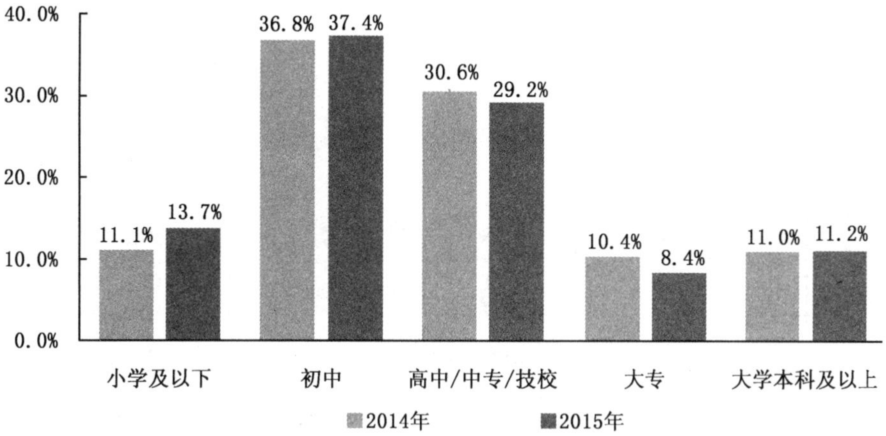

图 2.1.3　中国网民学历结构

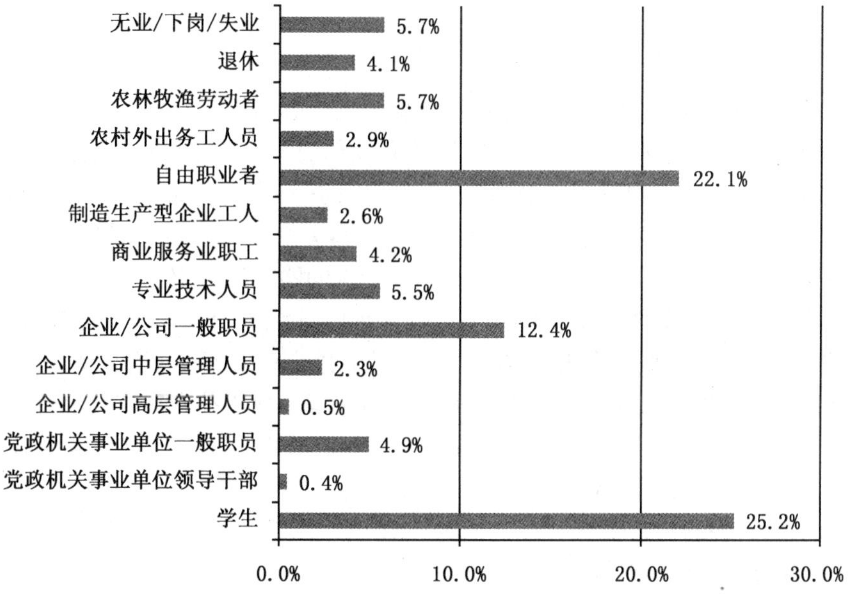

图 2.1.4　中国网民职业结构

(5)收入结构

随着社会经济的发展,网民的收入水平也逐步增长,网民中月收入在 2 001～3 000 元、3 001～5 000 元的群体占比较高,分别为 18.4%和 23.4%,如图 2.1.5 所示。这两个阶段的网民大多是刚工作不久的年轻人群,有稳定的收入足够支付网络消费,更有好奇和动力去探索网络市场。

掌握了网络市场的基本组成后,李敏更加好奇网民在网络市场中是怎么消费的,这就是通常所说的网络消费行为。她又利用专题讨论法和搜索引擎法了解网络消费行为,并对相关信息进行综合组织。

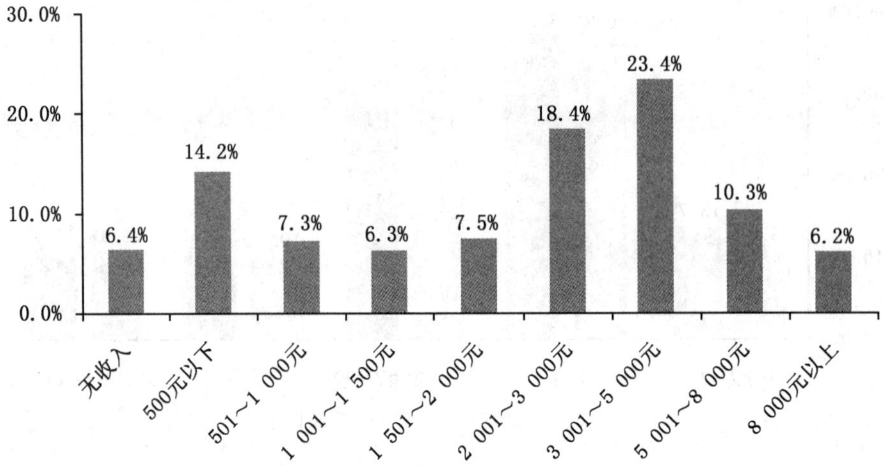

图 2.1.5 中国网民个人月收入结构

三、网络消费行为

1. 网络消费行为

网络消费行为又称网络购买行为，是指消费者为满足其需求而在网络市场中浏览、检索相关商品或服务信息，从而为购买决策提供所需的必要信息，并实施决策和购买的整个消费过程。网络消费行为与网络消费者行为往往被视作同义词，但从严格意义上来说，两者仍有略微不同。因为消费者是一种主观个体，其行为不仅包括购买商品，还包括如何使用和处理商品。只是通常情况下，对消费者的研究主要还是放在消费者的购买行为上。

截至 2015 年 12 月，我国网络购物用户规模达到 4.13 亿人，较 2014 年底增加5 183万人，增长率为 14.3%。手机网络购物用户规模增长迅速，达到 3.40 亿人，增长率为 43.9%，手机网络购物的使用比例由 42.4%提升至 54.8%。网络零售企业深挖农村市场消费潜力，农村地区网购用户占比达到 22.4%，阿里巴巴、京东、苏宁等电商平台在农村建立电商服务站，招募农村推广员服务于广大农村消费者。

2. 网络消费行为特征

网络消费行为一般有如下特征：

(1)不同性别的消费者其消费方式不同。

(2)消费者的收入会决定其消费金额。

(3)年轻人追求时尚与个性。

(4)消费者对虚假信息非常抗拒。

(5)视觉是强烈的第一感觉。

(6)消费者不愿打开和浏览速度很慢的网页。

(7)名牌永远对消费者有吸引力。

【活动评价】

因为是第一次接触网络调研工作，为了在网络上查找资料，李敏放弃了周末休息，连续两天废寝忘食地工作。虽然过程中有刘磊的帮助，但也让李敏初次体会到了创业的艰辛。

活动二：了解网络消费者的需求与购买动机

【活动背景】

为了更好地了解网络消费者的需求与购买动机，李敏决定自己制作一份相关的调查问卷投放到网络上，并进行统计分析。这时，刘磊问了李敏一个问题：你知道什么是消费者的需求和购买动机吗？如果不知道，首先你得认识著名的马斯洛需求层次理论。

【活动实施】

一、认识消费者需求

需求是指人们在欲望驱动下的一种有条件的、可行的，又是最优的选择，这种选择使欲望达到有限的最大满足。简单地说，需求是人类从事一切活动的基本动力，是消费者产生购买想法、从事购买行为的直接原因。一个人的购买行为总是直接或间接地为了实现某种需求的满足。例如，通过网络调查结果显示，爱美的女性消费者其主要购买物是个人护理和美妆用品，注重养生的中老年人的消费更偏向于保健用品。

1. 马斯洛需求

美国心理学家亚伯拉罕·马斯洛发现，当面对面包不足的时候，人类可以仅以面包为生。但当有大量面包且人的肚子长期被填饱后，人的需求会发生什么变化？他研究分析后的答案是：人类的需求是不断的；这些需求的重要性不同，可以按阶梯排列；人总是首先满足其最重要的需求；当较重要的需求得到满足后，这个需求便不再是激励因素，它就失去了对行为的激励作用，于是这个人会转而追求下一个重要需求。这就是马斯洛需求层次理论，如图 2.1.6 所示。

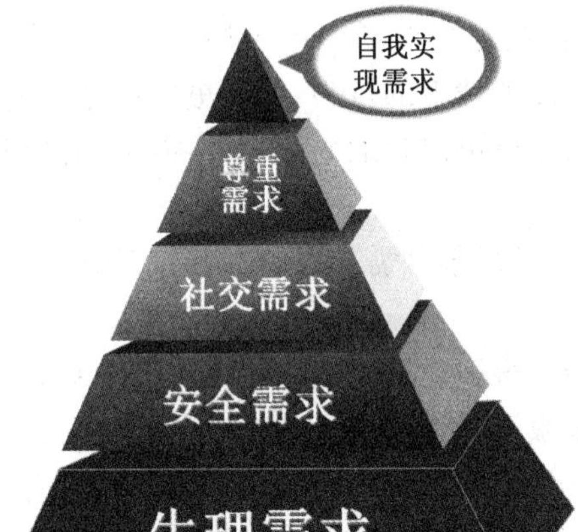

图 2.1.6　马斯洛需求层次

马斯洛通过观察研究后发现，一般人在生理需求获得 80%的满足时，其安全需求也已得到 70%的满足，社交需求得到 50%的满足，受尊重需求得到 40%的满足，自我实现的需求得到 10%的满足。所以，营销者要善于分析和利用消费者的需求，并且开发其潜在的一些需求，激励消费者在网络市场中进行消费。

2. 网络需求

在网络虚拟社会中，网络消费者除了拥有马斯洛需求以外，还会产生一些新的需求，这些需求可以大致分为三类：

(1)兴趣需求

网民之所以热爱网络漫游，就是因为对网络活动充满兴趣。兴趣是人们积极探究某种事物的认识倾向。这种认识倾向使人对有趣味的事物积极地去探究，并带有情绪色彩和向往的心情、好奇和能获得成功的满足感。兴趣也是电子商务最初向 Internet 方向发展的一个重要原因。例如，很多网民因为对网络游戏非常感兴趣，他们便愿意在网络上花钱去购买游戏中的装备等。

(2)聚集需求

人类天生喜好集聚，网络为全世界的网民提供了一个聚集的场所，这种聚集不会受到时间、空间的限制。在网络中，每一个人都拥有平等的身份，从而让全球形成一个互联的世界。

(3)交流需求

网络为人们提供了另一种全新的平台、一个虚拟的社会，并受到绝大多数人的热爱。网民聚集在一起，必然产生相互交流。随着信息沟通的深入，逐渐演变为交易，成为人们确确实实的需求。并且随着交流频率的增加，交流范围不断扩大，进而产生示范效应，带动对某些种类的商品或服务有相同兴趣的成员聚集在一起，形成网络商品交易市场。

● **想一想**

通常你和你的小伙伴们在网购时是为了满足哪一类需求？

二、了解消费者购买动机

动机是指推动人从事某种活动的原因。需求激发动机，购买动机通常是由于某种需求引起的。由需求产生购买动机，再由购买动机加上购买决策最终导致购买行为。网络消费者的购买动机是指能使网络消费者在网络市场中产生购买行为的内在驱动力。掌握消费者的动机，就可以有依据地了解并预测消费者的行为，从而更好地进行网络营销。

通常，网络消费者的购买动机可以归纳为两大类：需求动机和心理动机。

1. 需求动机

需求动机是指消费者为了满足某种需求，而在网络市场中消费的购买动机。

(1)兴趣需要动机

在网络市场中，消费者会对很多生活中很少见到或很难购买得到的商品产生浓厚的兴趣。营销者正是利用这种兴趣，刺激消费者的购买动机，促使其消费。例如，有的购物网站首页会以醒目的文字广告形式显示譬如“巴黎时装周今年冬天流行穿什么”，让很多追崇时尚的消费者情不自禁地点击进入并查看相关商品。

(2)从众需要动机

根据统计显示，当下的网络消费者大多数是中青年，他们大部分属于比较独立和繁忙的上班族，很少有时间上街购物。同时，他们又追求时尚，对流行的一些商品如书籍、音乐、服饰等没有免疫力。在这种情况下，网络购物会成为他们的首选。从众需要和追赶时尚的渴求是网络消费者产生上网需求的一个重要动机。

2. 心理动机

心理动机是由于消费者的认识、感情、意志等心理活动过程而产生消费的购买动机。网络消费者购买行为的心理动机主要体现在理智、感情和惠顾三个方面。

(1)理智心理动机

理智心理动机指经过深思熟虑，而非凭感情所产生的购买动机。它具有客观性、周密性和控制性的特点。这种购买动机是消费者从产品的长久使用角度出发，在反复比较各在线商场的商品后才产生的，属于比较理智成熟、不易受外界影响的一种动机。理智购买动机的产生主要出于对耐用消费品或价值较高的高档商品的购买欲望。

在理智购买动机驱使下的消费者会仔细考虑下列问题：

①实用性。这类顾客注重商品的实际使用价值，从商品的质量、效用和售后服务出发，而不太强调商品的外观和包装，也不易被商品的品牌、广告宣传所影响。他们对经验很重视，购买目的明确，到网上商城后会多做比较，力求购买最实用、最实惠的那件商品。通常，这类消费者购买某件商品，使用后觉得不错，就会成为该商品或该商城的回头客。

②价格。网络市场最大的优点便是商品价格比传统消费市场中低廉许多，消费者之所以选择在网络中购买就是出于对商品的经济性考虑。同时，理智型购买动机下的消费者更加重视价格。比如，有些商品也许很实用或者比较急用，但这种消费者往往要进行一定的价格比较，或期望降价后才购买。

③商品的质量高低。理智的消费者会对商品的品质非常看中。尤其是在当前的网络市场中，许多类型相同的商品质量却是良莠不齐，使得消费者不得不货比三家。特别是对商品的使用寿命和售后保障，出于理智购买动机的消费者要求相当严格。有些商品的价格便宜，但是使用寿命短，对于这类消费者来说，他们坚决抵制这类商品，宁愿购买价格较昂贵而使用寿命长一些的商品。

④美感。追求美感的心理动机是以追求商品的欣赏价值为主要目的，核心是“装扮”和“美化”。消费者在网上挑选商品时，特别重视商品的外观是否拥有造型、颜色是否协调，会不厌其烦地比较商品是否符合自身气质、个性和环境，甚至会仔细翻看样品和说明信息，在商品的个性和品格上反复斟酌。追求美感的消费者大多为白领女士和文艺界人士。

⑤便捷。在网络上购物相较于实体店购物最大的缺点就是时效性。所以，理性的消费者很重视网络购物是否便捷。他们会比较发货的地点、使用的物流方式、是否送货上门等。

(2)感情心理动机

感情心理动机是由人的情绪和感情所引起的购买动机。这种动机大致可分成两种：一种是出于人们喜欢、满意、好奇等情感而引起的购买动机，它具有冲动性和不稳定性的特点。现在随着生活节奏的提高，消费者大都具有强烈的时间观念，面对过多的信息，消费者没有充足的时间和精力去理智地选择他们所需要的信息，从而造成了消费行为的非理性化，许多消费者判断商品的标准是“喜欢、不喜欢”，消费者的行为偏感性化。

在社会分工日益细化和专业化的趋势下，即使在许多日常生活用品的购买中，大多数消费者也缺乏足够的专业知识来对产品进行鉴别和评估。随着上网用户的大量增加，依赖于网络去了解市场信息的群体日趋增多，网络中出现的一则商品信息，就有可能带动一个群体的网络用户在短期内产生购买欲望。例如，最近几年新推出的 iPhone 系列手机，就极易让消费者产生冲动性的情感购买动机。

另一种是由人们的道德感、美感、群体感而引起的购买动机，它具有稳定性和深刻性的特点。这种购买动机的产生主要用于馈赠礼品或新推出的某种产品的购买。例如，许多网友由于时间、地域的限制，通过网络购买礼品的方式给朋友、家人赠送礼品。

(3)惠顾心理动机

惠顾心理动机是建立在理智的经验、忠诚的感情和感恩的情怀之上的。人们往往会对熟悉的东西产生自然的信赖。网络消费者对熟悉的商家、网站、广告、商品也会产生一种信任感，这种信任会使之习惯性地进行访问和购买。具有惠顾动机的网络消费者，通常是某一购物站点忠实的浏览者。例如，一位消费者在某购物网站购买了某品牌的商品，使用后感觉比较满意。这种满意便会让消费者对该网站产生好感，对该品牌也产生信任，直接导致下次购物时，这位消费者会再次在这个网站进行消费，或者关注这个品牌的其他商品。

三、制作调查问卷

在获取关于网络消费者的需求和购买动机的一些相关理论后，李敏立即打开中国最大的调查问卷网站开始设计问卷。因为以前在网络上回答过一些网络调查问卷，所以李敏对网络调查问卷的格式很了解。如果不太熟悉答卷设计的格式也没关系，在专业的调查问卷网通常会有设计向导，只要根据向导的步骤填入相关问题即可。

在本活动中，以“问卷星”问卷调查网作为实例。制作问卷的操作步骤如下：

(1)打开“问卷星”网站首页，注册账号。

(2)登录(也可通过 QQ 等其他账号登录)，如图 2.1.7 所示。

图 2.1.7

(3)在新页面中单击“创建新问卷”按钮。

(4)选择问卷模板进行问卷设计，这种方法可以直接导入已经编辑好的 Word 文档。

(5)对问卷进行编辑修改。

(6)点击改变外观，将问卷背景设置得美观，能吸引更多人填写问卷。更改后，点击发布问卷。

(7)选择互填问卷，使更多人参与问卷的回答。也可将问卷链接发送到微信朋友圈和 QQ 空间等，请朋友帮助完成答卷。

(8)回收问卷并完成数据分析。

从答卷的结果来看，女性更加热衷于网购，因为网络商品比实体店商品更为廉价。女性消费者的主要网购物品是与美相关的，特别是美妆个护品和服饰类。

【活动评价】

在经过一个星期的查询相关知识点和辛苦收集资料后，李敏终于理解了什么是网络消费者的需求与购买动机，也大致了解各个年龄段的消费者的需求和购买动机，让她心里开始对网店的开设有了初步的设定和目标。

【合作实训】

分组完成一个关于手机的需求和购买动机的调查问卷。调查对象的年龄段可选为 16～30 岁。组员建议为 3～6 人，分工完成问题的设计、问卷的制作、发送给调查对象、收集答卷、统计分析答卷、生成纸质报告等操作。

任务二　分析网络消费者购买决策

情景设计

由于临近毕业，很多同学都已经找好了工作，并开始了实习，所以大部分同学搬离了学生宿舍。最近李敏的几个室友也即将搬走，同时意味着李敏即将没有电脑可以使用，因为她自己并没有电脑，平时使用的都是室友的电脑。为了能尽快将网店开办起来，当务之急是李敏必须自己购买一台电脑。可是，她从未接触过电脑的购置，没有相关的经验，不知道该从何下手。这天，她邀请同宿舍的小姐妹们一起到校外吃大餐，趁机请求她们帮忙出谋划策。大家各抒己见，一顿饭工夫下来，李敏也大概知道该如何做了。

任务分解

在本任务中，李敏要从众多款式和类型的电脑中挑选出一台适合自己的，首先要决定选择哪一种电脑，即网络消费者购买决策过程。然后，她还要通过以往消费者对商品的满意度来判断该商品的优劣。所以，本任务大致可以分为两个具体的活动：网络消费者购买决策过程；网络消费者满意研究。

备战工具：一台能上网的计算机。

活动一：网络消费者购买决策过程

【活动背景】

对于即将成为网络经销商的李敏来说，这次任务也是一个极好的机会，因为掌握购买决策的基本流程和影响购买决策过程的相关因素在网络营销中是至关重要的。

【活动实施】

在大多数情况下，消费者在购买商品时，往往会面临两种或两种以上的商品可供选择，如何在这些选项中选择出最佳的商品并进行购买的整个过程就是购买决策过程。

如图 2.2.1 所示，消费者的购买决策过程可以分成五个大的步骤：明确需求、收集信息、挑选评估、购买决策和购后行为。每一个购买步骤是相互联系、相互影响的，每一个环节都必不可少。李敏在购买礼物过程中，也经过了这样一系列的活动。

一、明确需求

要自己开网店，李敏就必须拥有一台电脑，这是现实的需求。这种需求来自外部需要，因为网络营销离不开网络，网络离不开电脑。开设网店不是一个简单的项目，很多工作譬如网店装修等仅仅用手机是不能完成的。

在经济学中，每一次购买过程的起点都是需求的产生。通常，需求产生于需求者的内在需要或者外部刺激。例如，人感到饥饿时会需要购买食物，这就是一种内在需求。下雨后人需要

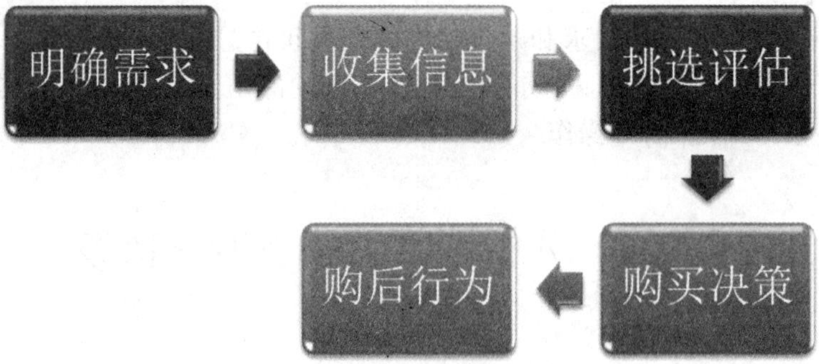

图 2.2.1 消费者购买决策过程

雨伞来阻挡雨水淋湿身体，这是外部刺激产生的需要。又如，有一些明星本来就很漂亮，但因为受到“标准美女脸型”等舆论的刺激，便产生了整容的需求。

二、收集信息

李敏的信息收集如下：

1. 自身信息

李敏需要一台电脑，要求价格在 4 000 元以内，可以随时随地上网。

2. 产品信息

电脑是计算机的俗称，通常分为台式电脑、笔记本电脑和平板电脑。

计算机由硬件系统和软件系统两个部分组成。

计算机的硬件组成部分包括 CPU、主板、内存、硬盘、显示器、声卡、显卡、鼠标、键盘、音箱等。

常用计算机操作系统有微软(Microsoft)公司的 Windows 系列、苹果(Apple)公司的 Mac OS 系列以及 Linux 和 Unix 系统。

3. 品牌信息

知名电脑品牌有戴尔(Dell)、华硕(Asus)、联想(Lenovo)、苹果(Apple)、英特尔(Intel)、惠普(HP)、宏碁(Acer)等。

4. 大众信息

通过了解，不管是什么款式的电脑，主流的操作系统只有 Windows 系列和 Mac OS 系列，但不同品牌的电脑支持的操作系统不同。李敏宿舍的刘美美和萧晓使用的都是组装的台式电脑，操作系统是 Windows 7。宋灵兮使用的是联想的笔记本电脑，操作系统是 Windows 10。周画意购买的是苹果的笔记本电脑，操作系统是 Mac OS。如图 2.2.2 所示，经过一系列相关信息的收集，李敏对操作系统的目标基本锁定在 Mac OS 和 Windows 系统上。

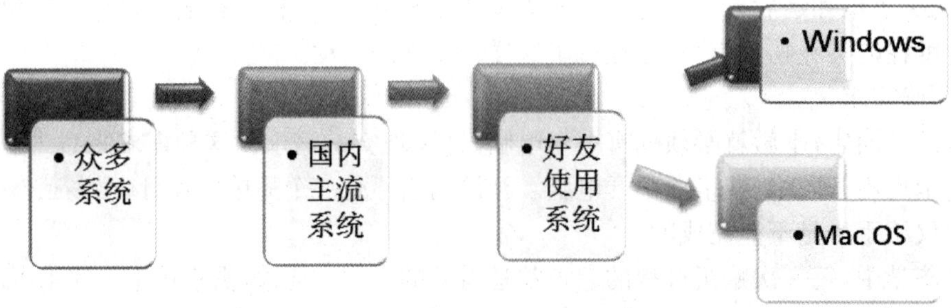

图 2.2.2 相关信息收集流程图

5. 平台信息

Mac 是苹果公司开发的一系列个人消费型计算机，如 iMac、Mac mini、Macbook Air、Macbook Pro、Macbook、Mac Pro 等。Mac OS 系统是苹果机专用系统，是正常情况下在普通个人计算机上无法安装的操作系统。Mac OS 系统比较时尚，在视频剪辑与音频制作方面比较突出，安全性较高。但 Mac OS 系统对安装的软件要求很严格，许多软件不能兼容。

Windows 操作系统是目前世界上使用最广泛的操作系统，所有品牌的电脑都可以安装该系统，包括苹果电脑。Windows 系统的功能比较全面，有着比任何其他平台更多的软件，所有目前流行的软件都可以安装在 Windows 系统上。由于使用的人多，该系统在安全性方面不如其他系统。

● **知识窗**

在明确需求之后，消费者紧接着就会收集相关的商品信息。消费者信息来源主要有个人来源(如家庭、朋友、邻居、熟人)、商业来源(如广告、推销员、经销商、包装、展览)、公共来源(如大众传播媒体、消费者评审组织等)、经验来源(如处理、检查和使用产品)等。

收集信息是指消费者对某品牌或某种特定商品已经建立足够的经验和特定的购买倾向时所搜集的相关的常规信息。处于本阶段的消费者是会按照常规收集与购买直接相关的所需信息，对购买决策需要的信息较少。

当然，在网络科技高速发展的今天，大多数网络消费者收集信息的主要手段是利用搜索引擎。目前，在我国使用搜索引擎的网络消费者达 98%，消费者想要在网络市场消费时，会习惯性地使用百度、搜狗、谷歌等搜索引擎了解相关产品信息。

三、挑选评估

1. 电脑类型选择

通常台式电脑适合办公使用，功能最强大，但因为体积和重量相对较大，不易移动；笔记本与台式电脑相比，便于携带，适合经常移动办公的人使用；平板电脑优点在于轻巧、易携，但功能简单，且没有鼠标、键盘，主要用来休闲娱乐，不适合办公使用。李敏需要适合办公且便于随身携带的电脑。因此，初步选定为笔记本电脑。

2. 电脑品牌选择

由于苹果电脑相对其他普通个人电脑(PC)来说，价格要昂贵很多。通过前面对操作系统相关信息的收集，结合自身的需求和室友们的建议，李敏决定不选择苹果电脑。

李敏购买电脑的用途为网络销售，所以产品定位应该确定为商务办公，屏幕最好大一些，价格预算在4 000元以内。李敏打开中国较为权威的专业 IT 网站——太平洋电脑网，按照这些要求，最后筛选出三个品牌：联想、戴尔、惠普，如图 2.2.3 和图 2.2.4 所示。

● **想一想**

除了太平洋电脑网，你还知道哪些比较专业和权威的 IT 网站?

联想、戴尔、惠普是现今全球三大 PC 厂商，三个品牌的笔记本都有很高的销售量。

联想公司是国内企业，在国内有着完善的售后服务系统，售后服务点遍布全国各地，售后非常有保障。戴尔是国际知名品牌，它的笔记本侧重于质量做工，但性价比要比国产的笔记本低一些。惠普也是国际知名品牌，笔记本的售价普遍偏高。

李敏的活动范围在国内，电脑需要随时可以维修保养，出于资金的限制，她只能选择性价比较高的品牌。综合各大网站的评价和论坛的回复，李敏更青睐于国产品牌联想的笔记本电脑。

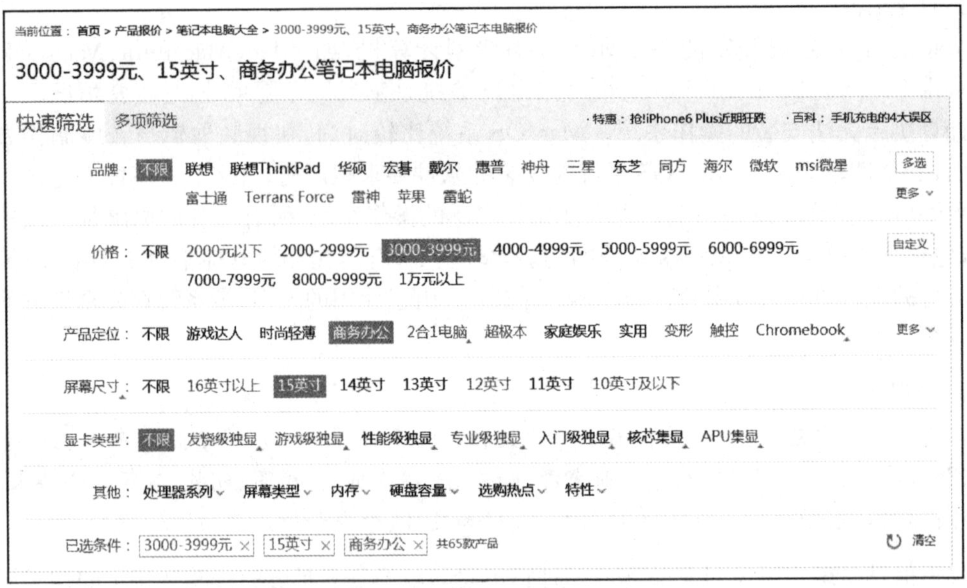

图 2.2.3 笔记本电脑筛选过程图

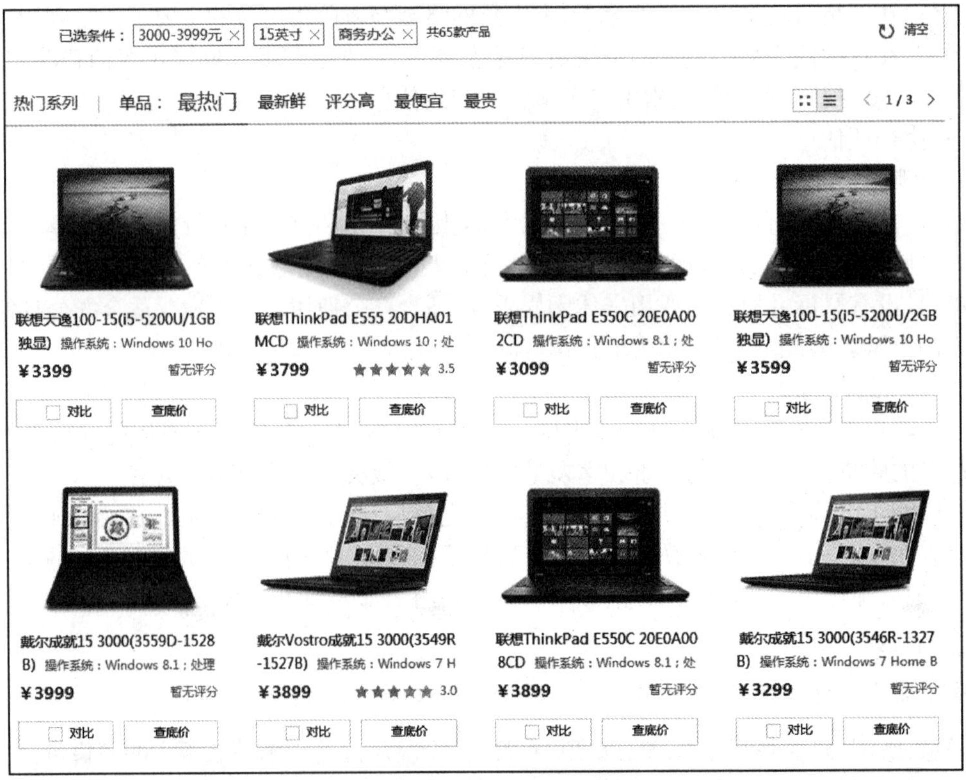

图 2.2.4 笔记本筛选结果图一

3. 硬件选择

经营网络店铺需要电脑长期处于开机状态，为了更快地响应买家，还要求电脑的反应速度必须快。所以还应该对电脑的中央处理器(CPU)进行筛选。

目前，市场上主流的CPU生产厂商有两个，分别是英特尔(Intel)和AMD公司。Intel是全球最大的CPU制造商，它占有大约80%的市场份额，Intel的CPU核心技术先进，计算能力高且处理速度快，但价格也比较贵。对AMD来说，其最受人欢迎的地方，就是它良好的超频性能和低廉的价格，这是它目前占有处理器市场份额的根本原因，也是它的优势。

为了能在资金有限的条件下使用反应较快的CPU，李敏选择了AMD的处理器。当前，应用到笔记本电脑中的AMD CPU以AMD A10系列性能最佳。通过再一次筛选，李敏终于选出两款各方面达到要求的笔记本电脑，即联想ThinkPad E555 20DH0009CD和联想ThinkPad E555 20DHA01MCD，如图2.2.5所示。

图2.2.5　笔记本筛选结果图二

4. 操作系统选择

两款电脑都属于联想E555系列，通过参数比较，价格和性能都差不多，区别主要是操作系统不同，如图2.2.6所示。

Windows 10是目前Windows系列中最新的操作系统，新增了任务视图和虚拟桌面两大功能，能有效地提高工作效率，已经体验的用户大多承认很喜欢两个新特性。Windows 10与Windows 8.1系统的出售价格相同，主要的区别只在于Windows 10更加人性化。而Windows 8.1的系统更加完善，响应速度和加载速度比Windows 10更快。但是，微软为了让更多用户接受Windows 10，推出了在2016年7月29日之前，所有Windows 8.1的用户可以免费将系统升级到Windows 10。这也就意味着两个系统都可以进行选择。

产品信息	联想ThinkPad E555 20DHA01MCD 移除	联想ThinkPad E555 20DH0009CD 移除
所属品牌	联想ThinkPad	联想ThinkPad
成都指导价 切换	￥3799 19位商家报价 网购比价	￥3799 17位商家报价 网购比价
网友评分	评分：3.5 12名网友评分	评分：3.3 0名网友评分
网友点评	2名网友点评	2名网友点评
基本参数		
型号别称	E555 20DHA01MCD	E555 20DH0009CD
上市时间	2015年	2015年
产品定位	商用办公本	商用办公本
操作系统	Windows 10	Windows 8.1

图 2.2.6 筛选结果对比图

● **练一练**

打开各大网购平台，并采访一下你周围的同学，比较各种平台的区别，分析出它们各自的优点和缺点。

● **知识窗**

消费者在网络市场购物时，必然会从网络中获得一些相关信息，但有辨别能力的消费者不会对这些信息采取全盘接收的态度。他们会从这些信息中根据自己的经验进行比较、筛选、评价和选择。在挑选评估过程中，网络消费者应该多参考专家、权威机构、已购买的消费者和知名度较高的网站所提供的信息。

四、购买决策

通过一系列比较和筛选，李敏最后筛选出两款型号皆为联想 ThinkPad E555 系列的笔记本电脑为预选结果。

根据报告显示，京东商城的信誉度高，销售的电子产品质量过硬，对售出的商品有质量保证。这是许多人选择在京东商城购买电脑的主要原因。接下来，她带着备选方案打开京东商城。令她失望的是，京东上联想 ThinkPad E555 系列的笔记本电脑报价为4 599元，远远高于太平洋电脑网给出的指导报价3 799元，也超出了她的成本预算。所幸，李敏前期已经深入研究和掌握天猫的购物流程和经营模式，对天猫的商品质量非常信赖。于是她退而求其次，决定打开天猫商城看看。天猫上有近十家店铺正在销售联想 ThinkPad E555 20DHA01MCD，且该型号电脑的报价大多数在4 000元以内，而另外一个型号没有店铺进行销售，如图 2.2.7 所示。最终，李敏挑选出天猫商城中售价最便宜的一家店铺，以3 180元的最终价格购买了联想 ThinkPad E555 20DHA01MCD，如图 2.2.8 和图 2.2.9 所示。

图 2.2.7　天猫商城筛选结果图

图 2.2.8　购买商品详情图

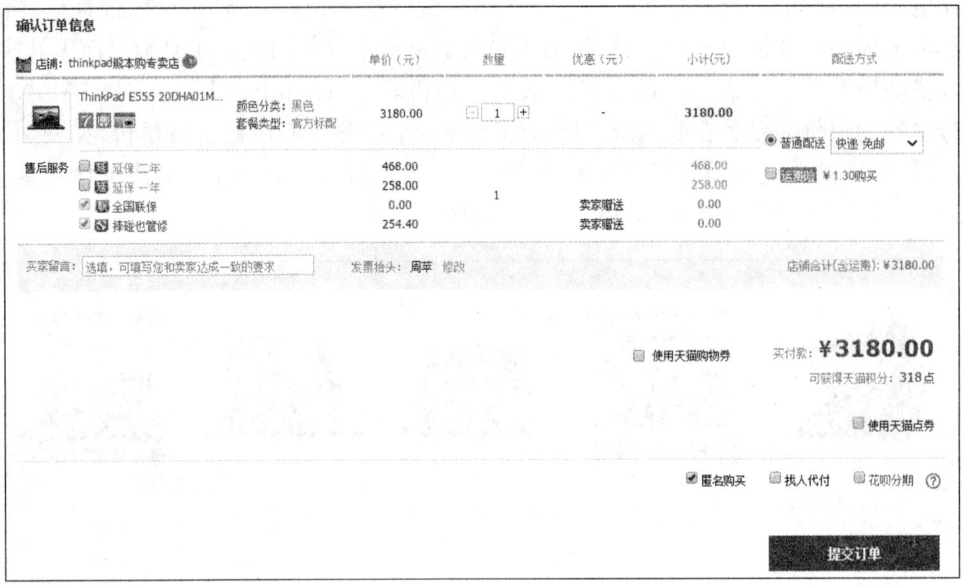

图 2.2.9　确认订单信息图

- **知识窗**

网络消费者在确定购买某种商品时，一般要具备以下三个条件：

(1)信任所购商品的品牌。

在许多消费者的意识中，买东西不一定要世界名牌，也不一定要买最贵的那个，但是一定要选择可信的品牌。选择品牌不仅是因为产品质量能够有所保证，更因为品牌的服务一流，能更快响应客户的各种需求。作为消费者买的不仅是商品，还有商品所带来的附属价值。

(2)信赖购买的平台。

对于广大的消费者来说，能选择到一个值得信赖的购物平台是至关重要的。在电商云集的今天，网络消费者在选择相应的购物平台时，信任是首要条件，只有值得信赖的平台才值得消费者选择。所以，作为一个购物平台，最重要的是获得广大消费者的认可，只有消费者认可自己才能得到更好的发展，也是商家能够长远发展的关键之一。

(3)对所购商品有好感。

通常情况下，消费者都很青睐自己有好感度的商品，因为人的喜爱厌恶对购买冲动起着极为重要的作用。消费者对某件商品的好感直接来自商品的外形、包装、材质等方面，这是一种综合性的心理效应，与个人以及环境有密切关系。

五、购后行为

李敏很快收到在天猫订购的笔记本电脑。她听取了网友和室友的建议，定期对笔记本进行保养和清理。连续使用一段时间之后，笔记本电脑并未出现系统卡顿的现象，各项功能正常运行，同宿舍其他室友也对该电脑赞不绝口。因此，李敏对自己能用较低的价格购买到值得满意的电脑感到很高兴。她不仅在天猫的商品评价环节为该商品打了全五分，如图 2.2.10 所示，而且她还向其他同学和网友极力推荐此款电脑。

- **知识窗**

购后行为是每一个消费者在每一次购买活动中必然要经历的阶段。购后行为是指消费者在购买商品后所发生的与该商品或提供该商品的企业或经销商有关的一切行为。研究消费者的购后行为与研究消费者的购买动机具有同样重要的地位。

【活动评价】

在购买过程中，李敏不仅学习了很多电脑方面的知识，还进一步了解了网络营销的每一个步骤，也更明白网络营销的成功关键在于一切从消费者的角度出发，立足服务精神，真正把顾客当成上帝来对待。

活动二：网络消费者满意研究

【活动背景】

在购买联想品牌的笔记本电脑一个月后的某一天，李敏忽然接到一个来自联想公司的回访电话，问询的主要内容是客户对所购电脑的满意度调查。

【活动实施】

客服人员和李敏的主要对话如下：

客服：首先非常感谢您选购联想公司的笔记本电脑！今天给您打电话主要是想针对您收到的产品和服务做一个满意度调查。

李敏：好，请讲。

客服：您对我们的产品满意吗？

李敏：还行吧！

客服：请问您在购买和使用过程中，对我们的服务态度还满意吗？

李敏：挺满意的。

客服：您在购买这款电脑之前，对我们联想公司有过了解吗？

李敏：了解啊，我还特意去网上调查过呢。

客服：那请问您对联想品牌的印象如何？

李敏：不错，大品牌，值得信赖，特别是售后有保障。

客服：请问您对我们的售后服务还满意吗？

李敏：前两天我自己操作失误，出了点小故障，售后点的工作人员很快帮我解决了。他们态度好，而且速度很快，我对他们的服务非常满意。

客服：请问您对我们的产品和服务有什么意见或者建议吗？

李敏：没有。

客服：好的，女士。很高兴您能在百忙之中接受我们的采访。再次感谢您对联想公司的支持，在使用电脑过程中如果您遇到任何问题，欢迎随时拨打我们的售后服务电话。打扰您了，再见！

● **友情提示**

从客服人员和李敏的对话中，可以总结出网络消费者满意可以大致分为三个层次：商品满意、服务满意和企业满意，详见图 2.2.10。

● **想一想**

作为销售人员，如何提高消费者对服务的满意度？哪些方法可以为企业树立更加良好的形象？

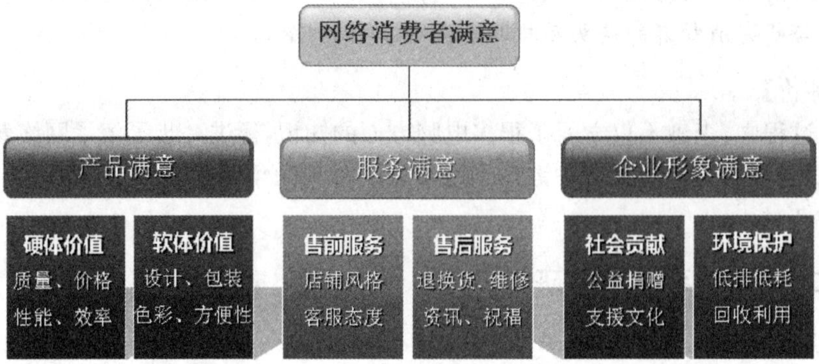

图 2.2.10　网络消费者满意构成图

● **知识窗**

“营销之父”菲利普·科特勒曾指出：“消费者满意是指一个人通过对一个产品的可感知效果与他的期望值相比较后，所形成的愉悦或失望的感觉状态。”

网络消费者在网络市场中完成购买商品，经过体验和使用商品之后，会对所购买商品进行评价，这就是购后评价。在该阶段网络消费者会表达他们在商品使用过程中的满意和不满意程度。评价的结果会影响消费者对该商品的忠诚度和重复购买，也会侧面影响其他消费者选择该商品。

对于所购买商品的评价往往来源于网络消费者使用产品后，结合他人的评价，将购买后的使用感受与自己购买之前的预期进行对比。

如果所购商品的性能或服务体验高于预期，网络消费者便感到非常满意；如果与预期大致相符，网络消费者便会感到基本满意。网络消费者对所购商品达到满意评价状态，今后他就极有可能购买同一品牌的商品，并常对其他人称赞这种产品，这种称赞往往比广告宣传更有效，如图 2.2.11 所示。

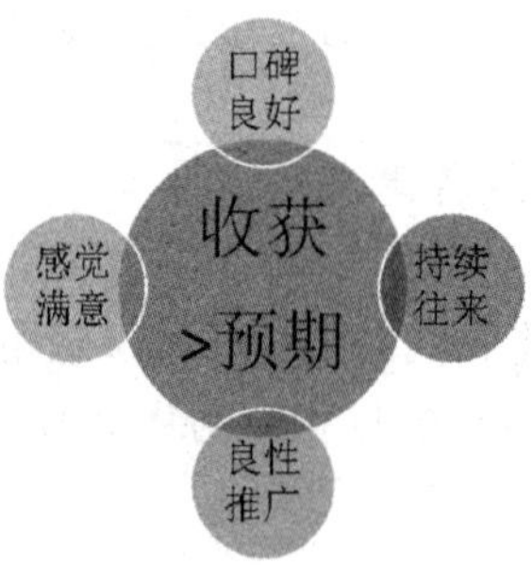

图 2.2.11　消费者满意循环图

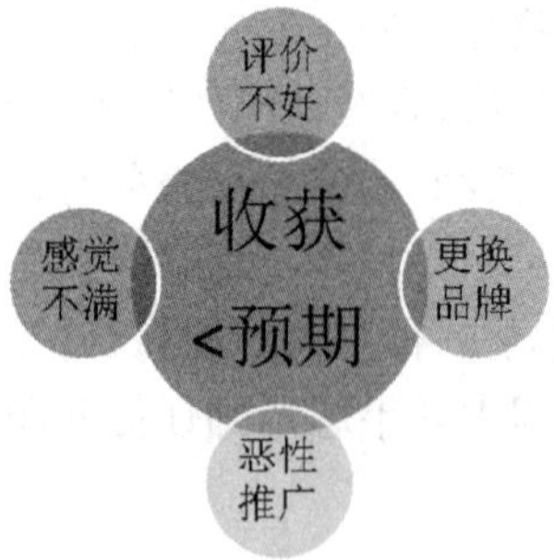

图 2.2.12　消费者不满循环图

如果所购买的商品和预期的持平，即收获＝预期时，网络消费者会对该商品和企业不会留下太深的印象，仅作为一种经验累积。消费者极可能会去寻找更好的产品或品牌，购买关系很难持续下去。当然，如果没有发现其他优于该产品的商品，消费者也会选择继续购买。

然而，如果所购商品低于预期，网络消费者就会感到失望和不满。处于不满意评价状态下的网络消费者，对商品评价会很低，或者直接发起退货申请，甚至试图向有关部门投诉。并且，消费者不会再购买该产品，可能对于该品牌的所有商品都会产生极差的印象，不再选择。也有可能劝说他人不要购买该商品或该品牌的所有商品，如图 2.2.12 所示。

网络消费者不满意的购后评价，不仅会让网络店铺和企业整体形象和信誉大打折扣，还会使其失去大批的消费者。所以，也验证了销售行业的一句名言："金杯银杯不如顾客的好口碑。"只有顾客的满意评价才是企业的希望和最好的广告。

因此，要想赢得顾客满意的口碑，从而带动更多的顾客，最大限度地占领市场，企业应该尽力提供优质的产品和服务。另外，网络营销人员作为顾客直接接触的第一对象，必须虚心听取顾客的反馈意见和建议，并将相关信息反馈给企业。也就是企业要极力保证自己的售后态度，并全力做好售后服务，不断将产品进行升级换代（最好是免费更新）。争取最大限度地赢得消费者购后评价为满意，最终留住广大的老顾客、吸引更多的新顾客。

【活动评价】

借助这一次电话回访，李敏也对网络消费者满意做了一次简单的调查研究。从以上的研究结果中，李敏更加确定经营好一个网店首先是要树立良好的口碑，而树立良好的口碑只有让网络消费者满意这一个途径。

【合作实训】

假设你和你的组员是娃哈哈公司的售后调查员，请分别使用 QQ、微信等软件向你们的亲朋好友做一次关于娃哈哈矿泉水的满意度调查访问，要求访问人数在 15 人以上，并写出一份简短的满意度调查分析报告。

任务三　影响网络消费者购买的主要因素

情景设计

由于商家入驻天猫商城需缴纳 1 万至 30 万元不等的保证金以及几万元的技术年费，李敏担心筹到的资金不够，所以她决定先做一段时间网络代购。既可以赚钱，更重要的是可以进一步了解网络营销的每个具体环节。随着网购次数的不断增加，李敏发现在网络购物过程中，影响消费者购买商品的因素还真不少。有的顾客喜欢听取其他人的意见，选择大家都觉得好的商品；有的顾客比较坚持个人原则，一定要买到自己内心想要的那款；有的人侧重于商品的外形、包装；有的人则更在乎商品的品质和售后服务等。

任务分解

网络消费者通常会受到很多客观因素的影响，但最后还是经过个人主观思考来决定。所以，我们可以把影响网络消费者购物的主要因素分为内在方面的因素和外在方面的因素。

备战工具：一台能上网的计算机

活动一：影响网络消费者购买的内在因素

【活动背景】

这天，大一新生陈灵犀因为从未接触过网购，请求李敏帮她在网上代购一部手机。李敏根据陈灵犀的特殊情况，仔细分析了一番，发现她的购买行为主要受内在因素的影响。

【活动实施】

一、个人因素

消费者的购买行为在很大程度上会受到其个人因素的影响。个人因素主要包括网络消费者的年龄、性别、受教育程度、职业、经济状况、网购经历等。

1. 消费者的年龄与性别

陈灵犀是刚刚进入大学的女生，年龄在二十岁左右。她需要的是一部可以联系亲人和朋友的电话，同时她也想使用手机上网，因为她对网络世界充满了好奇。作为一个爱美的年轻女孩，陈灵犀也想通过手机进行拍照。所以她应该购买一部集通话、上网和拍照功能于一体的手机，首选应该是当下流行的智能手机，如图 2.3.1 所示。

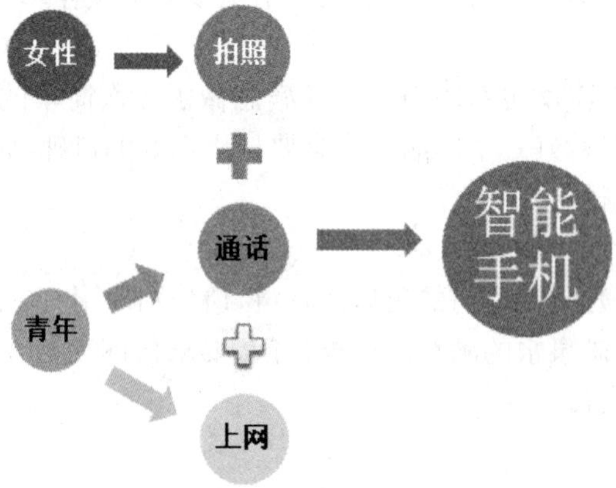

图 2.3.1 年龄和性别对购买行为的影响

网络消费者对产品的需求会随着年龄的增长而变化，比如老年人对于手机的需求多数重在通话功能，而不太注重上网等功能。不同性别的消费者，其购买行为也有很大的区别，如果是男生，可能就会比较侧重于选择可以兼容更多网络游戏的手机。

2. 受教育程度和经济状况

陈灵犀是一名大学生，属于正接受高等教育的人群，但还没有自己独立的经济收入。经济的拮据会直接影响陈灵犀的购买选择，根据个人经济情况，她将购买的价格范围限制在1 500元以内。同时，因为对互联网有一定的了解，她不仅能接受网络购物的方式，而且更知道网络购买手机会更加便宜，也更加便捷。

根据统计数据表明，网民中大多数人都接受过高等教育，而且网民的平均收入比总人口水平略高。网络消费者受过的教育程度越高，其对于网络购物就越容易接受，选择网络购物的概率和频率就越高。经济学中有一句名言："经济基础决定上层建筑。"网络消费者的收入越高，在网络市场进行消费的金额和次数也会越高。

3. 网购经历

陈灵犀之所以会请求李敏帮忙代购，就是因为李敏对网络市场比较熟悉，有比较充足的网购经历，了解网络购物的基本流程和相关技巧，能够更好地为她选购一部比较适合的手机。

网络购物经历会在很大程度上影响消费者做出在线购买决策。网络购物经验丰富的人，会更加理性客观地看待网络市场，条理清晰地分析出此次购买的动机与需求。然后根据自己的经验收集相关信息并进行判断抉择，最后才做出购买决策。良好的网络购物经历，对网络购物行为会产生积极的促进作用，使消费者更加相信网络市场。反之，如果有了不愉快的网络购物经历，消费者便会对网络购物产生消极看法，在下次网络购物时变得谨慎。

二、心理因素

因为陈灵犀从未接触过网络市场，对于网络购物的相关知识都感到很陌生。但是看到周围的同学都有手机，她现在迫切地需要一个自己的手机。她已经做过一些关于手机相关知识的了解，比如品牌中苹果、三星、华为、魅族、小米等的知名度较高，质量、售后应该比较值得信赖。在手机屏幕越来越大的流行趋势中，她反倒更喜欢小屏幕的，小屏幕手机看起来更为精巧，而且感觉小屏幕手机更容易掌控在手中。

消费者的购买行为往往会因为心理因素的变化而变化。心理因素除了购买动机之外，还包括消费者的需要、动机、兴趣、理想、信念、世界观等个性心理倾向以及能力、气质、性格等个性心理特征。网络消费者的购买行为，主要受到以下两种心理因素的影响。

1. 购买动机

陈灵犀因为离家读书，需要一个可以经常和家人联系的手机，而且看到周围的同学都有手机，她现在更加迫切地需要一个自己的手机。

2. 认知与态度

因为陈灵犀从未接触过网络市场，对于网络购物的相关知识都感到很陌生。但是，根据许多同学反映，在网上购买的手机价格大多数情况下比实体店要便宜一些，而且网上购买的手机也可以全国联保。所以，陈灵犀对于网络市场的总体影响持肯定态度。而且，在请求李敏帮忙之前，她做了一些关于手机相关知识的了解。

【活动评价】

通过对影响陈灵犀购买手机的内在因素的分析，李敏对网络消费者的行为有了进一步的认识。消费者是网络营销的主体，只有牢牢把握消费者的心理，才能更好地制定相对应的营销方式。

活动二：影响网络消费者购买的外在因素

【活动背景】

李敏偶然听说陈灵犀是少数民族。于是，她决定再仔细分析一番。因为，只了解消费者的购买动机、对品牌的好感和购买意向是不够的，真正将购买意向转为购买行动，其间还会受到外在因素的影响。

【活动实施】

● **友情提示**

消费者认识到自己有某种需要时，是其决策过程的开始，这种需要可能是由内在的生理活动引起的，也可能是受到外界的某种刺激引起的。

从广义范围分析，影响消费者的购买行为的外在因素可以统称为环境因素。环境因素，是指能够对消费者产生影响的各种自然的、社会的与文化的等因素的综合体，它包括各种事物、地点及其对消费者的认知和行为会产生影响的人，例如参照群体、家庭、社会阶层、文化因素等。影响网络消费者在网络市场中做出购买决策的环境因素大致可分为文化因素、社会因素和营销因素。

一、文化因素

陈灵犀是典型的南方女孩儿，喜欢精巧的物品。对于随身携带的手机，她更希望它可以看起来美观。所以李敏在为她挑选手机时，特别注重产品的外观，尽量达到精美的要求。同时，陈灵犀是一位少数民族姑娘，由于特殊的民族和家庭文化熏陶，她不喜欢购买进口的商品。因此，在选择手机品牌时，李敏将目标锁定在国产品牌上，即排除了苹果、三星等国际品牌。

文化因素是指由于不同文化背景、不同种族、不同国家地区所形成的价值观、信仰、生活方式、风俗习惯等。不同的文化背景下，人们的价值观念会有很大的差距。因此，不同的文化氛围对网络消费者的购买行为也有很大的影响。比如，在追求平等、自由、个性的文化氛围下，消费者会更愿意选择网络购物。在中国，东部省份进行网络购物的人口比例大大高于西部省份，有很大一部分原因可以归根于文化因素的影响。

二、社会因素

虽然陈灵犀自己从来没有接触过网络购物，但是她身边很多同学都有过网络购物经历。大多数同学对网络购物的评价是更加便宜，可以节约逛街购物的时间和精力。对于经济不太宽裕、闲暇时间不多的学生来说，网络购物方式受到极高的推崇。

每个人生活方式和观点看法与其生存的社会环境密不可分，所以消费者的购买行为必定受到宏观环境因素的影响。网络消费者的网络购买行为更会受到外界环境的制约，因为不同的社会环境会对不同的网络消费者产生很大的影响。例如，白领一族和学生党购买的商品便会大相径庭。

三、营销因素

对于影响消费者网上购买的营销因素，主要有网上交易的可靠性和安全性、网页设计的风格、查询和网上交易的方便性、产品的类型、特点和企业形象。除此之外，网上信息的真实性、信用制度的建立、法律环境、配送体系的完善等也会对网络消费者的购买行为产生影响。

1. 产品特性

手机属于电子类产品，在运送和使用过程中极易受损，所以在售后服务方面必须要求严格。例如销售商家和厂商是否保证收货七天内无条件退换商品，多长时间内能够包换新机，保修时间是多久，是否可以全国联保等。只有把这些因素都考虑周全，才能保证陈灵犀这个“新手”能够在手机使用过程中无后顾之忧。

2. 企业形象

“小米”手机的宣传就像一场头脑风暴，在近几年疯狂地席卷整个中国大地。小米利用网络进行了大量的宣传，为产品提供有力的展示平台，加以突出小米手机特色和优点以及企业的优质服务，在消费者中树立良好的企业形象。结合周围同学和朋友的使用评价以及观点，李敏对小米手机的总体印象感觉很好。

3. 网络购物的便捷性

网络购物可以节约大量的逛街和挑选时间，为消费者带来更加方便、快捷的购物体验，这也是其越来越受现代人欢迎的一个主要原因。比如，以电器为主要销售商品的京东，在全国大多数地区，其商品的物流及配送速度可以实现“次日达”。也正是这一点吸引了大量的消费者，让他们更愿意在京东商城购买电子电器类商品。

4. 网络的可靠性和安全性

部分消费者在网络购物时会存在很多顾虑，主要考虑商品质量安全、商品配送安全、资金安全和交易行为安全等问题。所以，理性的网络消费者会选择大型、知名度高的购物网站。因为大型的购物网站不仅要提供一个交易的平台，还有一系列规章制度用于监管旗下的网店，并会保障消费者的支付安全和个人信息安全。比如，天猫商城从商家入驻到经营的整个过程中，商家必须遵守相关规定，一旦违规，商家会面临不同程度的惩罚，甚至取消经营的资质。

【活动评价】

网络市场和传统市场的不同，导致网络消费者购买行为与传统消费者购买行为也存在一定的差异。对引起这些差异的因素及其影响进行分析，有助于即将成为网店商家的李敏制定适合于网络营销的营销策略。

【合作实训】

假设你所在的班级需要在网络市场中购买一批班服，即学生成为网络消费者，请分组讨论分析影响此次购买行为的主要因素有哪些。

任务四　制定网络营销策略

情景设计

启动资金准备妥当，相关的开店知识李敏也掌握得充分。当前她面临的最大问题是：经营一家网络店铺，应该采取何种营销方法才能吸引顾客，又应该实施什么样的策略才能留住顾客呢？刘磊向李敏推荐了一个人——李晶晶，她是刘磊的同事，在市场营销部就职多年，在市场营销方面很有经验。李晶晶为李敏详细讲解了市场营销策略的相关知识，并列举了他们公司的一些典型案例。李敏将市场营销策略结合网络营销的实际特点，逐步理出一条适合自己的网络营销策略。

任务分解

20 世纪 60 年代，美国学者麦卡锡教授提出了著名的 4P 营销组合策略，即产品（Product）、定价（Price）、渠道（Place）、促销（Promotion）。李敏根据该理论将网络营销策略分为四个方面的活动：

（1）制定网络产品营销策略；

（2）制定网络产品定价营销策略；

（3）制定网络营销渠道策略；

（4）制定网络营销促销策略。

备战工具：一台能上网的计算机。

活动一：制定网络产品营销策略

【活动背景】

李晶晶告诉李敏：要想制定出一个产品营销策略，首先你必须要了解你要确定自己的营销产品、品牌及营销方式。简单地说，即要开一家网络店铺，确定“卖什么”是最首要的问题。

【活动实施】

一、选择适合在网上销售的产品

中国的网络市场已经较为成熟，所经营的产品种类繁多。所以，寻找到有市场和有竞争力的产品，是网络经销商成功的关键。

1. 根据调查报告显示，中国的女性网民规模已经达到3.19亿人，仅比男性互联网普及率低7.2个百分点，而且网民中女性比重正在逐步上升。由此可见，女性已经成为网络消费者中的主力军。

2. 女性产品中以美妆和女装两个类别的产品盈利最快。服饰类产品由于网络消费者无法试穿后购买的原因，退货率较高。且当前中国的服装产业标准不一，导致产品质量很难得到很好的保证。然而，美妆产品尤其是护肤品通常对人体伤害较小，不易出现售后问题。而且由于该类产品在实体店的售价通常高于网络店铺，使得网购护肤品已经成为大多数当代女性的首选。

3. 护肤品的商品形态属于实体商品。实体商品的网络营销方式一般为在线浏览购买，再通过物流方式送货上门。而且现在中国物流的包装质量和配送服务日益趋近成熟，护肤类产品大多能够实现完好配送。

4. 护肤品的外观包装都较为正规，有标准的产品说明信息，消费者能够从产品的外观包装就可以验证该商品是否是正品，也可以辨别该商品是否符合个人需求。这在很大程度上有利于护肤品在网络市场中进行营销。

在定位售卖的产品时，应该结合自身财力、商品属性、物流运输的便捷性进行考虑，并且兼顾个人的兴趣和能力，最好涉足自己熟悉、擅长的领域。由于自身是女性，李敏会经常接触到各式各样的护肤产品，所以她最终将女性确定为主要的营销对象，以护肤品作为经营的主要产品。

二、确定所营销的品牌

在确定自己的网络营销产品以及营销方式后，接下来的工作便是选择适合营销的产品品牌，制定相应的品牌策略。

1. 百雀羚是拥有80多年历史的中国著名化妆品品牌。该品牌不仅荣获“中国驰名商标”称号，还先后与美国的迪斯尼、日本的阿童木等国际公司合作推出儿童护理产品系列。

2. 在2013年，百雀羚作为“国礼”被带到坦桑尼亚，让这个民族品牌大受关注，并由此引发了一股国货热潮。2015年驻华使馆联谊会上，主办方再次将百雀羚“国礼”套盒赠予100多位外国使节。

3.《2015中国化妆品品牌50强》榜单上百雀羚高居榜首，已然成为业界公认的本土第一护肤品牌。而且，在2015年的“双十一”中百雀羚成为第一个在天猫超过亿元销售的美妆品牌。

结合以上调研结果，李敏将营销品牌确定为国货第一品牌——百雀羚，即确定开设的天猫店铺类型为百雀羚专卖店。

● **知识窗**

品牌是企业最重要的一种无形资产。在品牌营销方式形态各异的当下，相较于传统的品牌营销方式，譬如电视、报纸、户外宣传等，网络品牌营销逐渐受到更多企业的青睐。不过，网络品牌营销策略的重心是解决用户信任度的问题，因为网络的虚拟性，如何让消费者信任企业品牌和产品是最核心的关键。当然，企业更要注重对自己品牌的保护。

● **想一想**

除了百雀羚，你还了解哪些经典的国货品牌？

【活动评价】

产品策略是网络营销策略组合的核心。选择优秀的产品和品牌更加有利于进行网络营销活动。在确定好网络营销的产品和品牌后，李敏已经跨出了网络营销成功的第一步。

活动二：制定网络产品定价营销策略

【活动背景】

在确定好经营的产品和品牌后，李敏立即与百雀羚公司进行交涉，不久便获得了品牌授权书。然而，在网络市场经营百雀羚护肤品的商家很多，产品的价格也参差不齐。如何制定一个合理的定价策略才能既吸引消费者，又能保证获得较高的利润？

【活动实施】

就目前中国的护肤品主流消费人群来说，价格依然是他们最敏感的因素。相对于产品的包装、效果等而言，产品价格往往是最重要的购买决定性因素。李敏要为商品制定合理的价格，应考虑多方面的因素，并遵循以下基本程序。

一、确定定价目标

产品或服务的价格在实现之后企业应该达到的目的就是定价目标，目标越清晰，制定价格就会变得越容易。定价追求的目标主要有以下几种：

1. 获取当期最高利润

该定价目标适用于短期内，但前提是当企业的生产技术和产品质量都居于领先水平，而竞争对手实力较弱或供不应求的情况下，企业才可把产品的价格定得较高，比如获得专利的产品或者国际大品牌产品。

2. 扩大市场占有率

这种定价目标需要较大的前期投入，以期望获得长期的最大利润。企业通常通过制定较低的价格和利润水平来吸引消费者，扩大产品的销售量和市场占有率。当前大部分新兴品牌的产品为了突破市场，都会采用该定价目标。

3. 高价

当客户数量足以构成当前的需求时，可以采用较高的定价来帮助企业树立优质产品的形象。这种定价目标适用于奢侈品、传统手工产品等。

4. 适应竞争

这种定价目标要求企业随时关注和研究竞争对手的价格，以有利于竞争的目标为出发点，制定相应的价格。实力较强的企业就采用高于竞争者的价格，实力较弱的企业最好采用跟随或低于竞争者的价格。

5. 平稳价格

当产品占据市场主导地位时，企业便可以采用平稳的价格来巩固自身地位，增强市场的稳定性。例如海尔冰箱、格力空调的价格就通常稳定在一定水平上。

李敏经过仔细分析和比对自身经济条件以及商品属性后，最终将适应市场竞争确定为定价目标。

二、估算成本

估算成本是为了确定产品价格的下限。由于网络市场的特殊性质，产品成本的组成大致可分为固定成本和变动成本，见表 2.4.1。

表 2.4.1 成本分析

固定成本	变动成本
产品采购价	税务收费
工人薪酬	运输成本:采购和发货的物流快递费用
保险费	商品保险:如赠送买家的运费险等
注册资本	包装成本:快递包裹、赠品、退换货卡片等
宽带网络费	通信费用:与买家联系的电话费、短信费
广告费	退换货的费用

固定成本即不管销售数量多少,都必须支付的费用,也可把开设店铺的前期投入纳入其中。李敏从公司直接采购产品,价格会比较低。另外,因为刚开始经营,李敏不打算聘用任何其他职工,可以省去工人薪酬这一项成本。但由于天猫商城经营的要求较为严格,专卖店必须办理企业营业执照,其中要求注册资本不低于 50 万元。

变动成本主要是指随着产品的销售量而变动的成本。当每月的销售金额低于 80 万元时,个体经销商会被天猫自动扣除每笔交易的 3%作为增值税。

护肤品大多为小件商品,运输主要采用快递公司的方式。对于单件商品来说,当前国内的快递费用多数可以控制在 12 元/件以内。

参加了"7 天无理由退换货"的店铺大多会给自己店铺中的商品购买运费险,随商品赠送给买家。当买家购买商品后,如果出现退货的情况,保险公司会赔偿买家的一部分运费。这样可以增强消费者的购买信心,提升网络店铺的竞争力。

三、分析竞争者的产品与价格

百雀羚作为大品牌,有固定的消费群体。目前大型的购物网站基本上都在销售该品牌产品,较强的竞争平台主要有京东商城、唯品会、聚美优品等。当然,天猫商城中的百雀羚旗舰店、专卖店、专营店也不少。除了搞促销活动外,这些平台的同一种产品价格一般相差不会很大。

根据网络统计数据显示,百雀羚在某月天猫美妆产品热销品牌排行榜中排名第二。同期,与之相抗衡的品牌主要有韩束、美肤宝、温碧泉和丸美等。这些品牌的护肤品和百雀羚一样,大多走的中档消费路线,在网络市场中有很大的竞争力。

四、确定定价策略和定价方法

每个企业使用的定价策略有所不同,定价策略可以指导企业正确定价,是企业进行价格竞争的直接方式。常用的有薄利多销、高价限购、阶段定价、差别定价、折扣定价、心理定价和随行就市等定价策略。

定价方法指企业在定价目标的指导作用下,运用适当的定价策略,制定出相应的产品价格计算方法。定价方法的具体内容参见表 2.4.2。

表 2.4.2　定价方法

定价方法	以成本为导向的定价法	以需求为导向的定价法	以竞争为导向的定价法
细分	1. 成本加成(毛利)定价法 2. 盈亏平衡定价法 3. 目标收益率定价法	1. 理解价格(价值观)定价法 2. 需求差异定价法	1. 随行就市定价法 2. 主动竞争定价法 3. 密封投标定价法
特点	以产品的成本作为定价的基本依据	根据消费者对商品的认知、需求程度和对价格的承受能力来定价	根据竞争者的产品价格来作为定价依据，随市场的变化来确定和调整价格。

既然在确定定价目标时，李敏选择了适应网络市场的竞争。所以，在制定定价方法的过程中，她充分考虑了竞争者的产品及价格，坚持以竞争为导向，采取随行就市的定价策略和定价方法。随时根据厂家的活动和竞争者的实时价格动态，进行相应的价格调整。

五、确定产品的最终价格

企业要确定产品的最终价格，还需要综合考虑图 2.4.1 中各个方面的因素。

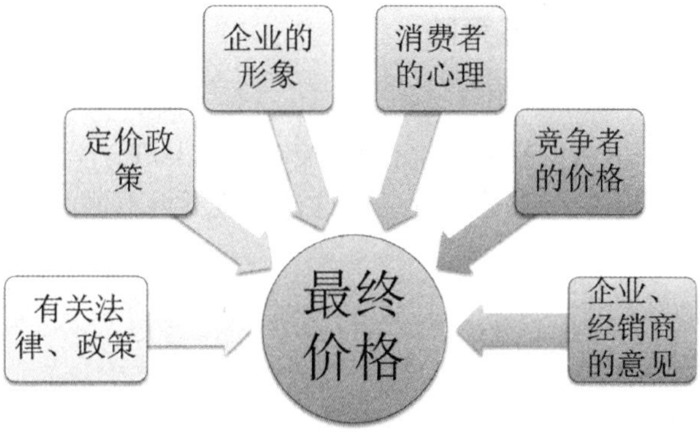

图 2.4.1　影响最终价格的因素

作为代理商，李敏可以直接从公司拿货，产品的货源和价格比较稳定，而且进货价格很低。在制定最终价格时，李敏不仅要符合国家、企业、网络市场和天猫商城的各项法律、政策，也要符合“百雀羚”品牌的定价形象，即专门针对中档消费群体。定价时，还要考虑消费者的消费心理，不能将价格抬得过高吓跑消费者，也不能低于市场平均价格，让人怀疑产品的质量。当然，还必须随时关注竞争者的价格动态，因地制宜。代理商最好在定价过程中，征询和考虑总公司对定价的有关意见。

在结合上述所有因素后，李敏把自己店铺中的商品按价格划分区间，最高的单品价格不超过 200 元。价格高于 150 元的护肤单品和套装属于高端消费区，价格在 100～150 元的属于中档消费区，价格低于 100 元的属于普通消费区。

单件产品的价格可按照“商品价格＝商品进价＋流通费用＋税金＋利润”的计算方法来定制。例如，一瓶百雀羚精华水的进价为 40 元，快递和包装等流通费用约为 15 元，加上天猫会自动扣除交易额的 3 个税点和预期利润 10 元，则该产品的售价至少应该在 67 元以上。如果遇到公司搞低价促销活动，产品的销售价格主要由公司决定，但公司会给经销商额外返点。当竞争对手进行大幅度降低产品价格时，经销商可以在保证有盈利的前提下适当调整价格。

● **知识窗**

价格策略是营销组合的重要组成部分，合理的定价能够促使企业更快地收回投资，顺利实现盈利的目标。

网络市场的特点是商品的价格公开，网络消费者可以轻松地了解到同行业各个竞争者的商品报价。商品的价格合理与否将直接影响商品能否有良好的销路，也决定了企业是否能够实现网络营销的目标。所以，如何在价格上引导消费者做出购买决策至关重要。企业如果想在价格上达到网络营销的成功，就应该突出自身产品相较于其他竞争者的优点，例如更高的性价比。同时，还应当随着网络市场环境的不断变化，适时调整产品价格，常见的有主动调价和应变调价两种情况，从而适应网络市场的激烈竞争。

【活动评价】

随着制定网络影响产品定价策略的步骤不断深入，李敏越发觉得价格策略是最具有灵活性和艺术性的策略。尤其是定价和利润之间的关系，更凸显出制定恰当的价格对于网络营销的重要性。

活动三：制定网络营销渠道策略

【活动背景】

占领市场最直接有效的方法是占领销售点、控制销售渠道。李敏最近接到一些电话，主要是向她推销进货渠道和网络店铺装修设计的。这让李敏不得不慎重考虑网络营销渠道策略的制定过程。

【活动实施】

一、认识网络营销渠道

1. 确定网络营销渠道

网络营销渠道是利用互联网将产品从生产者转移到消费者所经过的所有中间渠道。一个完整的网络销售渠道系统主要有三个组成部分，如图 2.4.2 所示。

图 2.4.2 网络销售渠道系统组成

订货服务系统是指网络消费者在购物时，在浏览器或者客户端所接触到的所有购物界面，包括注册登录、商品展示、下订单、订单管理等部分。订货服务系统的功能就是为消费者提供订货服务。

网络营销的目的是促使达成网上交易，结算服务系统就是为网络消费者提供交易的付款方式。一个优秀的购物网站或店铺应该支持多种付款方式，充分考虑和满足不同消费者的需求。目前中国的大多数购物平台都支持网上银行、信用卡、电子货币等付款方式，也有一些网站和店铺支持货到付款，如唯品会的所有商品都支持货到付款，京东、苏宁易购、国美在线只在限定的城市地区支持货到付款的支付方式。货到付款又分为现金支付和 POS 机刷卡两种支付方式。另外，还有一种支付方式是当前比较流行的，即每个购物网站所支持的第三方支付，例如阿里巴巴的支付宝、腾讯的财付通等。

配送服务系统主要是针对网上销售的有形产品。商家使用某种方式将产品送达买家指定的收件人手中，就是配送服务过程。网络营销常见的物流渠道模式有企业自营物流和外包物流(即第三方物流)两大类。当前许多自身有能力承担物流业务并且从中获利的大型电子商务和网络分销的企业，如京东、唯品会都建立了自己独立的配送系统。自营物流有利于企业对顾客的控制权，而且产品更加安全可靠。至于没有能力承担物流业务的企业，会把其物流业务外包给专业的第三方物流公司，这样更为节约成本，而且可以获得比单纯利用自有资源进行自营更多的竞争优势。目前大部分企业和电商平台都依赖第三方物流来配送商品。

2. 认识网络营销渠道的分类

以商品在营销过程中是否经过中间环节为标准划分，可以把网络销售渠道划分为网络直接营销渠道和网络间接营销渠道。

网络直接营销(简称网上直销)是指生产者通过自己的官方网站或直属管辖站点，直接将产品销售给消费者，如图 2.4.3 所示。现在，大多数企业都建立了自己的官方网站，开通了网络直销渠道，而且有许多企业依靠网络直销取得非常不错的成绩，例如有“中国最智能”企业之称的小米公司就依靠其官网——小米商城直销小米手机起家。

图 2.4.3　网络直接营销流程图

网络间接营销是指企业借助于网络中间商，将产品销售给消费者，如图 2.4.4 所示。

图 2.4.4　网络间接营销流程图

二、选择网络营销渠道

1. 店铺网页设计

不管是传统营销还是网络营销，店铺的设计装修是消费者对店铺最直观的第一印象。装修精美的网店不仅可以吸引消费者更多的驻足，还可以增加消费者对店铺的信任和购买次数。尤其是店铺首页的设计，将对店铺的销售量产生很大的影响。所以，李敏综合店铺长远的运营方便和成本考虑，将店铺首页委托给“天猫设计网”进行定制设计，成本控制在7 000元以内。关于其他的详情网页和网络后台系统的设计，李敏选择自己边学边做完成。

2. 订货渠道设计

天猫专卖店属于代理商，所有产品都是直接从厂家进货，旺季可以选择提前大量批发存货。当然这也需要充足的资金储备，并且具有一定的风险性。

3. 支付方式设计

在支付系统设计上，使用了天猫商城默认的各种支付方式：

(1)支付宝账户余额支付。

(2)花呗支付。

(2)储蓄卡支付(网银付款)。

(3)信用卡支付(信用卡分期)。

(4)找人代付。

(5)快捷支付(无须开通网银)。

(6)货到付款。

4. 选择物流配送渠道

在设计配送系统时，李敏选择网上运货，由于厂家没有自营物流，所以只能通过选择合作伙伴，利用第三方物流方式进行配送。考虑到仓库的地址、快递公司的合作态度和产品的特殊性，李敏主要选择了韵达、圆通、EMS 和百世汇通四种快递方式，供消费者选择。对于不同商品，快递费用不同，达到一定金额的订单，可以实行减免部分或者全部的快递费用。

【活动评价】

该活动是真正制作网络店铺的实际操作步骤，过程烦琐而紧凑。在活动进行过程中，李敏不仅了解了网络营销渠道的相关知识，更重要的是掌握了如何运作营销的具体步骤，还学会了网页制作、美工设计以及如何与社会人员打交道等。

活动四：制定网络营销促销策略

【活动背景】

6 月 18 日这天，李敏的手机收到很多网络商城和网络店铺的促销短信。受此启发，她开始思考自己的店铺应该如何实施网络促销，以提升网店知名度和增加网店销量及流量。

一、认识网络促销

网络促销是指营销人员通过网络将有关企业及产品的信息发布到相关平台上，促使消费者了解、信任，从而引发其需求，唤起购买欲望并最终促成购买行为的一系列活动。

网络促销的形式可大致分为四类：网络广告、销售促进、站点推广和关系营销，详情参见表 2.4.3。当前我们看到的最多的，也是企业通常的首选促销方式是网络广告。

表 2.4.3　**网络促销形式**

网络促销形式	作　用	具体形式
网络广告	借助国际互联网这种载体，通过图文或多媒体方式发布的营利性商业广告，宣传和推广企业及企业产品	旗帜广告 文本链接广告 电子邮件广告 按钮广告 插播式广告 关键字广告
销售促进	企业在自己的直营网站中，使用一些促销的方法提高产品的销量	价格折扣 有奖促销 拍卖销售 低价团购 积分销售 满减活动
站点推广	通过对企业网络营销站点的宣传，吸引上网者访问网站，为企业树立网上品牌形象	搜索引擎推广 网址导航推广 博客推广 微博推广 论坛推广 电子邮件广告 图片的病毒式营销
关系营销	企业借助联机网络、电脑通信和数字交互式媒体与关键顾客建立长期的令人满意的业务关系的活动	与新闻媒体的合作 宣传和推广产品 建立网上沟通渠道 开展会员制营销 引出话题 及时发布新闻 实施个性化营销

如使用大量的网络广告这种软营销模式来达到促销效果，对企业来说可节省大量支出。利用网络广告的效应可以挖掘更多的潜在消费者，可以通过网络的丰富资源与非竞争对手达到合作的联盟，以此拓宽产品的消费层面。网络促销还可以推广本企业的文化，利于树立企业的形象。

二、实施网络促销

网络促销的大致流程如图 2.4.5 所示。

图 2.4.5　网络促销流程图

李敏经过对产品和网络市场的一番详细分析，并对目标用户做了简单的调查，在与生产厂家交流、协商后，制定了详细的促销方案，详情参见表 2.4.4。

表 2.4.4 百雀羚专卖店网络促销活动方案

活动主题	开学季，百雀羚——爱美肌！
活动时间	9 月 1 日～9 月 30 日
活动目的	1. 新店开张，开展百雀羚促销活动，扩大百雀羚品牌的知名度，增加本专卖店的销售额和点击流量。 2. 以新生开学季为契机，通过策划一系列活动，最大限度地提高人气，吸引女学生消费，挖掘潜在顾客，培养顾客忠诚度。
促销对象	18～28 岁的女性，特别是在校女大学生或者在职工作的白领女性。
促销方式	站点推广＋销售促进
具体方案	站点推广： 1. 使用百度推广中的竞价推广方式。 2. 在各大论坛中发布关于店铺和产品的促销信息的帖子。 3. 利用微信朋友圈、QQ 空间、各类博客、微淘、淘宝论坛等发布信息。 4. 使用邮件列表进行店铺和产品的促销信息推广。 销售促进： 1. 开展产品免费试用和限量秒杀活动，提升店铺和产品的点击流量。 2. 每周推出一款特价产品。 3. 店铺内实行每笔订单消费金额满 100 元减 10 元，并赠送优惠券 10 元，以此类推，上不封顶。 4. 订单达到指定金额赠送指定奖品，如买满 188 元赠送护手霜一支，满 288 元赠送防晒霜一支。 5. 设置店铺会员制，将每个客户的消费金额进行积分，根据积分成为不同等级的会员，不同级别的会员购物享受不同的折扣。且积分达到一定分值，可换取相应礼品。 6. 参加淘粉吧、返利网的购物返利活动，吸引新顾客，提升产品的销售量。
活动预算	对于网络推广方面主要是百度推广会产生费用支出，600 元服务费加5 000元推广预存，再加上每次点击的费用。

【活动评价】

在制定促销策略的过程中，李敏深深体会到“书到用时方恨少”，一个成功的营销人员要具备全方面的知识，这也坚定了她以后更要好好学习文化知识的决心。该活动也获得了李晶晶和刘磊的一致好评。

合作实训：

请以联想公司为例，分析它近一年在网络市场的产品营销策略、价格策略、渠道策略和促销策略。可分为四个小组，每组分别完成一个策略的调查分析，并分别形成数据报告，最后进行汇总。

项目总结

网络营销强调企业与消费者双方在互动沟通中实现各自的利益需求，是在满足消费者个性化需求的基础上实现企业利润的最大化。网络营销是围绕着消费者开展的一切活动，因此，分析网络条件下的消费行为对企业的经营有着至关重要的影响。

本项目主要由以下四个任务构成：

1. 从网络市场的组成、网民的结构、网络行为特征、网络消费者需求特征和网络消费者的购买动机等方面入手，对网络购买者的行为进行分析。

2. 分析网络消费者的购买决策，包含认识网络消费者的购买决策过程和对网络消费者的满意度研究。

3. 对影响网络消费者购买的主要因素进行了比较全面的分析，大致分为内在影响因素和外在影响因素。

4. 结合购买决策制定出网络营销策略，包括产品策略、价格策略、渠道策略和促销策略。

在对网络营销有了初步认知后，详细地分析网络消费行为，研究影响消费者行为的各种因素，有针对性地研制符合消费者需求的产品，制定相应的网络营销策略，能有利于更好地开展网络营销的运营工作。

项目检测

一、单选题

1. 网络消费者的购买动机不包括（　　）。

A. 兴趣需要动机　B. 从众需要动机　C. 爱好动机　D. 感情心理动机

2.（　　）是网络营销策略中最首要的部分。

A. 产品策略　B. 定价策略　C. 渠道策略　D. 促销策略

3.（　　）是消费者产生购买想法、从事购买行为的直接原因。

A. 购买欲望　B. 购买动机　C. 需求　D. 决策过程

4.（　　）是一个由 Internet 上的企业、政府组织和网络消费者组成的市场。

A. 网络市场　B. 网络消费行为　C. 网络营销　D. 市场

5.（　　）是目前网络营销最常用的一种促销方式。

A. 网络广告　B. 销售促进　C. 站点推广　D. 关系营销

二、多选题

1. 下列选项中，属于消费者的购买决策过程的行为是（　　）。

A. 明确需求　B. 收集信息　C. 挑选评估　D. 满意度调查

2. 网络促销的形式分类有（　　）。

A. 网络广告　B. 销售促进　C. 站点推广　D. 关系营销

3. 网络营销策略包括（　　）。

A. 产品策略　B. 定价策略　C. 渠道策略　D. 促销策略

4. 影响网络消费者在网络市场中做出购买决策的环境因素有（　　）。

A. 文化因素　B. 感情因素　C. 社会因素　D. 营销因素

5. 制定产品定价营销策略的步骤包括（　　）。

A. 确定产品的最终价格　B. 估算成本

C. 确定定价目标　D. 分析营销定价的影响因素

E. 确定定价方法和策略

三、判断题

1. 网络消费行为和网络消费者行为完全一样。（　　）

2. 消费者的收入会决定其消费金额。（　　）

3. 订购电子书刊属于自我实现需求。（　　）

4. 不同的文化背景不会对人们的价值观念产生很大的影响。（　　）

5. 百度不属于网络中间商机构。 ( )

四、简答题

1. 网络消费者购买决策过程的主要步骤有哪些?
2. 消费者的需求可以分成几个层次?
3. 网络促销方案包括哪些组成部分?

五、实训题

在慧聪网注册并申请一个服装类的店铺,要求分组完成以下操作:
1. 分析消费者需求和购买动机,并形成一份简单的需求报告。
2. 分析对本店铺的消费者造成影响的营销因素。
3. 针对店铺制定网络营销产品策略。
4. 制定网络营销定价策略。
5. 对店铺进行设计装修。
6. 对建立的店铺制定一个"开业大酬宾"促销方案。

参考资料

[1]王永莲,孙菲. 网络营销[M]. 北京:北京理工大学出版社,2014.
[2]沈莹. 网络营销基础与实务[M]. 北京:化学工业出版社,2009.
[3]秦琴,邱娜. 网络营销与实务[M]. 北京:经济科学出版社,2010.
[4]郝戊,王刊良. 网络营销[M]. 北京:机械工业出版社,2007.
[5]乌跃良. 网络营销理论与实践[M]. 北京:机械工业出版社,2011.
[6]亚德里安・斯莱沃斯基,卡尔・韦伯. 财富汇・需求:缔造伟大商业传奇的根本力量[M]. 浙江人民出版社,2013.
[7]张泉馨. 网络营销[M]. 济南:山东人民出版社,2015.
[8]罗晓光,刘希宋. 顾客购后行为与顾客满意的关系及顾客满意度评价[J]. 商业研究,2005(9).
[9]冯金祥. 市场营销知识[M]. 北京:高等教育出版社,2012.
[10]刑讷. 百雀羚的定价策略解析[J]. 东方企业文化,2014(15).
[11]中国互联网信息中心,http://www. cnnic. net. cn/.

项 目 三

网络营销运营

项目情景

姐妹淘服饰有限公司是一家主营时尚女装的电商公司，拥有淘宝、天猫、速卖通三大平台上的5家店铺，日访问量276IP，月销售订单196件，销售额45 276元。但是近三个月以来业绩有所下滑，公司决定开拓国内主流营销渠道，进行店铺详情页的优化，优化物流模板的设置，提升网络客户服务的质量。网络营销部门的李伶被选中加入“攻关克难”小分队。李伶知道了公司的这个决定后，心里暗喜，想着自己平时做微商的一些经验终于可以有机会跟大家分享了。同时还可以从别的同事那里学到更多电商行业的经验。

项目目标

【知识目标】

1. 了解常用的网络营销渠道。
2. 掌握速卖通平台商品详情优化的一般做法。
3. 掌握速卖通平台物流模板的设置。
4. 了解网络客户服务的重要性和基本要求。

【技能目标】

1. 能够操作微信及APP网络营销渠道。
2. 能在速卖通平台对产品的详细信息、标题进行优化。
3. 能在速卖通平台设置物流模板。
4. 能够维护网络老客户和开发网络新客户。

【情感目标】

1. 培养诚信的网店优化意识，具有诚实守信、合法经营意识。
2. 培养顾客第一、服务至上的服务意识。

任务一　网络营销渠道选择

情景设计

实习生李伶加入“攻关克难”小分队后，心里跃跃欲试，但也一筹莫展。面对五花八门的网络营销渠道，自己也没了主意。APP 营销、微信营销、微博营销、二维码营销到底应该选择哪种方式呢？李伶虽然时常把这些营销方式挂在嘴上，但这些营销方式到底是怎么回事，她还真是心里没底。转念一想，小分队里的老员工赵云是把好手，自信心瞬时找回不少，立刻跑到赵云身边开始请教。

任务分解

赵云告诉李伶，目前见到的网络营销有 O2O 营销、APP 营销、微信营销、微博营销、新闻营销、事件营销、软文营销、大数据营销、二维码营销、病毒营销、SEM 营销、SEQ 营销等。要想把所有的营销渠道搞清楚，耗时耗力。要想选择合适的网络营销渠道，重点还是在于要弄清楚网络营销渠道的分类及进行网络渠道建设时要考虑的问题。

本任务分解为以下几个活动：了解网络营销渠道；适合本情境的营销渠道。

活动一：了解网络营销渠道

【活动背景】

赵云告诉李伶网络营销渠道并没有那么高大上，它其实就是商品和服务从生产者向消费者转移过程的具体通道或路径。完善的网上销售渠道应该有订货、结算和配送三大功能。

【活动实施】

一、网上直销

网上直销与传统直接分销渠道一样，都是没有营销中间商。网上直销渠道一样也要具有订货功能、支付功能和配送功能。网上直销与传统直接分销渠道不一样的是，生产企业可以通过建设网络营销站点，让顾客可以直接从网站进行订货。通过与一些电子商务服务机构如网上银行合作，可以通过网站直接提供支付结算功能，简化了过去资金流转的问题。对于配送方面，网上直销渠道可以利用互联网技术来构造有效的物流系统，也可以通过互联网与一些专业物流公司进行合作，建立有效的物流体系，如图 3.1.1 所示。

戴尔公司的网站直销模式曾经使公司名声大噪，营业额迅速上升。进入中国市场后，短短几年的时间，戴尔在中国 PC 市场的占有率逐步提高。

二、网络时代的新型中间商

由于网络的信息资源丰富、信息处理速度快，基于网络的服务可以便于搜索产品，但在产品(信息、软件产品除外)实体分销方面却难以胜任。目前出现许多基于网络(现阶段为 Internet)的提供信息服务中介功能的新型中间商，可称之为电子中间商。由于网上销售对象不同，网上销售渠道是有很大区别的。

一般来说，网上销售主要有四种方式。一种是 B2B 模式，即企业对企业的模式。这种模式每次交易量很大、交易次数较少，并且购买方比较集中，因此网上销售渠道的建设关键是建

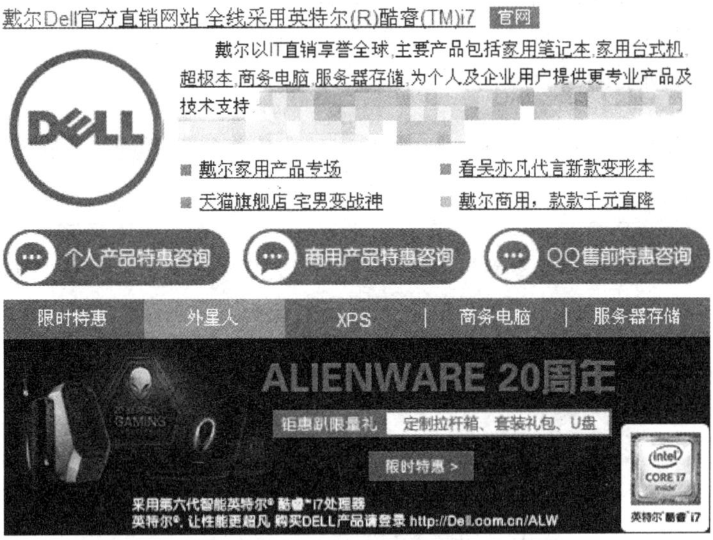

图 3.1.1　戴尔网站直销

设好订货系统,方便购买企业进行选择;由于企业一般信用较好,通过网上结算实现付款比较简单;另一方面,由于量大次数少,因此配送时可以进行专门运送,既可以保证速度也可以保证质量,减少中间环节造成损伤,如图 3.1.2 所示。

图 3.1.2　阿里巴巴官网

阿里巴巴是目前国内甚至全球最大的专门从事 B2B(企业对企业)业务的服务运营商。阿里巴巴的运行模式概括起来即注册会员,提供贸易平台和资讯收发,使企业和企业通过网络做成生意、达成交易。

第二种方式是 B2C 模式,即企业对消费者模式。这种模式的每次交易量小、交易次数多,而且购买者非常分散,因此网上渠道建设的关键是结算系统和配送系统,这也是目前网上购物必须面对的门槛。由于国内的消费者信用机制还没有建立起来，加之缺少专业配送系统，因此开展网上购物活动时，特别是面对大众购物时必须解决好这两个环节才有可能获得成功。

例：如图 3.1.3 所示的当当网。

图 3.1.3　当当网

第三种方式是 C2C 模式，即消费者对消费者。这种模式的买卖双方都是个人，例如早期易趣网开展了三种交易方式，即个人物品竞标、网上直销和商家专卖。其中以个人物品竞标方式为主，其他两种方式为辅。

第四种方式是 O2O 模式，即离线商务模式。详细介绍见项目四。

【活动评价】

通过赵云的讲解，李伶终于搞清楚了网络营销渠道的分类。也对网络营销渠道产生了浓厚的兴趣，同时也在思索姐妹淘服饰有限公司应该建设哪类网络营销渠道呢？

活动二：适合本情境的营销渠道

【活动背景】

赵云告诉李伶，企业并不是盲目建设网络营销渠道的。要针对商品的特点设计订货系统，同时要考虑合适的结算方式和配送系统。针对服装这类商品可以选择 APP 营销和二维码营销，做得比较成功的有明星衣橱 APP 等。赵云告诉李伶：“APP 营销其实我们年轻人经常用到，比如滴滴打车软件、QQ 音乐、高德地图等。”李伶一听来了兴趣，原来 APP 营销那么亲民啊。

【活动实施】

一、建设网络营销渠道时要考虑的因素

第一，从消费者角度设计渠道。只有采用消费者比较放心、容易接受的方式才有可能吸引消费者使用网上购物，以克服网上购物的“虚”的感觉。如在中国，目前采用货到付款方式比较让人认可。

第二，设计订货系统时，要简单明了，不要让消费者填写太多信息，而应该采用现在流行的“购物车”方式模拟超市，让消费者一边看物品比较选择，一边进行选购。在购物结束后，一次性进行结算。另外，订货系统还应该提供商品搜索和分类查找功能，以便于消费者在最短时间内找到需要的商品，同时还应对商品提供消费者想了解的信息，如性能、外形、品牌等重要信息。

第三，在选择结算方式时，应考虑到目前实际发展的状况，应尽量提供多种方式方便消费者选择，同时还要考虑网上结算的安全性，对于不安全的直接结算方式，应换成间接的安全方式，如图 3.1.4 所示，8848 网站将其信用卡号和账号公开，消费者可以通过信用卡终端自行转账，避免了网上输入账号和密码被丢失的风险。

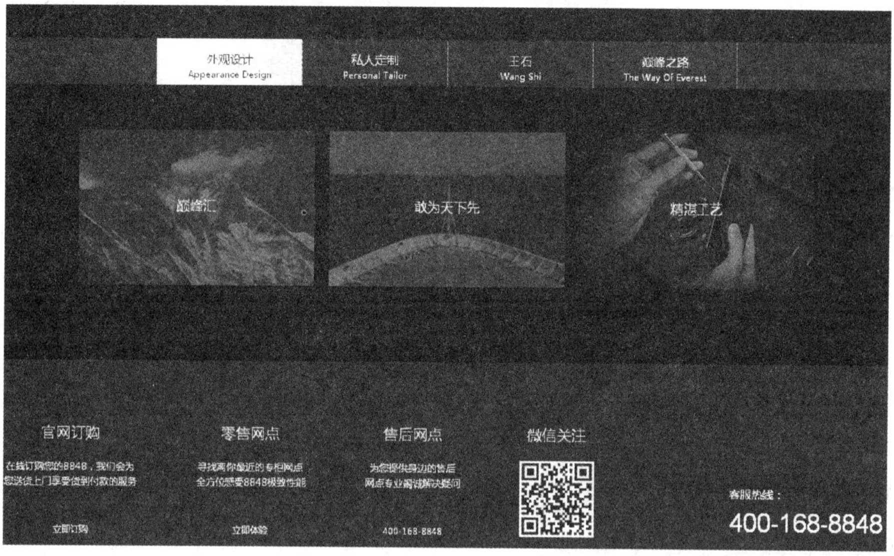

图 3.1.4　8848 钛金手机官网

第四，关键是建立完善的配送系统。消费者只有看到购买的商品到家后，才真正感到踏实，因此建设快速有效的配送服务系统是非常重要的。在现阶段我国配送体系还不成熟的时候，在进行网上销售时要考虑到该产品是否适合目前的配送体系，正因如此，目前网上销售的商品大多是价值较少的不易损坏的商品，如图书、小件电子类产品等。

二、二维码营销

1. 认识二维码营销

二维码(2-dimensional bar code)是用某种特定的几何图形按一定规律在平面(二维方向上)分布的黑白相间的图形记录数据符号信息的，在代码编制上巧妙地利用构成计算机内部逻辑基础的"0""1"比特流的概念，使用若干个与二进制相对应的几何形体来表示文字数值信息，通过图像输入设备或光电扫描设备自动识读以实现信息自动处理。它具有条码技术的一些共性：每种码制有其特定的字符集；每个字符占有一定的宽度；具有一定的校验功能等。同时还具有对不同行的信息自动识别功能，处理图形旋转变化点。如图 3.1.5 所示。

2. 二维码营销的技巧

二维码已经渗入我们生活的每一个角落，在餐厅、超市、影院、公交车等场所随处可见。商家也抓住这个机会利用二维码营销进行企业宣传。接下来介绍 4 种二维码营销的技巧。

(1)储存信息

如图 3.1.6 所示，这是法国国家铁路(SNCF)在他们的列车的走廊上、座位的后背上植入一些图书的二维码信息，用户上车如果无聊就可以扫码阅读。跟纸质图书相比，二维码几乎不

图 3.1.5　二维码

占用空间，但是可以用来储存大量信息，而且携带方便，甚至可以影印传真，具有高密度、大容量、抗磨损等优点。

(2)吸引消费者注意

2015 年情人节来临之际，希腊 Lacta 巧克力品牌推出了一款带二维码包装的巧克力，用户扫描后可以输入对情人的话，接着把巧克力送给对方，对方扫描后就可以解锁信息。如图 3.1.7所示。

图 3.1.6　火车上的图书二维码

图 3.1.7　Lacta 巧克力二维码

(3)进行关联营销

香港寸土寸金，商家都想多卖点商品以支付昂贵的租金，如何吸引更多的顾客进门呢？利用二维码技术，几个店家(比如包包商家和衣服商家)坐在一起进行沟通，确定诸如 A 店的包包和 B 店的衣服可以很好地搭配，那么在 A 店的包包上就附上 B 店衣服的二维码信息，同理在 B 店衣服上附上 A 店包包的二维码信息。用户扫码以后，可以查看对应的商品，并提供该商品所在店铺位置，以地图形式为用户进行导航。如图 3.1.8 所示。

图 3.1.8　二维码关联营销

(4)给客户带来利益的二维码营销

如果二维码在给客户传递信息的同时还能够给客户带来福利，二维码营销才能够做的顺风顺水。所以企业在进行二维码营销创意设计时要考虑到给客户带来利益的问题。如图 3.1.9所示，是某品牌矿泉水的二维码营销，利用二维码体积小、信息容量大的特点在瓶盖上印上企业二维码，消费者了解到企业宣传信息的同时，还可以用积分兑换礼品。

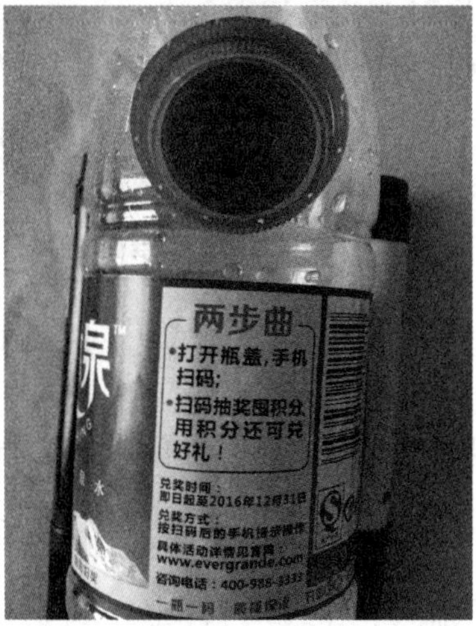

图 3.1.9　矿泉水二维码营销

(5)地图导航

如图 3.1.10 所示，很多城市都推出了公交二维码导航系统。乘客可以通过扫描二维码的方式，获得所乘公交车的线路、自己所处地点、距离下一个站点的距离及附近有什么好吃的和好玩的。

图 3.1.10 公交二维码导航

3. 二维码营销业务分类

二维码营销业务主要分为主读类业务和被读类业务。

主读类业务是用户在自己的智能手机上安装二维码客户端，通过扫描二维码获取所储存信息并进行相关应用的业务。如图 3.1.11 所示是大闸蟹“腰带”上的二维码，通过扫码消费者可以快速、准确地了解到产品的信息，进行产品溯源。大闸蟹的价格、产地、养殖者，甚至曾喂养的饲料、用药情况等信息都可以查到。

图 3.1.11 大闸蟹二维码营销

被读类业务是消费者将二维码存储于自己的手机上，到应用现场后，可以通过扫描二维码进行内容识别。如图 3.1.12 所示，消费在某团购网站上购买了套餐，支付成功后收到的二维码支付凭证，消费者可以凭借此二维码到店铺直接消费。二维码也可以应用于手机支付领域，如下图所示是某购物网站通过扫描二维码的方式进行在线支付。

【活动评价】

通过赵云的一番讲解，李伶加深了对 APP 营销和二维码营销的认识，也对 APP 营销、二维码营销产生了浓厚的兴趣，姐妹淘服饰有限公司应该怎样借助 APP 和二维码进行营销呢？

图 3.1.12　二维码被读类业务

任务二　商品详情优化

情景设计

姐妹淘服饰有限公司在速卖通平台店铺上传了 12 款产品，产品上架后浏览量、访客数等各项指标都不理想，成交量为零。这可急坏了李伶。詹经理查看了店铺情况后，提出产品在标题设置、详情描述上都有不同程度的问题。詹经理建议可以对商品的标题及详情页进行优化，提高浏览量、访客数和店铺曝光量，最终增加订单数量。

任务分解

"攻关克难"小分队商品详情优化项目组经过讨论后认为，可以从产品标题及产品详细描述两个方面进行优化。产品详细描述又可以从属性填写、图片优化和文案优化三个方面展开。本任务分解为以下几个活动：优化产品标题；优化产品详细描述。

活动一：优化产品标题

【活动背景】

李伶不是特别清楚，新产品上架时已经参加了限时限量折扣、满立减等店铺活动，为什么还是没有订单呢？赵云打开了店铺数据纵横中的经营分析，不管是成交分析、商铺流量来源、商铺装修还是商品分析，各项数据表现都不好。赵云告诉李伶商品详情优化势在必行。

【活动实施】

李伶在 2016 年 7 月上传了一款女士 PU 钱包，原标题如图 3.2.1 所示。

产品上传一周后发现访问量较少，在赵云的建议下，李伶开始使用数据纵横中的搜索词分析进行标题优化。在搜索框输入"wallet"，选中"箱包"行业之后，速卖通平台给出如图 3.2.2

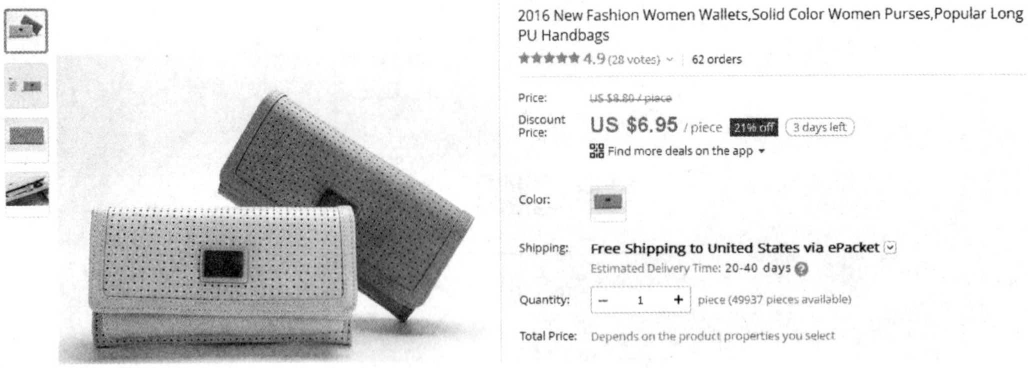

图 3.2.1　PU 女士钱包标题

所示的搜索结果。

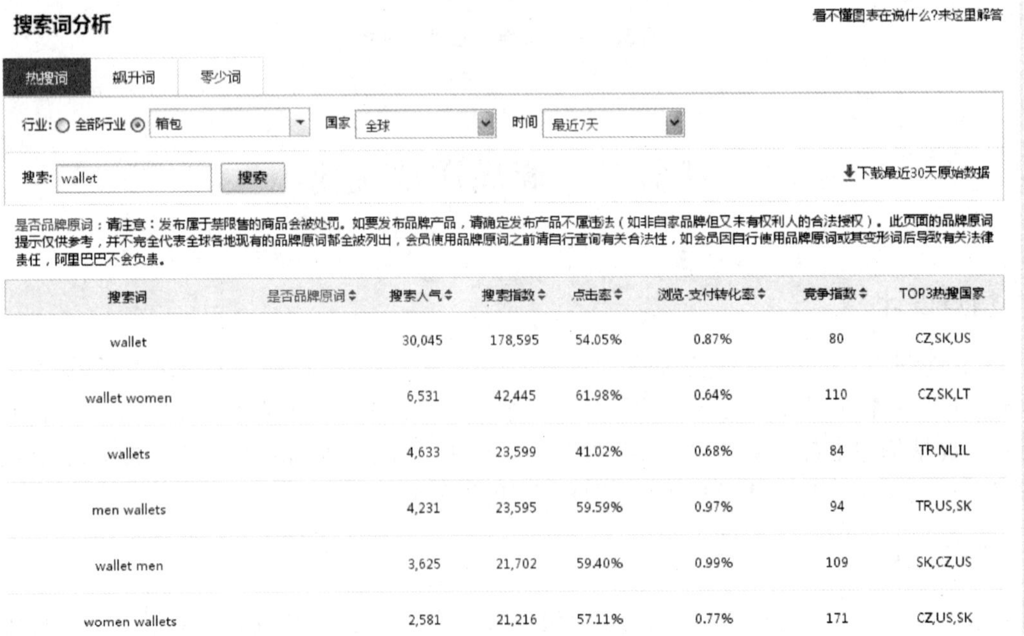

搜索词	是否品牌原词	搜索人气	搜索指数	点击率	浏览-支付转化率	竞争指数	TOP3热搜国家
wallet		30,045	178,595	54.05%	0.87%	80	CZ,SK,US
wallet women		6,531	42,445	61.98%	0.64%	110	CZ,SK,LT
wallets		4,633	23,599	41.02%	0.68%	84	TR,NL,IL
men wallets		4,231	23,595	59.59%	0.97%	94	TR,US,SK
wallet men		3,625	21,702	59.40%	0.99%	109	SK,CZ,US
women wallets		2,581	21,216	57.11%	0.77%	171	CZ,US,SK

图 3.2.2　wallet 搜索词分析

分析搜索结果可以发现原标题已经包括搜索人气排在前几位的关键词。换一个搜索词“purse”来尝试一下。搜索结果如图 3.2.3 所示。

经过分析发现，搜索人气较高的 wallet、purse、handbags，原标题都已经囊括，“coin purse”搜索人气较高，与上传产品的相似度较高。因此可以考虑将原标题修改为：“2016 new fashion women wallet/coin purse/handbags with solid color free shipping hot sale”。

搜索词	是否品牌原词	搜索人气	搜索指数	点击率	浏览-支付转化率	竞争指数	TOP3热搜国家
purse		7,651	40,265	41.44%	0.27%	98	US,HU,SK
purses and handbags		3,560	16,563	50.07%	0.30%	67	US,CA,CZ
coin purse		1,816	11,831	60.28%	1.70%	136	US,CA,BY
womens wallets and purses		1,692	8,915	52.19%	1.23%	107	US,SK,GB
purses		1,888	5,853	28.35%	1.35%	54	US,CA,SK

图 3.2.3　purse 搜索词分析

- **知识窗**

赵云告诉李伶需要进行产品标题优化的情况分为三种。如图 3.2.4 所示。

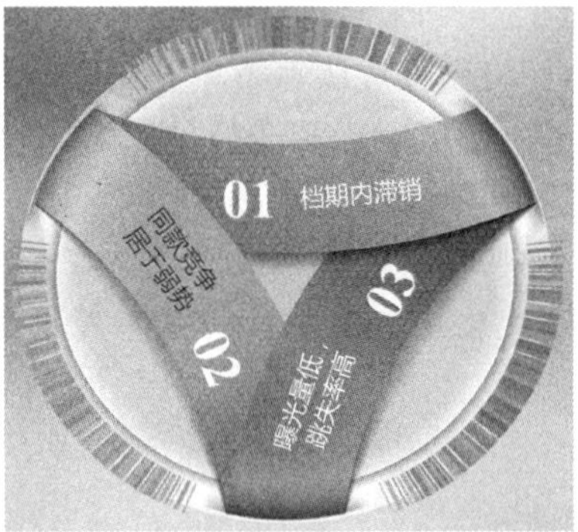

图 3.2.4　需要进行标题优化的情况

如果卖家上传产品一段时间后，买家的浏览量较少，浏览一支付转化率较低，可以考虑对产品的标题进行优化；在速卖通平台上，与同款产品相比处于劣势，价格优势又不明显时，可以优化产品标题；由于产品标题设置不当，没有把产品的卖点、热门属性展现给买家时容易导致产品的曝光量低、跳失率高，这时急需对产品的标题进行优化。

【活动评价】

一款产品的标题已经优化完毕，李伶思考着上传的其他产品标题需不需要进行优化呢？

活动二：优化产品详细描述

【活动背景】

李伶把上传的 12 款产品的标题都进行了优化，一个星期之后产品的销量还是不尽如人意。李伶一筹莫展，跑到赵云那哭诉。赵云打开店铺的后台，查看了一番后说道，产品的属性设置不够准确、完整，图片和文案都还可以再进行优化。

【活动实施】

一、优化商品属性填写

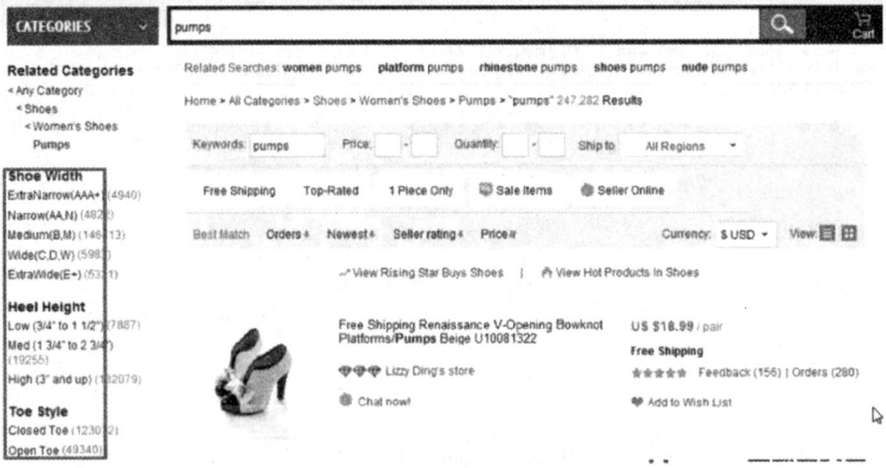

图 3.2.5 鞋子的属性

商品的属性就是速卖通平台上传的产品具体是什么样子的，比如鞋子就有很多种，皮鞋、运动鞋、拖鞋、休闲鞋之类的都是属性，还有就是颜色、尺码等。如图 3.2.5 所示，不同的商品具有的属性也是不同的。

准确、完整地填写商品的属性可以促成买家下单。在产品发布界面进行属性填写时，系统会提示属性填写的完整度。为了方便买家了解产品，应尽量提高属性填写的完整度。低于平均完整度的属性填写是不可取的。

李伶在优化钱包的属性填写时，力求做到将产品的必填属性填写准确，特别是钱包的内部结构填写地非常认真、仔细，如图 3.2.6 所示。

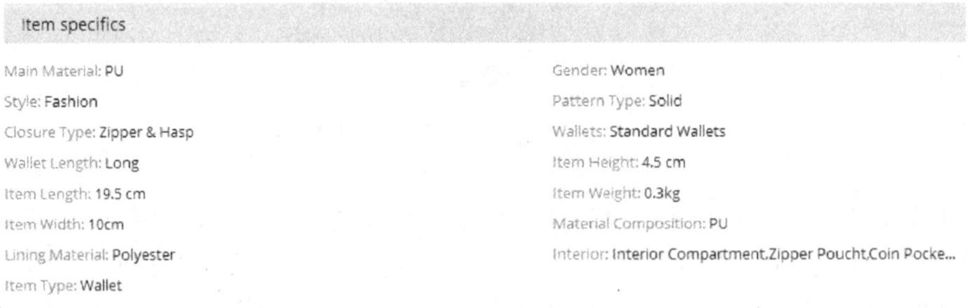

图 3.2.6 钱包属性

二、优化商品图片

1. 主图优化

一件商品最多可以上传 6 张主图，卖家要充分利用这个阵地向买家全方位、多层次地展示商品。可以展示商品的多种颜色、细节、正面、侧面及使用效果，如图 3.2.7 所示。但是不建议在首图中加水印效果，这虽然可以防止盗图，但也会极大地降低买家的购物体验。主图质量的高低极大地影响了客户在页面的停留时间的长短。

图 3.2.7　半身裙主图

赵云告诉李伶在制作主图时要注意几个问题。主图的制作要简单、清晰，能给买家带来美感，不要使用会给买家带来误解的图片。

● **做一做**

请你评价一下下图(图 3.2.8)。

图 3.2.8　主图示意图

● **友情提示**

主图制作的原则：

(1)简单、清晰、美观。

(2)不使用给买家带来误解的图片。

2. 详情图优化

如图 3.2.9 所示为一款假发产品的数量需求图和长度示意图。跟文字描述相比,用表格、图形的形式可以更加清楚、简洁地描述这类信息。对于买家而言,可读性强,一图胜千言。

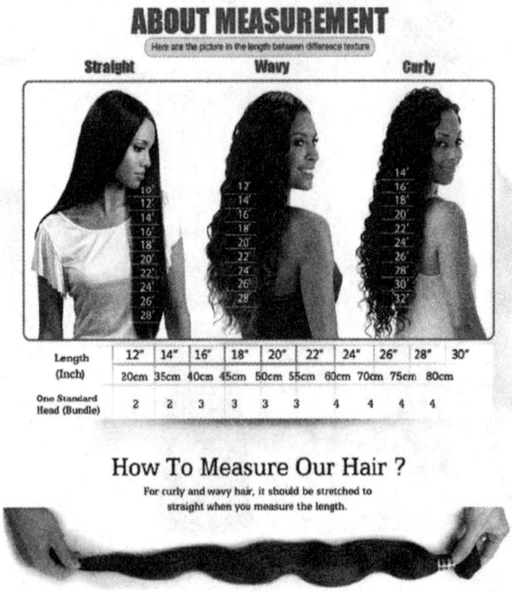

图 3.2.9　假发的数量需求图、长度示意图

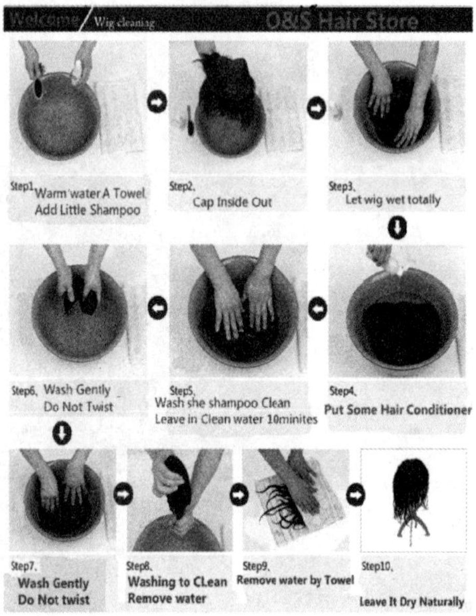

图 3.2.10　假发护理示意图

如图 3.2.10 所示为假发护理示意图,在一款假发产品的详情图中加入这张假发护理的示意图可以瞬间拉近与买家的距离,不知不觉中卖家的身份微妙地转化成了买家的朋友。

如图 3.2.11 所示为假发产品的买家秀。通过此图可以有效拉近和买家的距离,使买家有种跃跃欲试的感觉,“我一定能比他们更美!”另外通过买家秀的图片可以更有效地展示商品,提高商品描述的可信度,有图有真相。但是图 3.2.11 中图片杂乱无章,带给买家凌乱的感觉,如果能够合理布局照片,效果更佳。

卖家还可以上传买家好评图,通过买家的角度宣传产品的卖点。如图 3.2.12 所示为一款泳衣产品的买家好评图。买家可以通过自己试穿后的切身体验给潜在的买家现身说法,增加客户可信度,增强客户下单的决心,提高转化率。满足潜在买家的从众心理。

卖家可以引导买家进行评价,买家的良好购物体验可以激发潜在买家的购买行为。邀请买家对产品进行评分,既是对买家的尊重,也是给潜在买家发出的一个信号。这也是卖家经营热情的体现,如图 3.2.13 所示。

在速卖通平台上,文字的力量也是不可小觑的。卖家可以用一段简短的文字指导买家进行产品的挑选,物流方式、付款方式的选择,店铺优惠券的使用等等。这些都可以直接提升买家的购物体验,拉近与买家的距离,提高转化率,如图 3.2.14 买家须知和图 3.2.15 物流图所示。物流图还可以给买家专业快捷的感觉,减少买家对于物流的担心,提高购买率,降低询盘概率,减轻客服的压力。

一些卖家还会上传赠品图,如图 3.2.16 所示是一款假发产品的赠品图。这除了会给买家带来意外收获的惊喜之外,还会解决买家在产品使用过程中存在的不便,可以极大地提升买家

图 3.2.11　假发产品买家秀

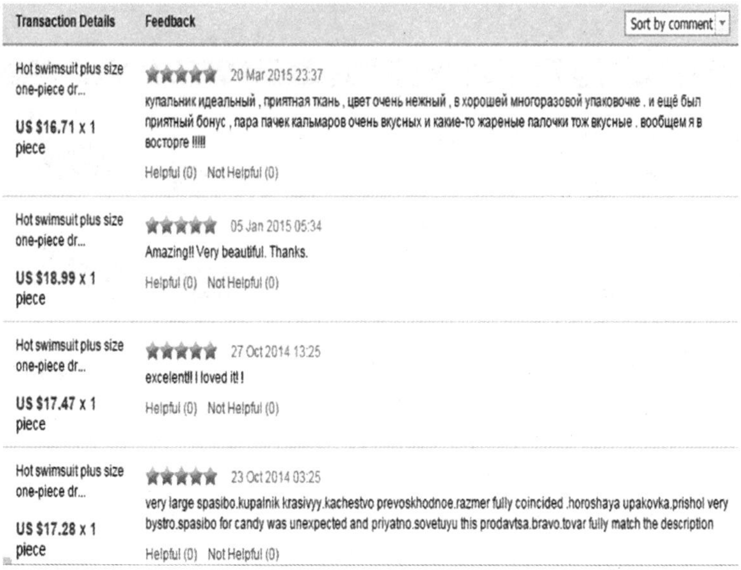

图 3.2.12　泳衣买家好评图

的购物体验。赠品图可以有效地提升转化率。

图 3.2.13　邀请买家进行评价

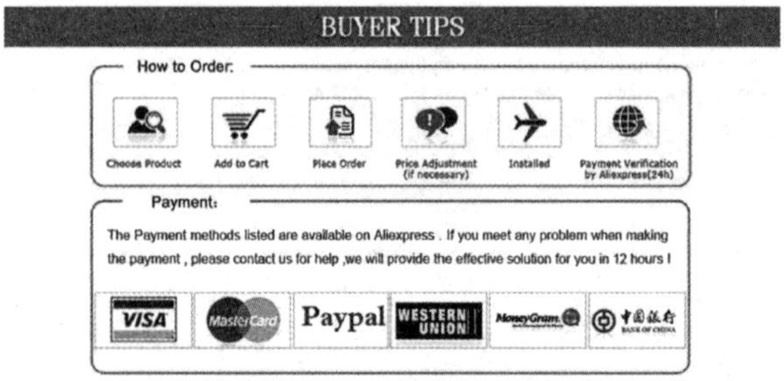

图 3.2.14　买家须知

图 3.2.15　物流图

图 3.2.16　假发产品赠品图

【活动评价】

赵云一番讲解示范之后，李伶终于知道公司店铺产品详情描述存在的问题了，也掌握了优化商品属性和优化商品图片的方法。行动起来吧！

任务三　物流模板设置

情景设计

进入“攻坚克难”小分队已经有一段时间了，李伶觉得自己有了很大的进步，不但了解了APP营销、二维码营销等一些网络营销渠道，还开始着手进行速卖通商品详情页的优化工作。特别是近几天，李伶把商品详情页优化之后店铺的流量飙升，订单量也逐渐增加。詹经理对李伶赞赏有加，李伶信心十足。李伶知道买家下单之后，公司就应尽快组织货源，联系国际物流公司发货了。那么在速卖通后台物流模板是怎样按照公司的要求设置的呢？李伶接下来想学习这个业务。

任务分解

赵云告诉李伶，速卖通后台物流模板的设置比较灵活，可以根据公司的具体要求设置不同的物流模板。本任务分解为以下几个活动：

活动一，了解新手运费模板；

活动二，了解卖家包邮运费模板；

活动三，掌握自定义运费模板。

活动一：了解新手运费模板

【活动背景】

赵云告诉李伶，其实在发布产品之前就应该设置好物流运费模板，如果没有设置自定义运费模板，在发布产品时只能选择新手运费模板。

【活动实施】

图 3.3.1 是上传产品过程中进行物流设置时选择新手运费模板。系统默认的新手运费模板包含了“EMS”“China Post Registered Air Mail”“Russian Air”“ePacket”。系统提供的运费价格是各大快递公司在中国执行的统一价格。运达时间是速卖通平台判断包裹寄到买家的时间。

物流公司	设置	价格	运达时间
Russian Air	不支持向该国家发货	-	-
ePacket(e邮宝)	标准运费（减免0.0%）	$7.86	27天
China Post Registered Air Mail(中国邮政小包)	自定义	$8.96	39天
EMS(中国邮政特快专递)	自定义	$16.06	27天

图 3.3.1 选择新手运费模板

- **想一想**

速卖通平台提供新手运费模板的意义？

- **友情提示**

新手运费模板卖家不包邮，而是由买家根据各大快递公司公布的价格照单支付运费，这对买家来说吸引力不大。但是对于那些不能准确计算国际邮费的新手卖家来说，新手运费模板省时省力，为他们解决了一个棘手的问题。毕竟新手运费模板不能有效地提高转化率，卖家还是要根据自己的实际情况设置自定义模板。

【活动评价】

通过赵云的讲解，李伶觉得新手运费模板确实比较方便。但是根据自己的网购经验，买家都是侧重于选购包邮的商品。李伶兴冲冲地请教赵云，在速卖通平台卖家包邮怎么设置。

活动二：了解卖家包邮运费模板

【活动背景】

赵云告诉李伶，买家喜欢看到包邮(Free Shipping)，那么邮费是不是就不用买家承担了呢？其实卖家在设置 Free Shipping 运费模板之前，会准确地计算国际邮费，然后把邮费加到产品的价格中。所以 Free Shipping 基本是卖家的噱头，买家得到的实惠是很少的，只是卖家大批量走货，快递公司或者货代可以给卖家一个较低的邮费而已。

【活动实施】

卖家包邮运费模板的设置：第一步，如图 3.3.2 所示，在速卖通后台选择产品管理类目下的运费模板。

图 3.3.2　选择运费模板

第二步，点击图 3.3.2 中的新增运费模板。可以在运费模板名称中输入“Free Shipping”，然后点击展开设置，可以看到“经济类物流”“标准类物流”“快速类物流”和“其他物流”，如图 3.3.3所示。建议可以在标准类物流中将 e 邮宝和中国邮政挂号小包设置成卖家包邮。卖家在进行设置的时候要注意，没有选择包邮的物流方式前的“√”要删除。卖家还可以对运达时间进行设置。如果对所有的买家都承诺同样的运达时间，可以将天数填在承诺运达时间栏内。设置完成后点击页面尾部的保存按钮即可。

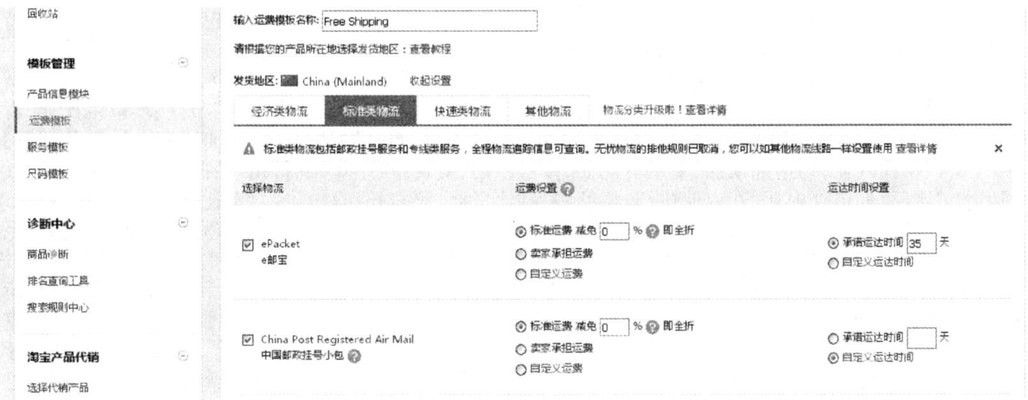

图 3.3.3　运费设置

● **想一想**

如果全部设置成卖家包邮会如何？

● **友情提示**

如果全部设置成卖家包邮的话对全球的买家来说是很大的福利，但是卖家要考虑一下利润问题了。如果碰上一些偏远国家的单子，即使物流公司能将包裹在承诺运达时间内送到，卖家也会承担高额的物流费用。如果偏远国家不通邮的话，卖家将会更被动，可能会遭到速卖通后台的处罚。Free Shipping 卖家也要量力而为。

● **知识窗**

表 3.3.1 是把全球主要国家进行了分区，考虑到高昂的国际邮费，偏远区域（如 9 区、10 区）的国家不建议进行包邮设置。

表 3.3.1　　国际物流分区表

区域	国　家
1	日本
2	新加坡、印度、韩国、泰国、马来西亚、印度尼西亚
3	奥地利、克罗地亚、保加利亚、斯洛伐克、匈牙利、瑞典、挪威、德国、荷兰、捷克、希腊、芬兰、比利时、爱尔兰、意大利、瑞士、波兰、葡萄牙、丹麦、澳大利亚、以色列
4	新西兰、土耳其
5	美国、加拿大、英国、西班牙、法国、乌克兰、卢森堡、爱沙尼亚、立陶宛、罗马尼亚、白俄罗斯、斯洛文尼亚、马耳他、拉脱维亚、波黑、越南、菲律宾、巴基斯坦、哈萨克斯坦、塞浦路斯、朝鲜、蒙古、塔吉克斯坦、土库曼斯坦、乌兹别克斯坦、吉尔吉斯斯坦、斯里兰卡、巴勒斯坦、叙利亚、阿塞拜疆、亚美尼亚、阿曼、沙特阿拉伯、卡塔尔
6	南非
7	阿根廷、巴西、墨西哥
8	老挝、孟加拉国、柬埔寨、缅甸、尼泊尔、文莱、不丹、马尔代夫、东帝汶、阿联酋、约旦、巴林、阿富汗、伊朗、科威特、也门、伊拉克、黎巴嫩、秘鲁、智利
9	塞尔维亚、阿尔巴尼亚、冰岛、安道尔、法罗群岛、直布罗陀、列支敦士登、摩纳哥、黑山、马其顿、圣马力诺、梵蒂冈、摩尔多瓦、格鲁吉亚
10	斐济、美属萨摩亚、科科斯(基林)群岛、库克群岛、卡奔达、圣诞岛、新喀里多尼亚、密克罗尼西亚、南乔治亚岛和南桑德韦奇岛、赫德岛和麦克唐那岛、英属印度洋领土、基里巴斯、圣基茨和尼维斯联邦、马绍尔群岛、北马里亚纳、诺福克岛、瑙鲁、纽埃、法属波利尼西亚、巴布亚新几内亚、皮特凯恩群岛、所罗门群岛、斯瓦尔巴岛和扬马延岛、特里斯达库尼亚群岛、法属南部领土、托克劳、汤加、图瓦卢、美属太平洋各群岛、瓦努阿图、西萨摩亚、阿森松岛、加纳利群岛、亚速尔群岛和马德拉群岛、约翰斯敦岛、关岛、帕劳、瓦利斯和富图纳、埃及、苏丹、摩洛哥、吉布提、埃塞俄比亚、肯尼亚、突尼斯、布隆迪、乌干达、卢旺达、乍得、尼日利亚、布基纳法索、贝宁、喀麦隆、阿尔及利亚、加蓬、几内亚、马达加斯加、毛里塔尼亚、津巴布韦、安哥拉、中非、佛得角、西撒哈拉、厄立特里亚、冈比亚、赤道几内亚、几内亚比绍、科摩罗、利比里亚、莱索托、马拉维、莫桑比克、纳米比亚、尼日尔、留尼汪、塞舌尔、圣赫勒拿、圣多美和普林西比、斯威士兰、马约特、伊夫尼、赞比亚、利比亚、毛里求斯、马里、索马里、加纳、博茨瓦纳、刚果(金)、刚果(布)、坦桑尼亚、多哥、科特迪瓦、塞拉利昂、塞内加尔、委内瑞拉、古巴、厄瓜多尔、巴拿马、苏里南、哥伦比亚、安提瓜和巴布达、安圭拉、荷属安的列斯、阿鲁巴、巴巴多斯、百慕大、玻利维亚、巴哈马、伯利兹、哥斯达黎加、多米尼加、福克兰群岛(马尔维纳斯)、格林纳达、法属圭亚那、瓜德罗普、危地马拉、圭亚那、洪都拉斯、海地、牙买加、开曼群岛、圣卢西亚、马提尼克、蒙特塞拉特、尼加拉瓜、圣皮埃尔和密克隆、波多黎各、巴拉圭、萨尔瓦多、特克斯和凯科斯群岛、特立尼达和多巴哥、乌拉圭、圣文森特和格林纳丁斯、英属维尔京群岛、美属维尔京群岛、复活岛、扎伊尔、格陵兰岛

【活动评价】

赵云讲解示范完毕，李伶认为卖家包邮运费模板的设置比较简单，关键是要搞清楚包邮的国家范围及物流公司，DHL、TNT、UPS 等商业快递公司物流费用比较高，不适合设置成卖家包邮。

活动三：掌握自定义运费模板

【活动背景】

李伶请教赵云，自定义运费模板的设置方法。赵云告诉李伶有两种方法，一种是点击“新增运费模板”，第二种是编辑新手运费模板。虽然两种方法显示的界面不同，但是都需要进行物流方式的选择，优惠折扣的设置，选择个性化的寄达国家，设置个性化的运达时间。

【活动实施】

下面以中邮挂号小包，部分国家包邮、部分国家减免运费、个别国家不发货为例进行介绍。首先要选择物流方式，如图 3.3.4 所示。可以选择自定义运费和自定义运达时间进行更加细致的设置。

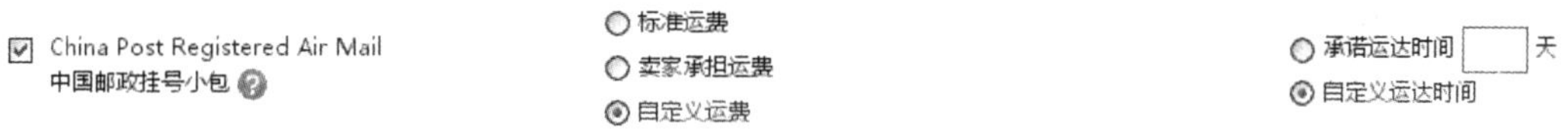

图 3.3.4　选择自定义运费设置

卖家可以点击自定义运费按钮进行运费设置。

第一步是选择国家/地区。如图 3.3.5 所示，方法有两种：第一种是按照地区选择国家（标红的是热门国家）；第二种是按照区域选择国家（运往同一区域内的国家，物流公司的收费相同）。

图 3.3.5　自定义运费模板设置

自定义运费设置还可以实现个别国家不发货，现以菲律宾为例进行介绍。操作步骤如下：

步骤一，选择菲律宾这个国家。方法有两种，一是按照地区进行选择，展开亚洲选项，选择菲律宾。如图 3.3.6 所示。二是按照区域进行选择，展开第五区的选项，勾选菲律宾。如图 3.3.7所示。

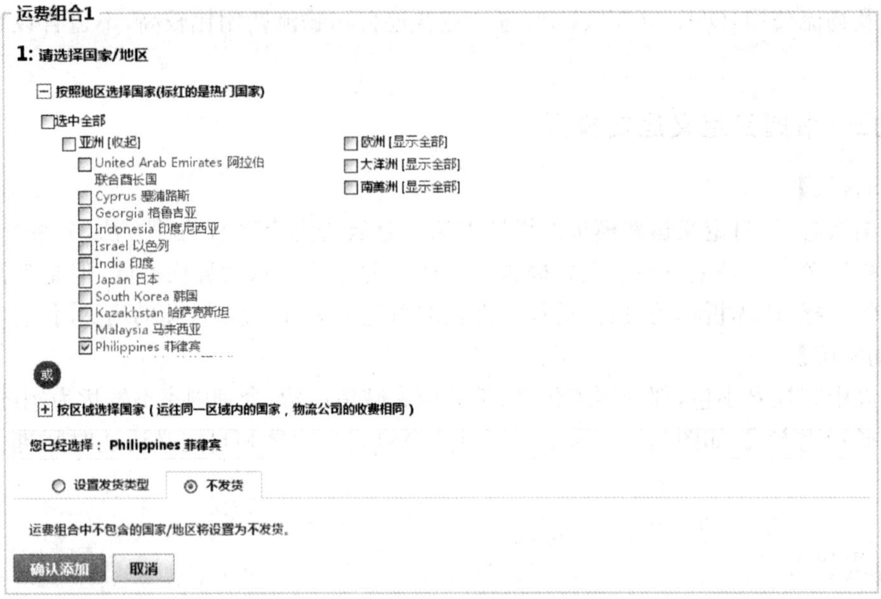

图 3.3.6 自定义运费模板设置

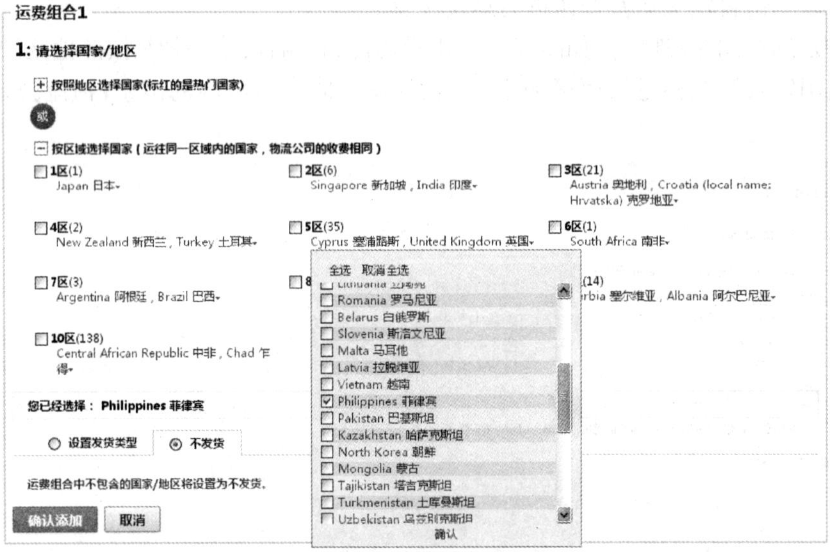

图 3.3.7 自定义运费模板设置

步骤二，对选择的菲律宾点击“不发货”操作。

步骤三，选择“确认添加”按钮。

步骤四，如果需要对更多的国家进行包邮和减免运费的设置，可以点击“添加一个运费组合”，如图 3.3.8 所示。

图 3.3.8　自定义运费模板设置

以阿根廷为例对标准运费设置一定的减免率，如图 3.3.9 所示。

图 3.3.9　自定义运费模板设置

以新加坡为例，进行包邮设置，如图 3.3.10 所示。

设置完成所有的运费组合之后，要点击"保存"按钮，如图 3.3.11 所示。

自定义运费设置完成之后，还可以进行自定义运达时间设置。以中国邮政挂号小包为例。选择对应的物流方式之后，点击"自定义运达时间"。如图 3.3.12 所示。

图 3.3.13 所示是速卖通平台预设的承诺到达时间。

卖家要根据不同国家的具体情况设置不同的承诺运达时间，可以点击"添加一个运达时间组合"进行添加。以新加坡 80 天承诺运达时间为例进行介绍，具体设置如图 3.3.14 所示。

设置完成所有的运达时间组合之后，要点击"保存"按钮。

- **友情提示**

运费模板的设置切忌盲目模仿，卖家要根据自己的实际需求进行自定义运费模板的设置。而且由于国家政策的变化，政治因素的影响，国际物流资费的调整等众多因素影响，物流运费模板并不是一成不变的，卖家要及时设置不同的运费模板。

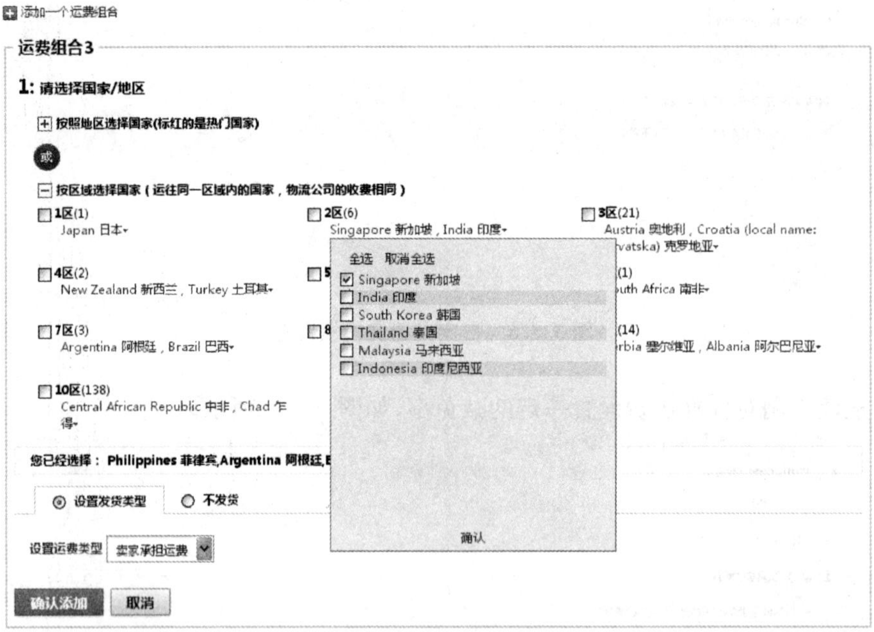

图 3.3.10　自定义运费模板设置

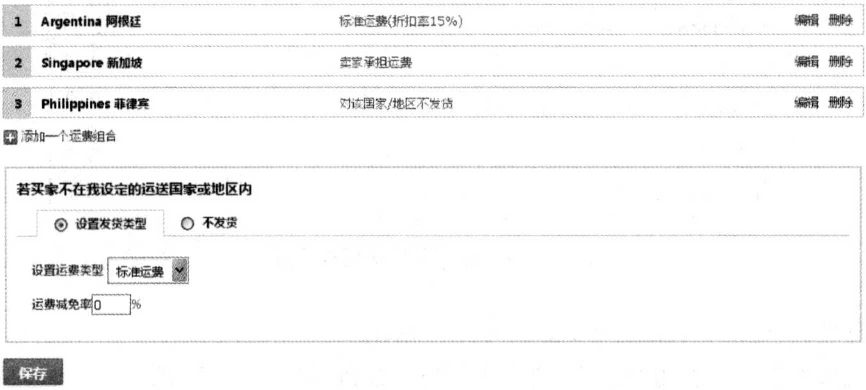

图 3.3.11　自定义运费模板

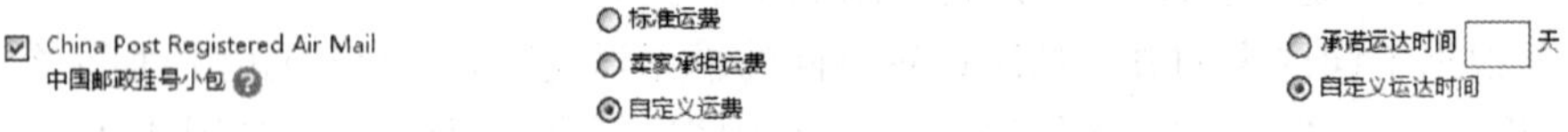

图 3.3.12　自定义运达时间

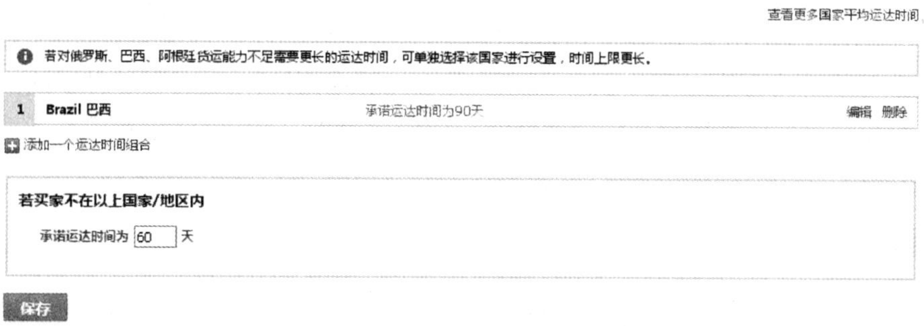

图 3.3.13　自定义运达时间

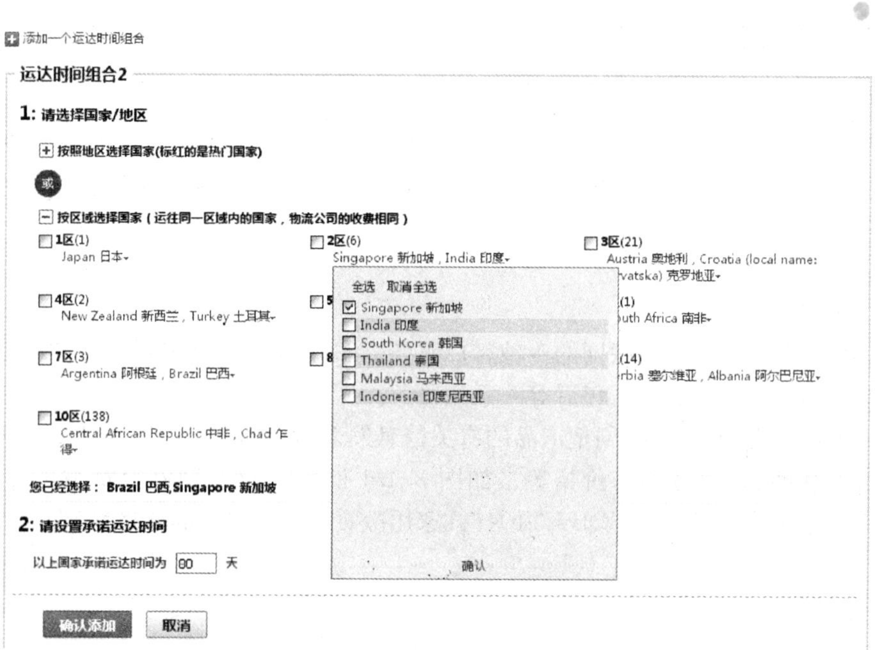

图 3.3.14　自定义运达时间

【活动评价】

通过赵云的讲解示范，李伶掌握了物流运费模板的设置技巧。赵云告诉李伶不用着急，物流运费模板的设置是一个熟能生巧的过程，以后会有很多设置物流运费模板的机会。

任务四　网络客户服务

情景设计

实习生李伶进入“攻坚克难”小分队已经有一段时间，不管是商品详情页的优化还是物流模板的设置，都已经有了一定程度的掌握。最近，詹经理看李伶表现不错，决定调她到网络客户服务部门。李伶知道詹经理的安排后，不禁心里悄悄打鼓：都说客服不好干，之前在网络客户服务公司实习的同学说受了不少委屈。詹经理看着李伶不太情愿的表情，拍了拍她的肩膀说："年轻人，不懂的就要学，网络客户服务有时候是会碰到一些比较棘手的问题，但是如果你能够把这些棘手的问题都处理得很好，那还有什么能够难倒你呢？再说了，棘手的问题毕竟是小概率事件嘛。"李伶听到詹经理的加油打气，畏难情绪顿时消减一大截，信心满满地开始向老员工赵云请教。

任务分解

赵云告诉李伶，要想搞好网络客户服务，重点还是在于要弄清楚网络客户服务的含义、分类、内容及服务手段，本任务分解为以下几个活动：了解网络客户服务；了解网络客户服务手段。

活动一：了解网络客户服务

【活动背景】

赵云告诉李伶，"网络客户服务其实在我们日常生活中都有用到，比如我们在网上购物的过程中，有一些问题需要利用阿里旺旺咨询商家，这就是接受了商家的网络客户服务。"李伶一听来了兴趣，原来，我也享受过网络客户服务呢。

【活动实施】

一、认识网络客户服务

网络客户服务，是基于互联网的一种客户服务工作，是网络购物发展到一定程度下细分出来的一个工种，包括售前、售中、售后等一系列服务。

售前服务是商家利用互联网把产品的有关信息发送给目标客户。这些信息包括产品的技术指标、主要性能、使用方法与价格等。如图 3.4.1 所示是京东网站上截取的一款奥克斯(AUX)型号为 KFR－25GW/SQB＋3 的挂式家用冷暖空调(白色)的规格参数。

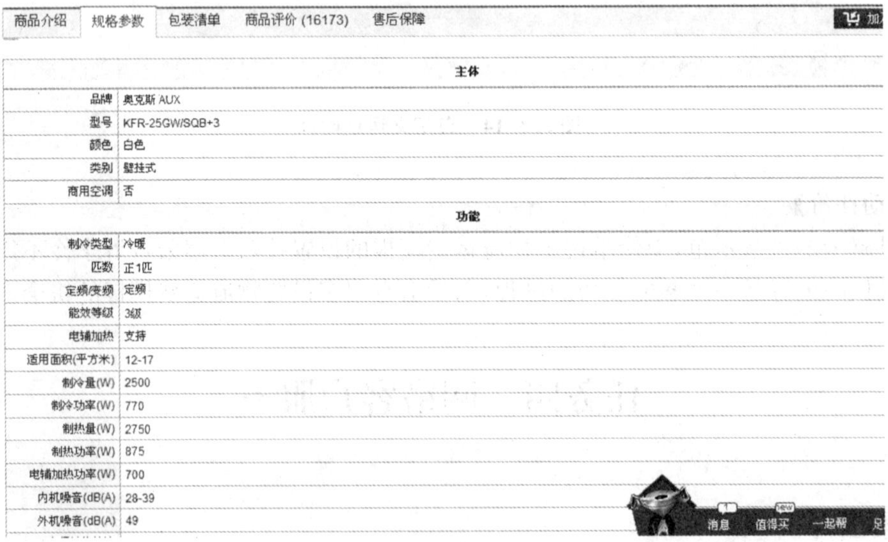
商品介绍 规格参数 包装清单 商品评价 (16173) 售后保障

主体	
品牌	奥克斯 AUX
型号	KFR-25GW/SQB+3
颜色	白色
类别	壁挂式
商用空调	否
功能	
制冷类型	冷暖
匹数	正1匹
定频/变频	定频
能效等级	3级
电辅加热	支持
适用面积(平方米)	12-17
制冷量(W)	2500
制冷功率(W)	770
制热量(W)	2750
制热功率(W)	875
电辅加热功率(W)	700
内机噪音(dB(A))	28-39
外机噪音(dB(A))	49

消息 值得买 一起帮

图 3.4.1 奥克斯空调参数

售中服务主要是为顾客提供咨询、导购、订货、结算及送货等服务。如图 3.4.2 所示是京东商城购物流程及在线交易保障服务的说明。

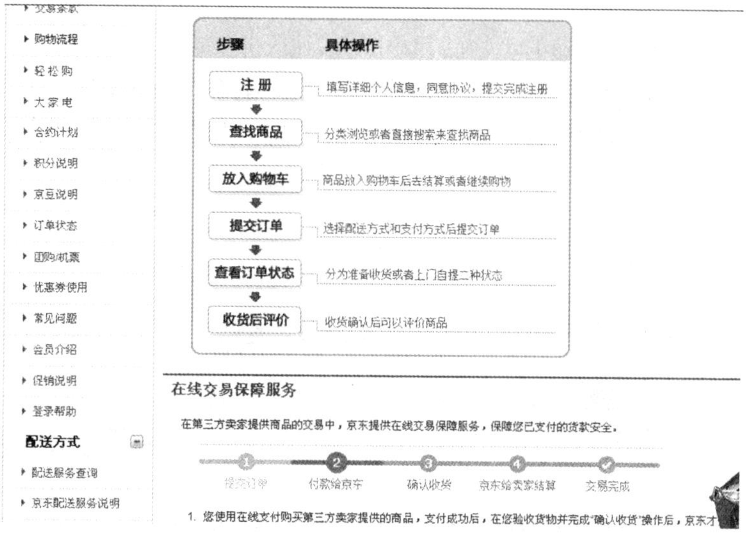

图 3.4.2　购物流程及在线交易保障服务

再比如美国的联邦快递(FedEx)，它通过其高效的邮件快递系统将邮件在递送中的中间环节信息都输送到计算机的数据库，客户可以直接通过互联网从网上查找邮件的最新动态。客户可以在两天内去网上查看其包裹到了哪一站、在什么时间采取什么步骤、投递不成的原因、在什么时间会采取下一步措施，直至收件人安全地收到包裹为止。客户不用打电话去问任何人，上述服务信息都可在网上获得，既让客户免于为查找邮件而奔波，同时公司又大大减少邮件查询方面的开支，实现企业与顾客的共同增值。

售后服务是为客户安装、调试产品，解决产品在使用过程中的问题，排除技术故障、提供技术支持，寄发产品、改进或升级信息以及获取顾客对产品或服务的反馈信息。如图 3.4.3 所示是京东商城的退换货流程说明。

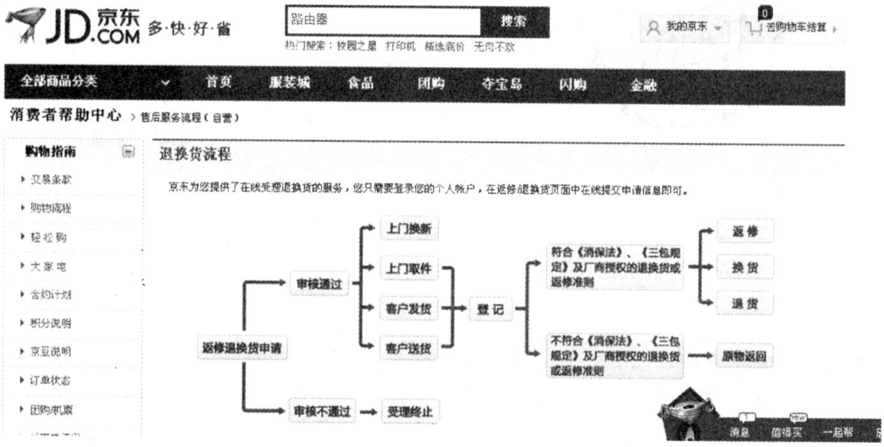

图 3.4.3　京东商城退换货流程

二、网络客户服务的分类

根据所购买的商品种类的不同，网络客户服务可以分为纯有形货物的伴随服务、伴随服务的有形货物服务、主要服务伴随的小物品和小服务、纯服务等。

纯有形货物的伴随服务是企业进行网上销售产品为主而伴随的对客户的免费服务。例如网上灯具商店帮助客户设计室内灯光效果，指导购买，然后免费上门帮助安装等。如图 3.4.4 所示是京东商城空调安装服务。

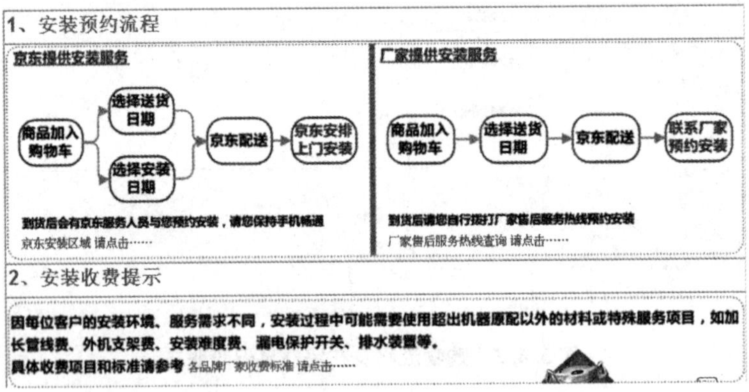

图 3.4.4　京东商城空调安装服务

伴随服务的有形货物服务是一种以服务为主的网络产品的销售形式。例如异地网上购买鲜花，然后由网上花店送达客户并代替问候置顶的亲朋好友。如图 3.4.5 所示是淘宝网上的莎啦啦鲜花店。

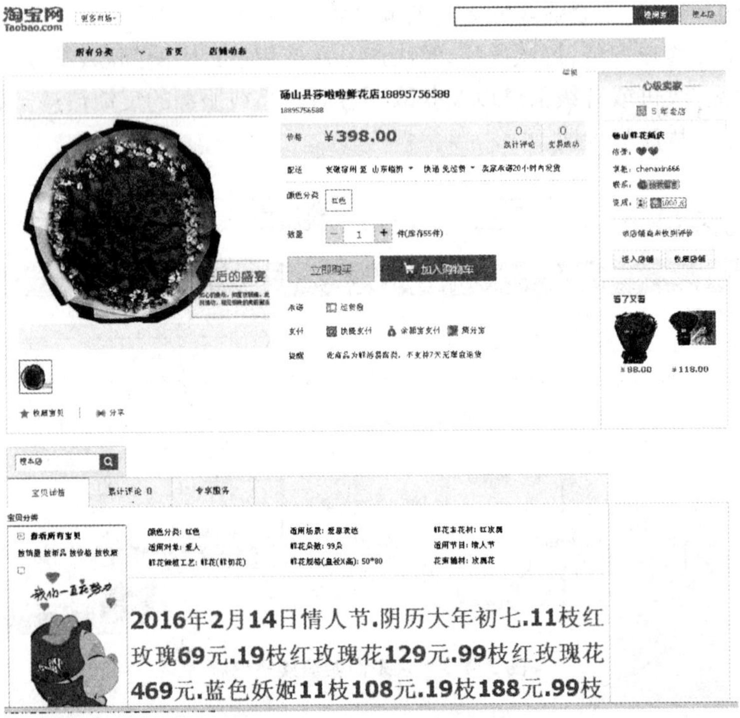

图 3.4.5　莎啦啦鲜花网店

主要服务伴随的小物品和小服务是一种以网上服务产品为主，在服务的过程中伴随提供给客户馈赠性质的小礼品或额外的简单服务。例如进行网上的求医问药，客户得到该网站赠送的医药小册子。

纯服务是一种纯粹的网上服务产品的营销，不附带任何有型的商品。例如，网络公司定期代替研究经济的学者收集和整理某经济领域的信息和资料，然后以电子邮件的方式发送。

【活动评价】

通过赵云的讲述，李伶终于对网络客户服务有了一个初步的印象，也对网络客户服务产生了浓厚的兴趣，她觉得在网络时代更应该采取各种手段搞好网络客户服务。

活动二：了解网络客户服务手段

【活动背景】

赵云告诉李伶，网络客户服务的手段多种多样，常见的有电子邮件、FAQ、在线咨询、在线QQ、阿里旺旺、客户留言板、社区论坛、呼叫中心等。

【活动实施】

一、电子邮件

电子邮件是最便宜的沟通方式，通过客户登记注册，企业可以建立电子邮件列表，定期向客户发布企业最新信息，加强与客户的联系。

企业电子邮件管理中存在的问题一是垃圾邮件的问题，垃圾邮件会让客户产生厌恶感，损害企业品牌形象，必须杜绝垃圾邮件。二是及时回复问题，回复客户的咨询必须及时和诚恳。三是个性化服务问题，邮件内容和形式富有个性化，用词亲切。四是隐私问题，企业要保护客户个人信息，防止客户邮件地址外泄和被盗用。如图 3.4.6 所示是当当网帮助中心的邮件联系界面。

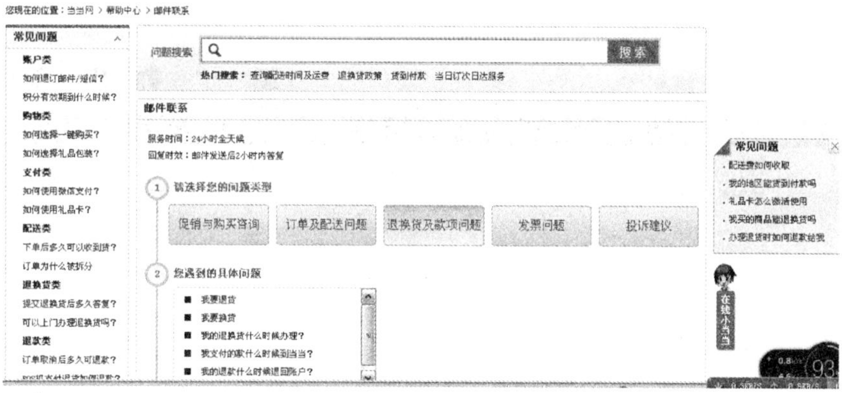

图 3.4.6　当当网邮件联系界面

二、FAQ 设计

1. 认识 FAQ

FAQ (Frequently Asked Questions)是常见问题解答的缩写。网站的 FAQ 一般包括两个部分，一部分是在网站正式发布前就准备好的内容，是站在用户的角度，对于在不同的场合中可能遇到的问题进行回答；另一部分是在网站运营过程中用户不断提出的问题。

在网络营销中，FAQ 被认为是一种常用的在线顾客服务手段。一个好的 FAQ 系统，应该至少可以回答用户 81%的问题。这样不仅方便了用户,也大大减轻了网站工作人员的压力,节省了大量的客户服务成本,并且提升了客户的满意度。

2. FAQ 分类

将 FAQ 按照客户的角度进行分类可以分为针对潜在客户设计的 FAQ、针对新客户设计的 FAQ 和针对老客户设计的 FAQ。

针对潜在客户设计的 FAQ 可以提供产品和服务的特征,激发购买需求。如图 3.4.7 所示是海尔商城针对潜在客户设计的产品推荐。

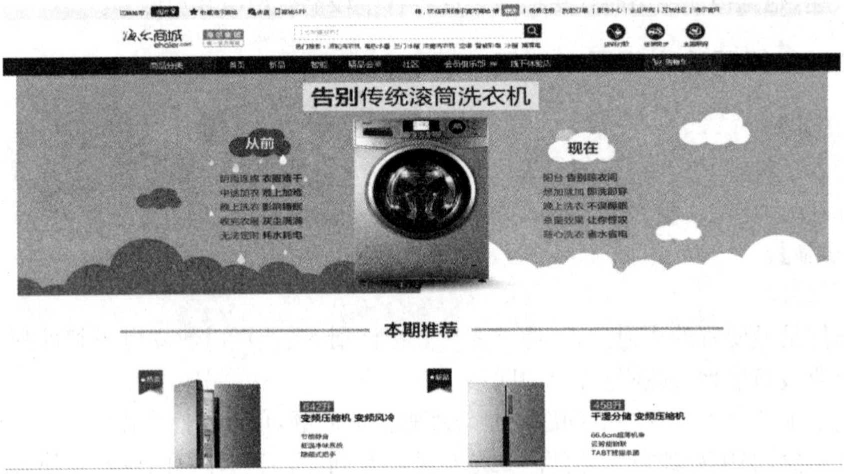

图 3.4.7　海尔商城新品推荐

针对新客户设计的 FAQ 主要提供新产品的使用、维修及注意事项,主要是帮助解决新客户在使用过程中遇到的实际问题。如图 3.4.8 所示是海尔商城对新客户的服务承诺、安装与维修的提示。

图 3.4.8　海尔商城服务承诺

面向老客户设计的 FAQ 主要提供更深层次的技术细节和技术改进等信息，主要是提高用户的忠诚度。

3. FAQ 的功能设计

要保证 FAQ 的效用就要经常更新问题、回答客户提出的热点问题。问题要短小精悍，重点问题在保证准确的前提下尽量简短。

FAQ 功能设计的原则如图 3.4.9 所示，要保证用户使用方便，FAQ 在设计时要注意：

- 提供搜索功能，可通过关键词查询到问题。
- 问题较多时采用分层式目录结构组织问题。
- 将客户最常问的问题放在最前面。
- 对复杂问题可以设置超级链接的方式解答问题。

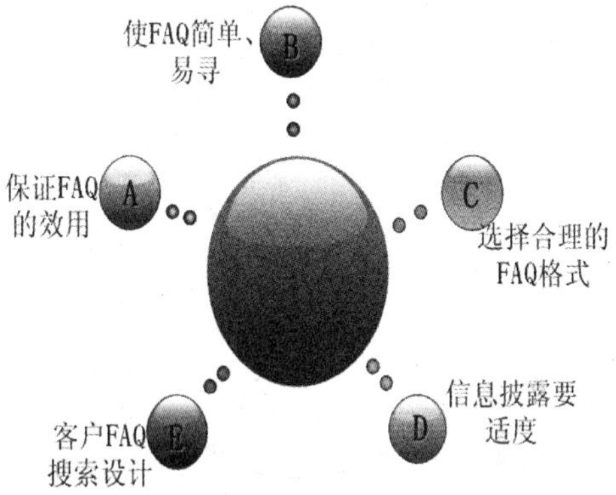

图 3.4.9　FAQ 功能设计的原则

FAQ 的格式设置一般将问题分成几大类，并且每类问题对应相应的区域，指引客户查询信息。一般网站的 FAQ 的分类主要有以下几类，如图 3.4.10 所示是当当网上商城设计的 FAQ 界面。

图 3.4.10　当当网上商城的 FAQ 页面

- 关于产品的常见问题。
- 关于产品升级的常见问题。
- 关于订货、送货和退货的常见问题。

● 关于获得单独帮助的常见问题。

FAQ 的信息披露要适度体现在问题的回答要适度，既要保证用户对信息的需要，又要防止竞争者对给出信息的利用。

FAQ 搜索工具是为了节约用户的查询信息时间，在设计搜索的时候需要注意以下内容，图 3.4.11 是京东商城的 FAQ 设计。

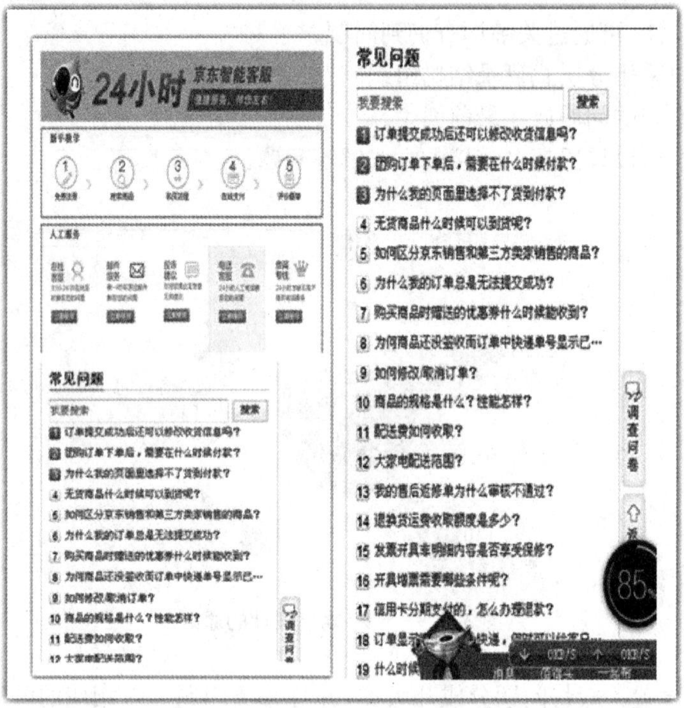

图 3.4.11　京东商城 FAQ 设计

● 要将搜索安排在所有 FAQ 的页面上。

● FAQ 搜索功能要适应网站的需求。

● 从客户的角度去设计搜索引擎的关键词。

三、网络虚拟社区

网络虚拟社区是指由单位或个人在互联网上组成的群体，他们是由于共同的兴趣和爱好、互相交流而在互联网上形成的一个互惠互利的群体。

网络社区包括论坛、讨论组等形式，企业设计网上虚拟社区目的就是让客户在购买后既可以发表对产品的评论，也可以提出针对产品的一些经验，营造网上社区不但可以让客户自由参与，同时还可以吸引更多潜在客户参与。如图 3.4.12 所示是 eBay 外贸社区。

四、在线表单

在线表单一般是网站事先设计好的调查表格，顾客通过浏览器界面填写咨询内容，提交到网站，由相应的顾客服务人员处理。

由于可以事先设定一些格式化的内容，如顾客姓名、单位、地址、问题类别等，通过在线表单提交的信息比一般的电子邮件更容易处理。按照功能不同，分为反馈信息、用户注册、留言板等。如图 3.4.13 所示是中国建设银行的客户留言板。

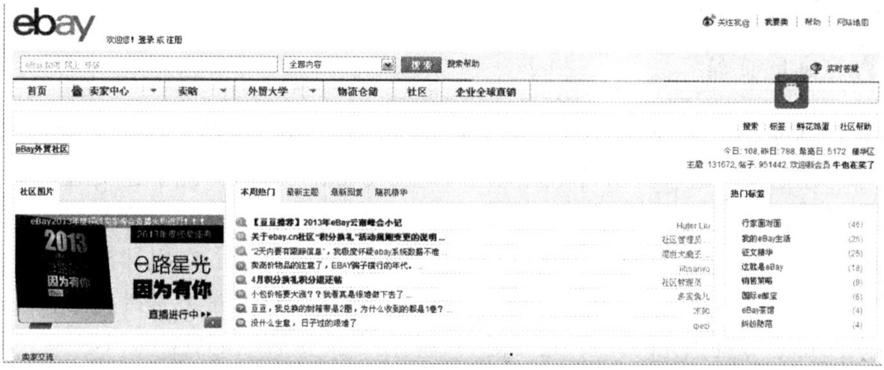

图 3.4.12　eBay 外贸社区

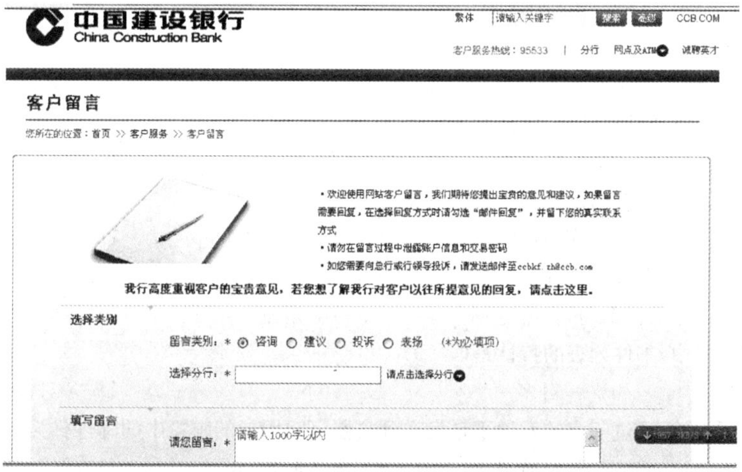

图 3.4.13　中国建设银行客户留言板

五、即时信息服务

网络即时通信(Instant Messaging)的缩写是 IM，是一种可以让使用者在网络上建立某种私人聊天室(chatroom)的实时通信服务。

它囊括 E-mail 的所有功能，例如文字、文件、图片的传输等等，实现了信息的实时交互，安装麦克风和摄像头之后还可以实现语音、视频聊天。包括 ICQ、QQ、MSN Messenger 等聊天工具，是人们喜闻乐见的在线沟通方式。以聊天工具为代表的即时信息(Instant Messaging，简称 IM)，已经成为最受欢迎的在线顾客服务方式。

聊天室也是一种即时交流工具，是 Internet 上常用的一种服务之一，深受广大的用户欢迎，作为一种即时顾客服务手段，同样具有较高的顾客满意度。如图 3.4.15 所示是 QQ 聊天室界面。

即时信息服务作为一种新型的即时回复工具，功能日趋完善，逐渐成为一个强大的个人网上通信交流平台，具备数据交换、语音聊天、网络会议、电子邮件、短信等功能。

【活动评价】

通过赵云的讲解示范，李伶终于对网络客户服务的手段有了一个初步的印象，也对网络客户服务产生了浓厚的兴趣，她觉得要想搞好姐妹淘服饰有限公司的网络客户服务工作，必须充分利用各种网络客户服务的手段。

项目总结

本项目包括四个任务:网络营销渠道选择、商品详情优化、物流模板设置、网络客户服务。李伶通过学习了解了在进行网络营销渠道选择时要考虑的因素,掌握了速卖通物流模板的设置及商品详情页的优化,了解了网络客户服务的方式。这一段时间在"攻坚克难"小分队,通过跟赵云的学习,李伶觉得师傅赵云交给她的都是实打实的"干货",在姐妹淘服饰有限公司这些都是最基本的"生存技能"。而且即使以后自己要开网店,这都是最基础的业务技能。虽然李伶在校期间也学习过相关的课程,还是觉得师傅赵云的讲解示范更接地气。

项目检测

一、单选题

1. 网络营销渠道包括订货系统、结算系统和(　　)。

A. 配送系统　　B. 运输系统　　C. 网络系统　　D. 金融系统

2. 通过展示买家评价、热销盛况刺激买家购买,属于(　　)。

A. 商品展示类　　B. 实力展示类　　C. 吸引购买类　　D. 交易说明类

3. Dell 公司直销模式的精华在于(　　)。

A. 零库存　　B. 按供给定制　　C. 按需定制　　D. 按库存生产

4. 邮件营销形式中,邮件列表的特性是(　　)。

A. 一对一　　B. 一对多　　C. 多对一　　D. 多对多

5. 由创作者所创建,通过一定的发送平台发送到自愿订阅用户的邮箱中的邮件称为(　　)。

A. 群发邮件　　B. 垃圾邮件　　C. 电子邮件　　D. 邮件列表

二、多选题

1. 完整的标题,应该包括(　　)。

A. 核心词　　B. 属性词　　C. 流量词　　D. 高频词

2. 产品描述从不同角度,可以划分为(　　)。

A. 商品展示类　　B. 实力展示类　　C. 吸引购买类　　D. 交易说明类

3. 邮件营销是网络营销技巧中经常用到的一个很强大的法宝,那么邮件营销技巧有哪些呢?(　　)

A. 对邮件地址的选择,要根据自己公司的产品来定位 E-mail 用户群,便于我们宣传率达到最高

B. E-mail 的内容要简洁明了让目标客户一看就知道是做什么的,字数不要太长,一般在 200 字以内

C. 邮件营销技巧要有吹牛的精神,内容要尽量去夸大我们的产品,但是不要太过头

D. 要确保邮件的内容准确,确保无误,哪怕是抄袭别人的,只要精准就行

4. 网络社区的主要形式有(　　)。

A. 聊天室　　B. 交友　　C. 论坛(或 BBS)　　D. 新闻组

5. 网上营销渠道的功能包括(　　)。

A. 网上订货功能　　B. 网上展示功能　　C. 网上结算功能　　D. 网上配送功能

三、判断题

1. 只有企业自己建立网站平台进行商务活动,才能拥有自己的网络商店。　　(　　)

2. 网络商务信息一般不采用电子邮件方式发布。（　）

3. 网络营销对网络商务信息收集的要求是及时、准确、适度、经济。（　）

4. 考虑到买家阅读习惯，标题中的关键词应该前置。（　）

5. 网络直销使生产者与消费者之间的直接交互沟通成为可能，因而在电子商务环境下中间商将面临消亡。（　）

四、简答题

建设网络营销渠道时要考虑的因素有哪些？

五、实训题

1. 在速卖通平台有针对性地选择产品进行标题及详情页进行优化，并用 PPT 进行展示汇报。

2. 利用周末时间体验一下 360 搜索、淘宝客服等网络客户服务岗位。

项目四

经典网络营销推广

项目情景

由于公司规模不断扩大,知名度随之提升。阿玲所在的公司需要招聘一批网络推广专员,底薪3 000元/月,再根据公司政策计算提成,享受社保等福利,招聘信息一发布,应聘者蜂拥而至。公司本着公平、公正和公开的原则,经层层严格考核,阿玲的表妹阿荣最终以总分第一的好成绩被录用。

一些落榜者以为阿荣是靠关系进入公司的,考核只是个过场,遂对阿荣进行了投诉,并在公司论坛上煽风点火,诋毁公司名声。公司人力资源部经认真调查,了解到阿荣在校期间表现就十分优秀,她以表姐阿玲为榜样,非常积极上进,多次荣获各类网络营销技能大赛奖项,而且还开了自己的网店。这是一个有实力的竞聘者,应聘成功是实至名归。不久,公司行政部在公司论坛上用事实澄清了谣言,该事件引发了众多网友的关注,通过这件事不仅提高了公司的知名度,也为公司输入了正能量。阿荣来到新单位新环境,决心要好好努力拼搏一番。

项目目标

【知识目标】

1. 理解软文营销、论坛营销、邮件营销、事件营销、P2P 营销、APP 营销的内涵。
2. 掌握各种经典网络营销推广方法的应用技巧和注意事项。

【技能目标】

能将经典网络营销推广方法恰当应用在工作当中。

【情感目标】

1. 具有网络营销推广的意识。
2. 具有网络营销推广的职业素养。

任务一　O2O 营销

情景设计

实习生李伶进入网络部已经有一段时间，对于公司的运营都已经有了一定程度的了解。最近，主管詹经理看李伶表现不错，决定调她到新组建的 O2O 营销组。李伶知道詹经理的安排后，不禁心里悄悄打鼓：B2B、B2C 或者 C2C 还好懂，这个 O2O 是什么呀？詹经理看着李伶不太自信的表情，拍了拍她的肩膀说："年轻人，不懂的就要学，自己要努力跟上新节奏哦！"李伶听到詹经理的加油打气，畏难情绪顿时减少了一大截，信心满满地开始向老员工云哥请教。

任务分解

云哥告诉李伶，要想搞清楚 O2O 是什么，重点还是在于要弄清楚 O2O 营销的本质和特点，本任务分解为以下几个活动：了解 O2O 营销；了解 O2O 营销的发展历程；了解 O2O 营销的商业模式。

活动一：了解 O2O 营销

【活动背景】

云哥告诉李伶，"O2O 其实没有我们想象的那么高冷，我们身边随处可见 O2O，比如你们女生很疯狂的团购，就是 O2O 的一种。"李伶一听来了兴趣，原来，团购也属于 O2O 呢。

【活动实施】

一、认识 O2O

O2O 即 Online to Offline，又称离线商务模式，是指线上营销、线上购买带动线下经营和线下消费，也即将线下商务的机会与互联网结合在了一起，让互联网成为线下交易的前台。如图 4.1.1 所示。

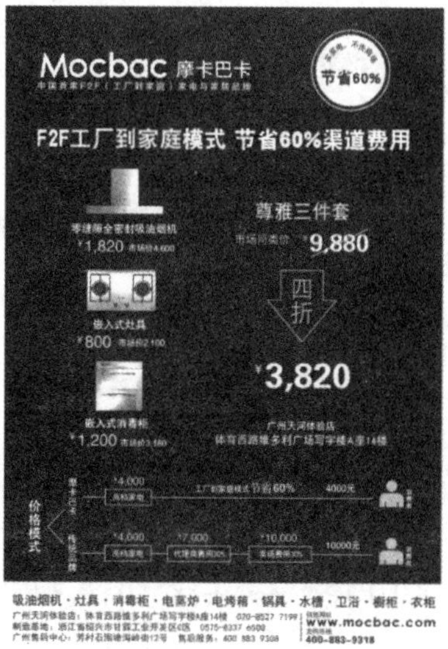

图 4.1.1　广州摩卡巴卡

广州摩卡巴卡公司，通过自建网络展示平台，将家电与家居产品直接从生产厂家供给家庭，作为国内首家 F2F(Factory to Family)家电及家居品牌，降低了代理商和家电卖场等渠道费用，能让消费者以平价购买到高档家电和家居产品。与其他家电家居卖家有所不同的是，消费者需要在官网上下单订购，而后享受到线下的上门定制服务，当然，消费者也可以先到设在天河的体验店，接受导购提供的“量身”建议与设计后，再行在线支付。成功的在线商店驱动了离线的商务，从某种程度而言，这对商家衡量产能、降低库存亦有一定的帮助。

- **想一想**

O2O 是一个全新的产业链条吗？

- **友情提示**

O2O 通过打折、提供信息、服务预订等方式，把线下商店的消息推送给互联网用户，从而将他们转换为自己的线下客户，这就特别适合必须到店消费的商品和服务，比如餐饮、健身、看电影和演出、美容美发等。O2O 并没有创造一个全新的产业链条，它的核心在于商家获得用户的方式从线下变到了线上，但是由于线下获得用户的渠道仍然存在，而且这些渠道往往已经形成很大的规模甚至成了一个产业，所以 O2O 的先行者必须建立新的产业秩序。

二、了解 O2O 营销的特点

1. O2O 对用户而言

(1)获取更丰富、全面的商家及其服务的内容信息。

(2)更加便捷地向商家在线咨询并进行预售。

(3)获得相比线下直接消费较为便宜的价格。

例：楼盘团购，如图 4.1.2 所示。

图 4.1.2 楼盘团购

2. O2O 对商家而言

(1)能够获得更多的宣传、展示机会，吸引更多新客户到店消费。

(2)推广效果可查、每笔交易可跟踪。

(3)掌握用户数据，大大提升对老客户的维护与营销效果。

(4)通过用户的沟通、释疑更好地了解用户心理。

(5)通过在线有效预订等方式合理安排经营,节约成本。

(6)对拉动新品、新店的消费更加快捷。

(7)降低线下实体对黄金地段旺铺的依赖,大大减少租金支出。

例:某网站通过用户行为,勾勒用户画像,如图 4.1.3 所示。

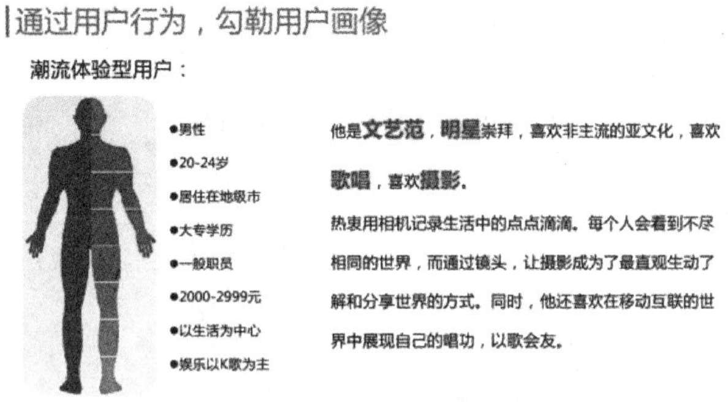

图 4.1.3　网站用户画像

3. 对 O2O 平台本身而言:

(1)与用户日常生活息息相关,并能给用户带来便捷、优惠、消费保障等作用,能吸引大量高黏性用户。

(2)对商家有强大的推广作用及其可衡量的推广效果,可吸引大量线下生活服务商家加入。

(3)数倍于 C2C、B2C 的现金流。

(4)巨大的广告收入空间及形成规模后更多的盈利模式。

● **知识窗**

数据显示,即使在电子商务最发达的美国,美国线上消费只占 8%,线下消费的比例依旧高达 92%。而中国的这一比例,分别为 3%和 97%。在将来的 5 年里国家将进一步提升服务业的 GDP 占有量。充分相信,O2O 在中国打开的将是一个万亿元级别的市场。

三、O2O 营销的营销要素

线下商家:降低了线下商家对店铺地理位置的依赖,减少了租金方面的支出;持续深入进行“客情维护”,进而进行精准营销。

消费者:O2O 提供了丰富、全面、及时的商家折扣信息,能够快捷筛选并订购适宜的商品或服务且价格实惠。

O2O 平台:带来大规模高黏度的消费者,进而能争取到更多的商家资源。本地化程度较高的垂直网站借助 O2O 模式,还能为商家提供其他增值服务,如图 4.1.4 所示。

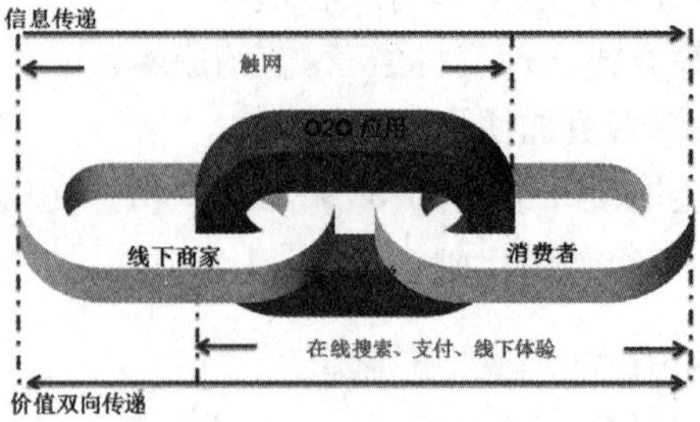

图 4.1.4　O2O 营销的营销要素

- **做一做**

图 4.1.5 为餐饮业 O2O 、B2C 与 C2C 渠道示意图，试比较 O2O 、B2C 与 C2C 有什么不同。

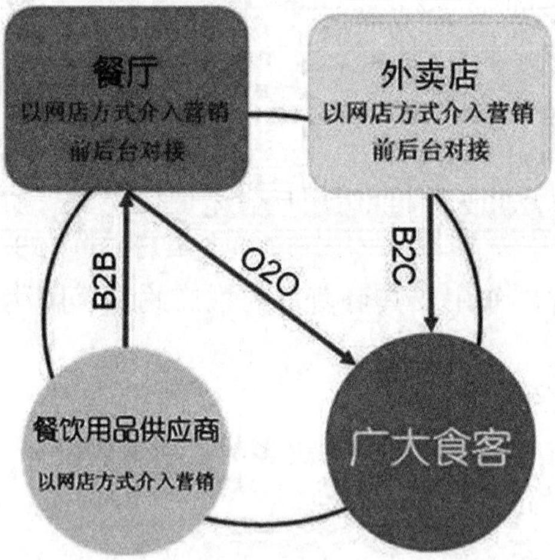

图 4.1.5　餐饮业 O2O 、B2C 与 C2C 渠道示意图

- **友情提示**

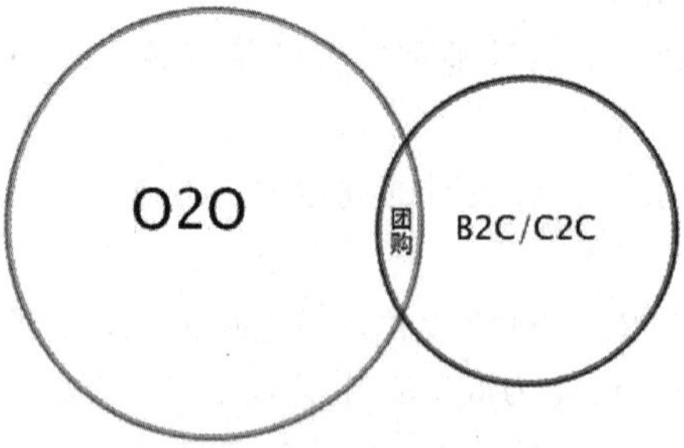

图 4.1.6　O2O 与 B2C、C2C 比较

共同点：

- 以互联网为平台。
- 在线支付都是其核心。无论 B2C，还是 C2C，均是在实现消费者能够在线支付后，才形

成了完整的商业形态。

不同点：

● B2C、C2C 是在线支付，购买的商品会通过物流公司送到用户手中，而 O2O 是在线支付，购买线下的商品、服务，再到线下去享受服务，如图 4.1.6 所示。

● **知识窗**

创新工场 CEO 李开复在提及 O2O 模式时指出："你如果不知道 O2O，至少知道团购，但团购只是冰山一角，只是第一步。"眼下仍旧风靡的团购，便是让消费者在线支付购买线下的商品和服务，再到线下去享受服务。然而，团购其实只是 O2O 模式中的初级商业方法，二者区别在于，O2O 是网上商城，而团购是低折扣的临时性促销，对于商家来说，团购这种营销方法没有可持续性，很难变成长期的经营方法。不过，也正是团购的如火如荼，方才拉开了 O2O 商业模式的序幕。

【活动评价】

通过云哥的讲述，李伶终于对 O2O 有了一个初步的印象，也对 O2O 营销产生了浓厚的兴趣，她觉得在网络时代，就是要对新的理念与时俱进，不断地更新自己的知识系统。

活动二：了解 O2O 营销的发展历程

【活动背景】

李伶听完云哥的讲述，很好奇地问云哥："O2O 是这两年才兴起的，它应该没什么历史吧?"云哥告诉李伶，O2O 这两年蓬勃发展，但其实这个概念的提出也接近十年了。云哥决定跟李伶好好地讲讲 O2O 的发展历程，这样她对 O2O 的理解也就更加深入和清晰了。

【活动实施】

O2O 这个概念源于美国，但在中国的发展却大相径庭。O2O 的整体发展阶段如图 4.1.7 所示。

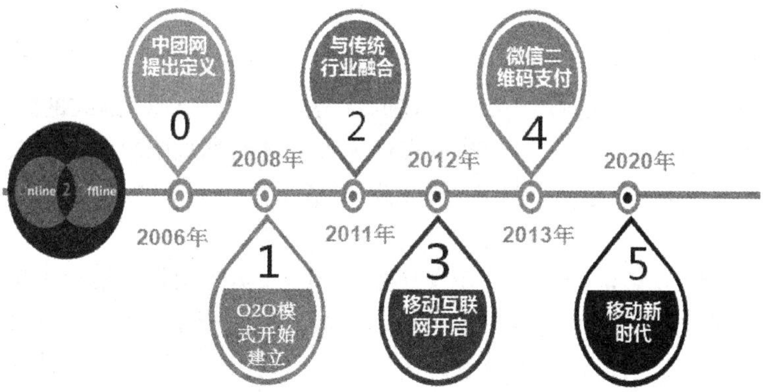

图 4.1.7 O2O 发展阶段

一、第一阶段(2004～2008 年)

该阶段属于 O2O 的萌生阶段，主要作为 B2C 思维的平台，作坊式的网商作为营销的主体。此时的 O2O 表现为低成本以及对于人的依赖高、难以复制。

例：篱笆网。

篱笆网(liba.com),创立于 2002 年,是中国最大的家庭消费服务(S2F)提供商,如图 4.1.8所示。主要为国内即将步入婚姻生活的新生代家庭消费者提供建立新家庭所必需的新居装修、结婚筹备、美容护肤、汽车相关等一系列家庭生活消费服务,是集消费指导、交易服务、购后保障于一体的综合性电子商务平台。2008 年在线交易额超过 15 亿元。

图 4.1.8 篱笆网

- **想一想**

第一阶段有些什么特点呢?

- **友情提示**

第一阶段的 O2O 营销有较深的 B2C 痕迹,因为当时平台并未引入线上支付环节。同时,该阶段具有非常强的媒体特性。行业也集中在本地化、定制化、社会化较强的家居、婚庆、汽车、母婴行业。平台商家具有很强的作坊式管理、依赖于人的能力的问题,其核心是社会化营销(打通 BBS、QQ)。后者决定了该模式需要基于已有用户数量、平台运营能力,复制难度较大。

二、第二阶段(2008～2011 年)

这一阶段,移动互联网开始萌芽,网络市场显现出功能优先的特质。大鳄开始介入本地化服务,O2O 模式开始确立。该阶段 O2O 模式的优势是超越了 B2C 模式的禁锢,与传统行业开始融合,模式可复制性加强。此时的缺点表现为大部分商家采取轻服务模式,对于规模要求很高,适应于本地化大行业。此阶段模仿门槛低,形成了千团大战的不良局面。

例:美团网。

美团网成立于 2010 年,是最早一批团购网站的代表,美团网每天推出一单精品消费,包括餐厅、酒吧、KTV、SPA、美发店等,网友能够以低廉的价格进行团购并获得优惠券,如图 4.1.9 所示。每天团购一次,为消费者发现最值得信赖的商家,让消费者享受超低折扣的优质服务,给商家提供最大收益的互联网推广。2011～2012 年,销售额为 18.19 亿元。

- **想一想**

第二阶段有些什么特点呢?

- **友情提示**

第二阶段的 O2O 营销显现出了大部分项目利润薄、公司重,需要以快速形成的巨大规模来抵消成本,对于资本的要求相对较高。同时,项目必须由巨大的商家数量支撑,而商家数量

图 4.1.9　美团网

给平台用户数量或者常说的流量带来巨大需求。除此外，此阶段的项目看似模式简单，但是在其线下，需要非常完善的一套传统快消品式的管理流程来支撑。

三、第三阶段(2012～2015 年)

2012～2015 年移动互联网兴起，渠道碎片化、场景化，颠覆型的项目出现。粉丝经济风靡，营销重回个性化时代，代表案例如滴滴打车等。此阶段的优点是体现出移动互联网的颠覆与革命。但同时也表现出复制性变差、不具备资源控制力等缺点。

例：滴滴打车。

滴滴打车诞生于 2012 年，它改变了传统打车方式，建立培养出大移动互联网时代下用户的现代化出行方式。利用移动互联网特点，将线上与线下相融合，从打车初始阶段到下车使用线上支付车费，画出一个乘客与司机紧密相连的 O2O 完美闭环，最大限度优化乘客打车体验，如图 4.1.10 所示。截至 2015 年 3 月，滴滴打车在全国已经突破 1 亿用户，日均订单量也突破了 521.83 万，覆盖了包括北、上、广、深等超过 178 家一二线城市，使用滴滴打车的司机也超过了 90 万。

图 4.1.10　滴滴打车

- **做一做**

“想喝咖啡，京东下单，好邻居就给送上楼”，这是2014年最著名的京东O2O布局，京东打造“实时点对点”物流配送体系，1个小时须送达，便利店15分钟极速达，在理想中这是一种全新的“京东生态链”。试分析，该案例是如何体现出O2O理念的？

四、第四阶段(2015年之后)

纵观互联网领域发展的趋势来看，O2O仍然存在巨大的发展机会，随着4G手机的普及和移动互联网的崛起，手机平板成为上网终端，线上线下的无缝对接带来了真正的融合，肯定会产生新的效应——一种叠加甚至是累积的效应，与此同时，大量的实体消费市场O2O仍旧没有沾染，9万亿的消费市场也是未来巨大的发展机会。但此时也涌现出很多新的问题，如渠道会不会重洗牌、移动垂直社区是否兴起、新型营销方式是否出现、技术会不会由移动向云智能转变等等，这些都对O2O营销提出新的挑战。

例：高德地图。

高德软件有限公司(AutoNavi)成立于2001年，是一家总部位于中国的导航电子地图内容和位置服务解决方案提供商，如图4.1.11所示。阿里巴巴于2013年5月购买高德软件公司28%的股份，2014年2月10日阿里正式宣布10.45亿元全盘收购高德，至7月高德私有化全部完成。高德的核心价值在于拥有大量位置信息和数据、导航和地图市场第一的市场份额，在当前移动互联网时代，这不仅是移动入口应用，更是紧密结合人与人、人与商品、人与商户、商品和商户之间的桥梁。双方资源全面整合后，将从商家信息、地理位置、商品信息、支付核销乃至物流配送，构建了完整的移动商务闭环。

图4.1.11　高德地图

- **知识窗**

国内O2O模式的发展现状如图4.1.12所示：

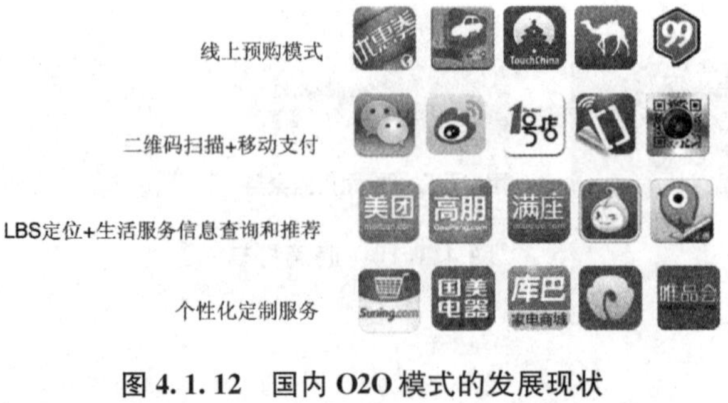

图4.1.12　国内O2O模式的发展现状

【活动评价】

听云哥讲完 O2O 的发展历程，李伶对 O2O 营销的整体概念终于清晰起来，她觉得 O2O 是互联网时代的必然产物，它将线上与线下的通道打开，促进了线上线下的良好互动，肯定会发展得越来越好。

活动三：了解 O2O 营销的商业模式

【活动背景】

李伶终于调入 O2O 营销组，接到的第一个工作任务就是通过调研，选择最适合公司进行 O2O 营销的商业模式。李伶将自己掌握的信息进行了分类，然后进行了细致的对比分析。

【活动实施】

O2O 模式的基本商业逻辑是，用户在线上平台预先支付，然后到线下消费体验，商家实时追踪其营销效果，由此形成闭环的商业服务和体验过程。它采用“电子市场＋到店消费”模式，而不是“电子市场＋物流配送”模式。

O2O 面向的是同时包含线上与线下业务或社区的企业，其有四种线下线上组合模式。

一、先线上后线下模式

先线上后线下模式就是企业先搭建起一个线上平台，以这个平台为依托和入口，将线下商业流导入线上进行营销和交易，同时，用户又到线下享受相应的服务体验。这个平台是 O2O 运转的基础，应具有强大的资源流转化能力和促使其线上线下互动的能力。在现实中，很多本土生活服务性的企业都采用了这种模式。比如，腾讯凭借其积累的资源流聚集和转化能力以及经济基础构建 O2O 平台生态系统，如图 4.1.13 所示。

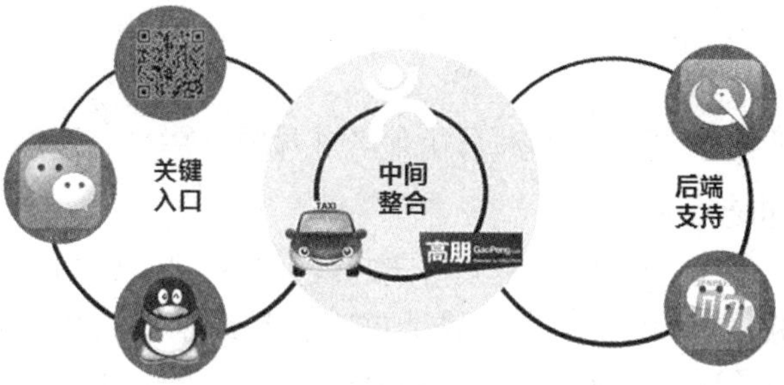

图 4.1.13　腾讯(微信二维码)O2O

二、先线下后线上模式

所谓先线下后线上模式就是企业先搭建起线下平台，以这个平台为依托进行线下营销，让用户享受相应的服务体验，同时将线下商业流导入线上平台，在线上进行交易，由此促使线上线下互动并形成闭环。在这种 O2O 模式中，企业需自建两个平台，即线下实体平台和线上互联网平台。其基本结构是先开实体店铺，后自建网上商城，再实现线下实体店与线上网络商城同步运行。在现实中，采用这种 O2O 模式的实体化企业居多，例如苏宁云商所构建的 O2O 平台生态系统，如图 4.1.14、图 4.1.15 所示。

苏宁旗下的第三方公司推出了易付宝。目前，易付宝注册会员数超过3 000万，年交易量近 200 亿元，已和全国 20 多家主流银行建立了深入的战略合作关系，线上支付覆盖全国 100 多张银行卡，成为金融机构在电子支付领域最为信任的合作伙伴之一。

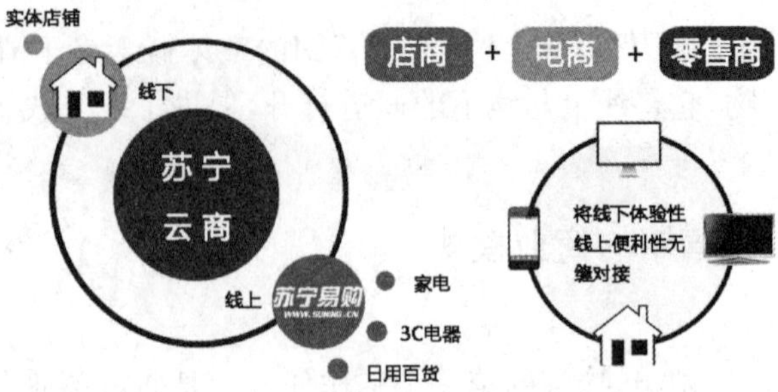

图 4.1.14　苏宁云商(苏宁易购)O2O

图 4.1.15　苏宁云商(苏宁易购)“双 12”

● **想一想**

苏宁的自有支付渠道对 O2O 布局起到了什么作用呢?

三、先线上后线下再线上模式

所谓先线上后线下再线上模式,就是先搭建起线上平台进行营销,再将线上商业流导入线下让用户享受服务体验,然后再让用户到线上进行交易或消费体验。在现实中,很多团购、B2B 电商等企业都采用了这种 O2O 模式,比如京东商城,如图 4.1.16 所示。

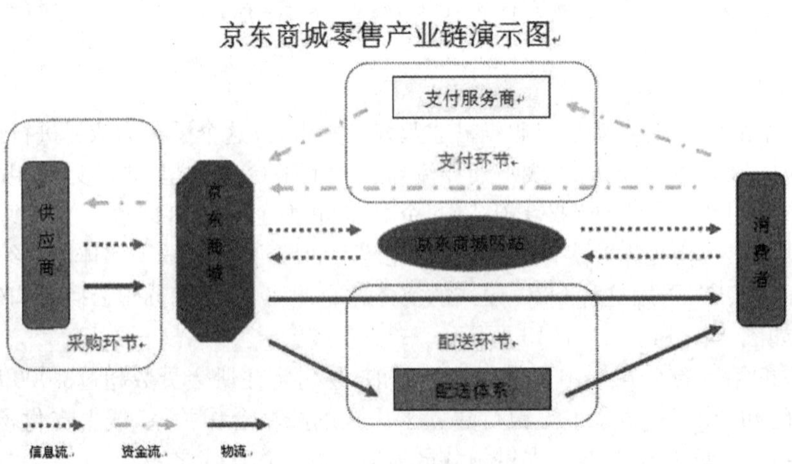

图 4.1.16　京东(京东商城)O2O

京东商城是中国市场最大的网上购物专业平台之一，是中国最大的电脑、数码通信、家用电器网上购物商城，产品包括数码、家电、手机、电脑配件、网络产品等数万种商品，如图 4.1.17所示。

图 4.1.17 京东(京东商城)

● **想一想**

为什么京东会采用先线上后线下再线上模式的 O2O 模式？

四、先线下后线上再线下模式

所谓先线下后线上再线下模式，就是先搭建起线下平台进行营销，再将线下商业流导入或借力全国布局的第三方网上平台进行线上交易，然后再让用户到线下享受消费体验。这种O2O 模式中，所选择的第三方平台一般是现成的、颇具影响面的社会化平台，比如微信、微淘、大众点评网等等，且可同时借用多个第三方平台，这样就可以借力第三方平台进行引流，从而实现自己的商业目标。在现实中，餐饮、美容、娱乐等本地生活服务类 O2O 企业采用这种模式的居多，棒约翰就是如此，如图 4.1.18 所示。

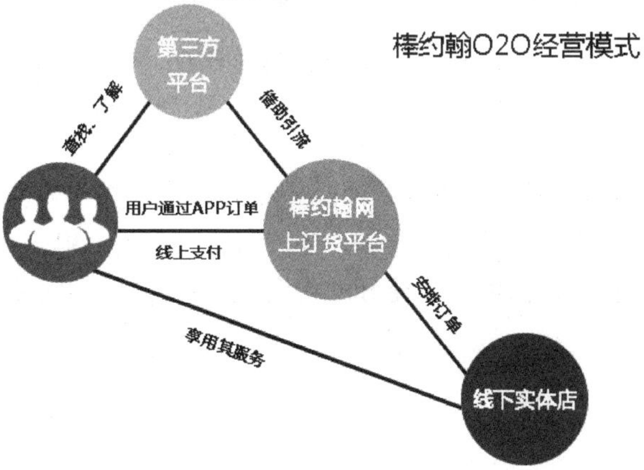

图 4.1.18 棒约翰 O2O

- **友情提示**

不论是哪种组合的O2O商业模式，都需要将新客户引流过来及留住老客户。只不过，引流可能发起于线上或线下。从线上发起的引流可能将新客户引至线下或线上，从线下发起的引流则将新客户引至线上。

当新客户被引至线下或线上平台后，需要有优化过的注册及服务流程，促使他们转化为真正的客户并开始消费或融入社区。然后，目标的重点则转到让已经成为客户的人愿意长期消费或使用社区，并让他们愿意在线上与线下的闭环中往返。

- **做一做**

大众点评是中国领先的本地生活信息及交易平台，也是全球最早建立的独立第三方消费点评网站。大众点评不仅为网友提供商户信息、消费点评及消费优惠等信息服务，同时亦提供团购、电子会员卡及餐厅预订等O2O交易服务，如图4.1.19所示。试分析大众点评的O2O营销模式。

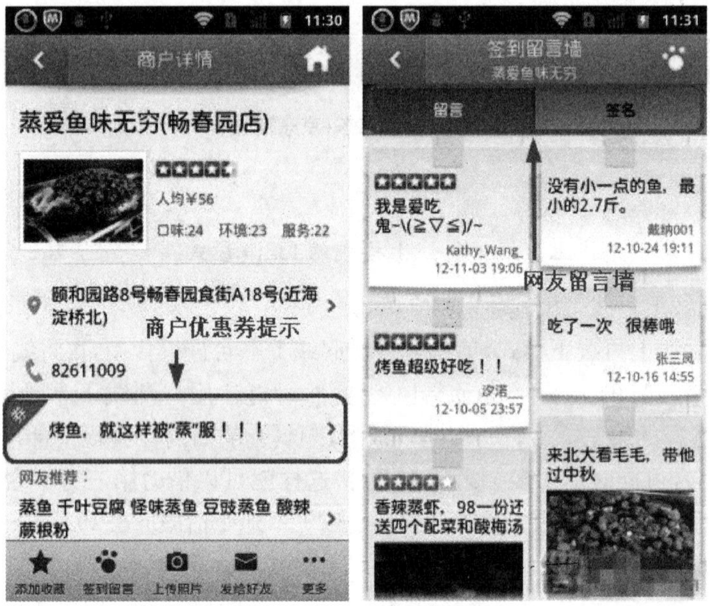

图4.1.19 大众点评O2O

【活动评价】

通过对比分析，李伶觉得从公司本身的产品重视客户体验这个特点出发，“先线下后线上再线下模式”比较适合，可以采用前期设置用户体验店——线上下单——线下组织交流活动的方式来进行。云哥对李伶的想法给予了充分的肯定，李伶的第一个任务顺利完成。

任务二　APP 营销

情景设计

运营部林菲儿赶着去客户那里拿一份资料，心急火燎地站在公司门口拦的士，可等了好久也没有车过来。刚好网络部的李伶在门口看见林菲儿着急的情况，直接打开手机，动动手指点击了几下，不到两分钟就有一辆车停在了林菲儿的面前，林菲儿一边感谢李伶一边感叹不可思议："现在打车也可以用手机这么方便啊？"李伶告诉她："不仅仅是打车，现在很多事情都可以用手机上面的 APP 来完成呢，这个就是现在超火爆的 APP 营销，等你回来，我慢慢跟你讲讲吧！"林菲儿听了忍不住地点头，决定回来后一定要好好了解一下 APP 营销。

任务分解

要了解 APP 营销，要从了解什么是 APP 入手，然后逐步深入地了解 APP 营销的模式、APP 营销的营销策略等。由此，将本任务分解为以下几个活动：了解 APP 的类型；了解 APP 的功能模块；了解 APP 营销的营销模式。

活动一：了解 APP 的类型

【活动背景】

要了解 APP 营销，先得知道什么是 APP。林菲儿回来后很认真地去向李伶请教，李伶拿出手机，指着上面的图标跟林菲儿讲解起来。

【活动实施】

一、认识 APP

APP 就是应用程序 application，APP 营销指的是应用程序营销。由于智能手机的流行，一般情况下 APP 也指智能手机的第三方应用程序，其界面如图 4.2.2 所示。APP 营销是通过特制手机、社区、SNS 等平台上运行的应用程序来开展营销活动，如图 4.2.1 所示。

例 1：

图 4.2.1　各类 APP

例 2：

图 4.2.2　APP 界面

二、认识 APP 所对应的平台

(1)以运行系统划分，可以分为 Windows、IOS、Android 等；

(2)以操作感官划分，可以分为触控式 APP 和点击式 APP；

(3)以终端形式划分，可以分为移动终端和固定终端 APP；

(4)以屏幕尺寸划分，可以分为大屏幕 APP 和小屏幕 APP，如图 4.2.3 所示。

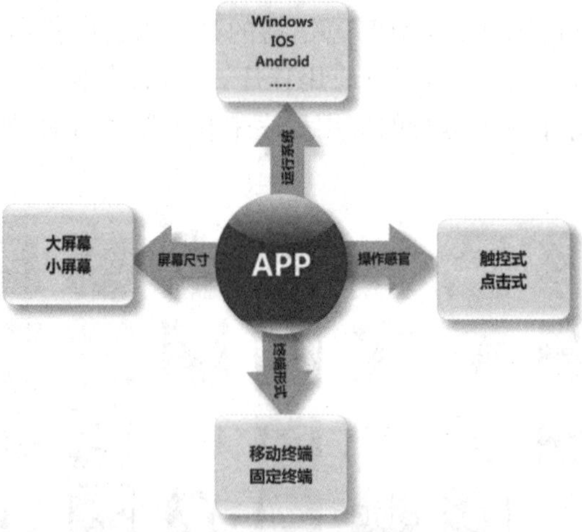

图 4.2.3　APP 对应的平台

- **做一做**

请你查阅相关资料，将表 4.2.1 中的主流移动终端 APP 运行平台名称、图标及其对应的

APP 文件格式进行连线。

表 4.2.1

系统平台	连线	图标	连线	APP 格式
苹果 iOS		Windows Mobile		apk
安卓 Android		symbian OS		sis，sisx
微软 Windows Phone		android		ipa，pxl，deb
塞班系统版本 Symbian		苹果 IOS		xap

- **知识窗**

苹果公司的 iTunes 商店里面的 App Store，因为 iOS 系统的不开源性，所有使用 iPhone 手机、MAC 电脑或者 iOS 系统的平板电脑的用户，通常只能在 App Store 上面下载 APP，也就是下载应用软件，APP 格式有 ipa，pxl，deb。

Android 系统比较出名的 APP 应用商店有谷歌公司的 Google Play Store、360 手机应用商店、百度 Android 应用中心、豌豆荚、91 手机助手等，诺基亚的 ovi store，还有 Blackberry 用户的 BlackBerry App World 等，APP 格式为 apk。

塞班系统版本 Symbian 系统格式有 sis、sisx，市场占有率比较低。微软的 Windows Phone 系统，APP 格式为 xap。

三、了解 APP 的类型

目前市场上 APP 品类繁多，涉及用户生活的方方面面，大到公司专业化管理，小到幼儿学儿歌，都可以有 APP 来满足用户各种需求，如图 4.2.4 所示。

APP 类目繁杂，按照 APP 的应用范畴，大体上可以分为以下类别：

1. 信息工作类

此类 APP 中类型最多的是分析软件，预定系统类目前市场为缺省，见表 4.2.2。

图 4.2.4 APP 排行榜(部分)

表 4.2.2

序号	名称	具体应用						
1	分析软件	计算机代数系统	数值计算	数值表单	物理软件	社会学软件	统计软件	神经系统软件
2	文件管理	文档归类/汇总	文字处理	桌面出版软件	图表软件	演示类软件		
3	时间和资源管理	企业级管理系统	会计信息管理	任务和计划管理	某领域的专项计划管理			
4	数据管理	通讯录	数据表格	个人数据库				
5	协同软件	E-mail	博客	维基百科				
6	财经软件	日交易软件（股票，在线支付）	金融分析软件	结算系统				
7	预定系统							

2. 内容访问类

电子媒介目前是互联网市场中用户使用门槛最低，用户体验要求最为苛刻，用户黏性最差的一种 APP 类型，是互联网内容最为主流的承载体，见表 4.2.3。

表 4.2.3

名 称	具体应用		
电子媒介	网页浏览器	媒体播放器	混合媒介编辑器

- **做一做**

请你在图 4.2.5 的图标中分别选出属于信息工作类和内容访问类的 APP。

图 4.2.5 APP 图标

3. 娱乐类

表 4.2.4

序号	名称	具体应用						
1	屏幕保护程序							
2	数字宠物	与真实交互	与虚拟交互					
3	视频游戏	街机游戏	仿真机器游戏	连线游戏	控制台游戏	手机游戏	触控游戏	单机游戏

注：该类用户需求最多样，体验要求最多样，市场盘子最大，盈利最多，创新点最多，见表 4.2.4。

例：

闻闻窝是国内第一款以宠物为视角的宠物社区，致力于打造一款中国最有情感的宠物 App。用户可以通过闻闻窝为宠物建立一个专属的小窝，以宠物的身份结交好友，并与好友分享宠物的趣图、萌图、囧图。闻闻窝的理念是“闻闻窝吻吻我宠爱我一生”，呼唤人们关爱流浪宠物，不抛弃、不放弃。

4. 教育类

教育类 APP 用户属性具有场景化、类型化、标准化、专一化特点，见表 4.2.5。

表 4.2.5

序号	名称	具体应用			
1	参考资料查询				
2	课堂教学	课堂演示			
3	娱乐型教学	体验式实验			
4	图书订阅管理系统	报刊订阅配送			
5	调研管理	投票系统	文档编辑		
6	教学和管理	成绩录入分析	计划列表	课程方案	学籍追踪

- **做一做**

图 4.2.6 为两个模块的 APP，分别为幼教类教育 APP 及考试类教育 APP，试分析此两类 APP 各自具有什么特点以及应该如何吸引用户群。

图 4.2.6 幼教类教育 APP 及考试类教育 APP

5. 企业运用类

企业级运用是 APP 盈利的一个重要渠道，在互联网行业企业级运用主要以收集信息以及商业的推广为主要需求，见表 4.2.6。

表 4.2.6

序号	名称	具体应用			
1	业务流程				
2	数据管理	数据创造	数据维护	数据调取	
3	数字资产管理	品牌管理	图书馆系统管理	实体资产管理	数据供应链管理
4	文档管理	文档编译	文档修复	文档归类	文档安全扫描
5	地理信息管理	地理查询 气象服务	LBS 交流	实时定位	商务信息推广

6. 虚拟器类

虚拟器类 APP 主要运用于测绘、绘图以及各种科学分析的建模中，在大众市场的运用主要集中在策略性游戏以及驾驶器游戏中，见表 4.2.7。

表 4.2.7

序号	名称	具体应用					
1	计算机模拟	科学模型模拟	社会模型模拟	战场模拟	紧急事态模拟	驾驶器模拟器（飞行器）（驾驶器）	相关的模拟性游戏（汽车，飞机，摩托等游戏）

例：模拟性游戏 APP（图 4.2.7）。

图 4.2.7　模拟性游戏 APP

7. 媒介拓展类

媒介拓展类 APP 是最能体现平台类产品的“讯息为王”的需求，其即时性、多样化、类型化可以吸引不同的用户订制和每日访问，见表 4.2.8。

表 4.2.8

序号	名称	具体应用								
1	图片管理									
2	媒介内容制造/编辑	3D 编辑	卡通编辑	地理信息编辑	图片编辑	视频编辑	声频编辑	音乐谱曲	超媒体编辑	文字/视频资讯

8. 产品工程类

此类 APP 运用的受众主要是 IT 的专业人士，这类用户群对于 APP 的改造以及技术的提升有着很大的帮助，见表 4.2.9。

表 4.2.9

序号	名称	具体应用						
1	硬件工程	电脑辅助工程	电脑辅助设计	有限元分析	物理软件	社会学软件	统计软件	神经系统软件
2	软件工程	电脑语言编辑	编译器	集成开发环境	游戏制作软件	调试器	项目测试	申请管理

● **想一想**

我们应该怎么理解 APP 呢？

● **友情提示**

1. APP 是以“人”为核心电脑软件。APP 帮助用户完成单个或者多项任务，企业管理、办公协助、数据分析、地理信息、媒体播放、娱乐等都属于它的范畴。

2. 每个 APP 都是独立运作的。APP 不同于操作系统以及中间件，是闭合性的功能体验，它可以借助各种平台以及系统运营。

3. APP 是传统电脑软件的互联网化。用户在网上商店下载应用后可以在线进行软件维护，可以连线协作。

【活动评价】

林菲儿听完李伶的讲解，顿时觉得自己眼前展开了一片全新的天地，她以前以为 APP 就是智能手机的一些硬性应用，没有想到类型如此之多，内容如此之广泛。她更加确信，自己需要对 APP 营销做进一步的了解。

活动二：了解 APP 的功能模块

【活动背景】

林菲儿被李伶手机上琳琅满目的 APP 图标晃花了眼，不禁问她："你手机上这么多的 APP，他们是不是每一个的功能都是一样的？"李伶摇了摇头，回答："当然不一样啦，每个 APP 根据它自己不同的营销需要，功能模块都不一样呢，我举几个典型的例子给你看。"

【活动实施】

一、促销功能

APP 营销的促销功能主要体现在团购活动、限时抢购、新品试用、优惠券发放等。

例 1：肯德基 APP——电子优惠券(图 4.2.8)。

例 2：小米手机 APP(图 4.2.9)。

图 4.2.8 肯德基 APP

图 4.2.9 小米手机 APP

● **想一想**

你可以举几个 APP 具有促销功能的例子吗？

二、在线销售功能

营销支付型 APP 不仅是产品图文的全面展示，还支持在线购买、在线支付，如图 4.2.10、图 4.2.11 所示。

例 1：

图 4.2.10　营销支付型 APP

例 2：

图 4.2.11　营销支付型 APP 产品展示

三、手机在线支付

APP 营销可以通过特殊技术实现手机支付，可支持电子支付和数据下载等多种功能。无缝集成银联支付通道，流水实现 T+1 到账，确保资金安全，如图 4.2.12 所示。

例：全民付 APP。

四、LBS 导店消费

LBS 全称是 Location Based Service，中文意思是基于位置的服务，又称位置服务。用户可用 APP 一键导航自己想去的门店，也可以查看附近吃住玩乐等信息，如图 4.2.13 所示。

图 4.2.12　全民付 APP

图 4.2.13　LBS 导店消费

- **做一做**

图 4.2.14 为汉庭连锁酒店 APP 截图，汉庭手机客户端结合了地点服务的酒店预订，提供覆盖全国 80 多个城市的汉庭连锁酒店的查询，还可以按商圈、行政区或指定位置查找最近分店，了解相关的促销活动，查看自己的优惠券等。

你认为汉庭连锁酒店在 APP 中提供 LBS 导店消费功能有必要吗？该功能是否为客户带来了便利呢？

图 4.2.14　汉庭连锁酒店 APP

五、分享互动

APP 能提供社交平台分享，在微信、微博等平台分享，企业可直接面对目标人群，见效快、投入少，为企业精准营销提供了可能性，如图 4.2.15 所示。

例 1：微博互动。

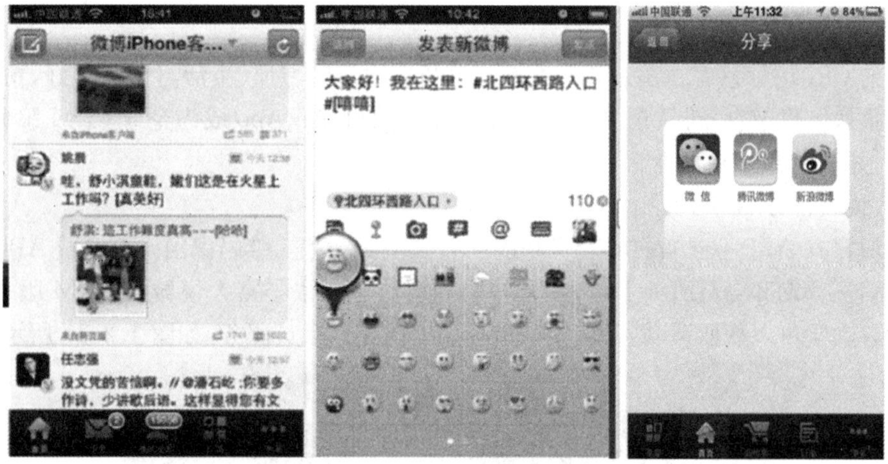

图 4.2.15　微博互动

例 2：平台互动。

通过留言或者电话直播，直接掌握消费者反馈的信息，提供更好的产品和服务；增加商户的吸引力和信誉，提高成交率，如图 4.2.16 所示。

图 4.2.16　平台互动

六、企业的 CRM 系统

企业的 CRM 系统(客户关系管理系统)，分析客户消费习惯、生活习惯和喜好，精准、及时地向客户推送优惠信息、新品介绍等，让精准营销成为可能。App 成为企业 CRM 服务体系的重要部分，并承担部分数据搜集工作。

例：大悦城官方 APP。

大悦城官方 APP 登录首页和会员功能区有大型活动和二维码识别。大悦城 APP 作为移动终端的信息查询和会员服务平台，配合官网和会员中心去丰富大悦城的 CRM 服务管理体系。通过移动端可以获取活动资讯、楼层指引、品牌信息、会员服务，如图 4.2.17 所示。

图 4.2.17　大悦城官方 APP

● **想一想**

APP营销是CRM服务管理体系和实现大悦城互联网化目标的核心，以上例大悦城官方APP为例，APP中的会员服务应该实现一些什么功能呢？

● **友情提示**

大悦城APP规划中赋予了其重要任务：开拓移动终端会员招募渠道；实现积分查询、兑换、优惠券下载；推送精准定向的活动及商户信息；实现点评分享消费体验；与线下推广互动结合，增加大悦城购物体验性等，见表4.2.10。

表4.2.10

功能介绍															
首页广告界面	首页搜索功能	泊车提示	会员申请	会员登录	积分查询	积分兑换	兑换历史查询	消费历史查询	信息推送	会员点评分事	会员收藏	位置定位	最近店铺推荐	线上购买支付	线上产品预定

● **做一做**

图4.2.18为大润发APP会员功能模块截图，商户会员卡全面升级，实物卡变虚拟卡，变单向推送为双向沟通，你觉得企业这样做的目的是什么？

图4.2.18　大润发APP

【活动评价】

林菲儿非常感谢李伶给她举出的丰富的例子，听她讲完才觉得原来 APP 营销有这么多功能模块，渗入了生活的方方面面。她也意识到正是因为 APP 营销功能的丰富性，才在这个时代如此受欢迎，而且营销效果如此之好。

活动三：了解 APP 营销的营销模式

【活动背景】

在了解了 APP 营销的功能之后，李伶又开始为林菲儿讲解 APP 营销的营销模式。因为只有真正掌握了 APP 的营销模式，才能分辨出什么是 APP 营销。

【活动实施】

一、广告营销

在众多的功能性应用和游戏应用中，植入广告是最基本的模式，广告主通过植入动态广告栏形式进行广告植入，当用户点击广告栏的时候就会进入网站链接，可以了解广告主详情或者参与活动，这种模式操作简单，只要将广告投放到那些下载量比较大的应用上就能达到良好的传播效果，如图 4.2.19 所示。

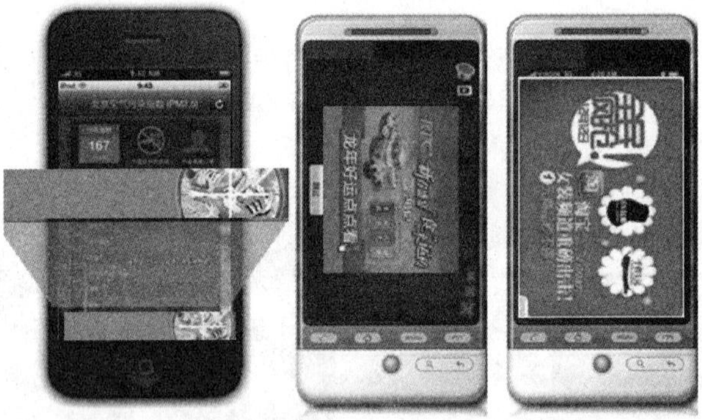

图 4.2.19 APP 上的广告

● **想一想**

APP 广告营销除了以上这三种形式，还有其他形式吗？

● **友情提示**

目前的 APP 广告形式主要有以下几种：手机 APP Banner 广告、启动屏广告、插屏广告、推荐墙、积分墙、视屏广告等。

其中，手机 APP 软件的 Banner 广告是目前最普遍的 APP 广告展现形式，通常出现在顶部和底部。这种 APP 的广告身量小，收益也比较平稳，大多数 APP 开发者也会选择此种类型的广告。Banner 优点在于展示量大、媒体覆盖面广，缺点是点击率和转化率相对其他广告形式较差。

二、APP 植入

1. 内容植入

例：疯狂猜图 APP。

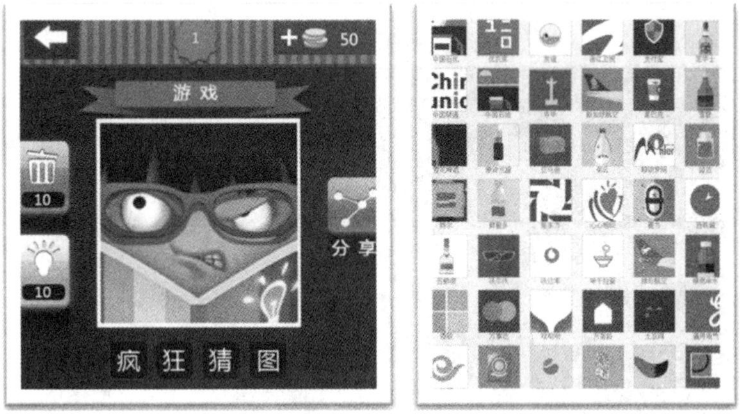

图 4.2.20　疯狂猜图 APP

该游戏融入广告品牌营销，把 Nike、IKEA 之类的品牌作为关键词，既达到了广告宣传效果，又不影响用户玩游戏，而且因为融入了用户的互动，广告效果更好，如图 4.2.20 所示。所以企业最好是接与自己应用用户群贴近的广告主，这样的广告既能给用户创造价值，又不会引起用户反感，而且点击率会比较高，因此能获得较高的收益。

2. 内容植入

例：人人餐厅 APP。

这款 APP 游戏中，将伊利舒化奶作为游戏的一个道具植入其中，让消费者在游戏的同时对伊利舒化奶产品产生独特诉求认知与记忆，提升品牌或产品知名度，在消费者心中树立企业的品牌形象，如图 4.2.21 所示。同时 APP 的受众群体较多，这样的直接的道具植入有利于提升企业品牌的偏好度。

图 4.2.21　人人餐厅 APP

3. 道具植入

例：抢车位 APP。

在这款抢车位游戏中，最突出的就是 MOTO 手机广告，将 MOTO 的手机广告作为停车位的一个背景图标，给消费者无形中植入了 MOTO 的品牌形象，如图 4.2.22 所示。游戏中还提到“用 MOTO 手机车位背景，每天可得 100 金钱”，这样的奖励广告驱使游戏玩家使用该背景，这些奖励当然是真的，但这确实是企业的广告。

图 4.2.22　抢车位 APP

三、用户营销

这种营销模式主要的应用类型是网站移植类和品牌应用类，企业把符合自己定位的应用发布到应用商店内，供智能手机用户下载，用户利用这种应用可以很直观地了解企业的信息，用户是应用的使用者，手机应用成为用户的一种工具，能够为用户的生活提供便利性。这种营销模式具有很强的实验价值，让用户了解产品，增强产品信心，提升品牌美誉度。

例：星巴克 EarlyBird APP。

星巴克推出一款别具匠心的闹钟形态的 APP EarlyBird（早起鸟），用户在设定的起床时间闹铃响起后，只需按提示点击起床按钮，就可得到一颗星，如果能在一小时内走进任一星巴克店，就能买到一杯打折的咖啡，如图 4.2.23 所示。

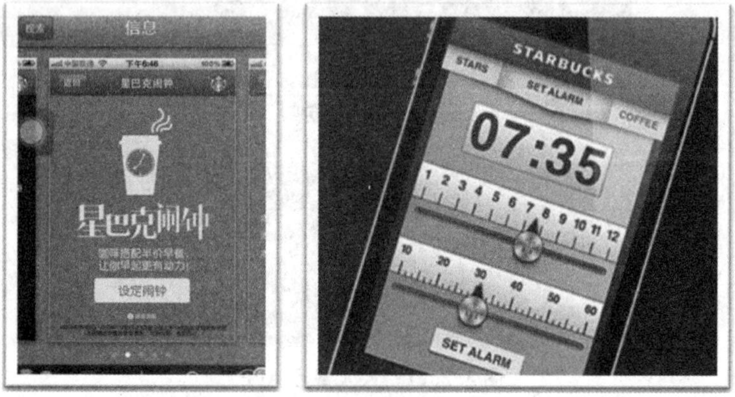

图 4.3.23　星巴克 EarlyBird APP

● **想一想**

星巴克的这款创意 APP 对用户来说只是好玩吗？它是怎样提升品牌美誉度的？

● **友情提示**

这款 APP 对于星巴克来说，它担当品牌推广与产品营销的双重重任。清晨的一杯折扣咖啡反映的正是星巴克多年来积极与用户建立对话渠道的缩影，以提醒他们从睁开眼睛的那刻便与这个品牌发生关联，同时还兼具促销的功能。这款在用户眼中不仅好玩而且实用的APP，不露广告痕迹，却将品牌愿望深深地植入用户心间。

四、移植营销

该模式基本上是基于互联网上的购物网站，将购物网站移植到手机上面去，用户可以随时随地地浏览网站获取商品信息，进行下单，这种模式相对于手机购物网站的优势是快速便捷、内容丰富，而且这种应用一般采取很多优惠措施，如图 4.2.24 所示。

例：天猫 APP 与京东商城 APP。

图 4.2.24　天猫 APP 与京东商城 APP

● **做一做**

图 4.2.25 为掌上药店 APP 的截图，该 APP 为用户提供 20 多种大类、上百种小类、上万种药品的说明书和药厂信息，轻松查询；提供您周边药店信息的查询，让您轻松订购药品；提供全国20 000多家医疗机构的信息查询，收藏后可以离线使用药品说明书。请举例说明你知道的 APP 移植营销的例子。

图 4.2.25　掌上药店 APP

五、内容营销

通过优质的内容，吸引到精准的客户和潜在客户从而实现营销的目的。如“汇搭”通过为消费者提供实实在在的搭配技巧，吸引有服饰搭配需求的用户，并向其推荐合适的商品，这不失为一种商家、消费者双赢的营销模式，如图 4.2.26 所示。

例：汇搭 APP。

图 4.2.26　汇搭 APP

【活动评价】

App 营销潜力巨大，是未来移动互联网的必争之地，了解 APP 营销的营销模式非常必要。林菲儿觉得 APP 营销灵活多变，有时候也不必拘泥于具体的方法，只要让消费者心甘情愿地下载应用，就是成功的营销。

任务三　软文营销

情景设计

一对从香港科技大学来北京创业的夫妇，准备在互联网上销售家乡传统方法压榨的胡麻油。这个油的确是当地农民父辈相传的压榨油，食用安全，胡麻香味浓厚。可是他们没有多少资金，也没有厂房，只有农村老家能压榨的胡麻油。他们该怎么办？怎么营销？

经过几次和网络营销专家的碰撞和思考，他们注册了一个商标，又做了一批外包装。他们做了一系列的软文策划，主要是在淘宝店、论坛、博客进行投放，个别文章也在门户网站上进行了投放。没有想到，半个月后这个产品竟然在网上销售了 2 万瓶！而且有两家胡麻油企业主动找上门，一家出价 40 万元要求收购这个品牌，另外一家要求股权合作，这家企业资产规模至少是几千万元。

只有一个简单的企业网站、一个博客、一个注册商标，一个月不到能有企业主动出让股权要求合作，能有人出价 40 万元买商标，凭什么？

任务分解

要想搞清楚胡麻油凭什么商标就卖到40万元，重点还是要弄清楚软文营销的本质和特点，本任务分解为以下几个活动：了解软文及软文营销；软文营销策划与写作；软文营销效果评估。

活动一：了解软文及软文营销

【活动背景】

胡麻油的成功其实也并不神秘，就是借助软文营销这种营销方式。我们身边随处可见软文营销，比如你们看到的一些有趣故事，有可能就是软文营销的一种形式。

【活动实施】

一、认识软文及软文营销

“软文”是指通过特定的方式使消费者走进企业设定的“思维圈”，以强有力的针对性心理攻击，迅速实现品牌认同及产品销售的文字、图片、口头传播的文字或者文字的组合就是软文，如图4.3.1所示。软文是软文营销的基本工具和手段，是软文营销的核心。

图4.3.1　杂志上的软文营销

二、根据体裁分类

软文可分两大类：

(1)文章体裁：分为记叙文、议论文、说明文。

(2)文学体裁：小说、诗歌、戏剧、散文。

根据人们的理解方式，软文分为传统软文和网络软文，见表4.3.1。

表 4.3.1 传统软文与网络软文对比表

特点	传统软文	网络软文
介质	以印刷或者打印为基础的表现形式	门户网站、博客、微信微博、电子书、企业或者个人网站
成本	撰写要求高,发布成本高	可根据不同传播途径的特点撰写,形式更灵活,发布可以付费也可以免费
发布时间	因审稿、校对、上版等原因,时间长	随时
覆盖面	限于媒介的传播范围	不受限
针对性	很难找到精准的目标人群	结合搜索引擎,可以找到精准的目标受众
寿命周期	短,难保存,阅读率低	长,只要服务器不出问题,永远存在
整合性	较差,不同媒体审稿标准、收费标准、出版周期不一致	撰写完成一篇网络软文,可以根据不同传播途径进行再次修改、提炼,在同一时间段可以进行整合
客户体验	差,需要拨打电话咨询或者再次上网检索获取信息	强,通过嵌入的图片或链接,点一下鼠标即可获取信息
互动性	差,需要向媒介反馈	强,可直接回复

● **做一做**

思考下面这则软文是什么体裁的软文？它想传达的产品信息是什么？

是否你还记得那场雨

“有些人走着走着就散了,有些梦做着做着就醒了,有多少无人能懂的不快乐就有多少无能为力的不舍……”是的,梦醒了,人走了,只有那把伞还伴我左右!

那时我们还很懵懂,不懂什么是爱,只知道我很喜欢和他一起,哪怕是在走在一起不讲话,好像也很惬意。第一次约会是在一个大雨滂沱的夏夜,其实并不是一次正式的约会。在家里看书的我,发现手机响了一声,一看很欣喜地发现是他给我发了短信

“笨蛋,你在干嘛？外面下着好大雨……”

“你带伞了吗?”

“刚才出门忘了带”

“我给你送吧?”

“下这么大雨,你还是不要来了。我可以打车的。”

虽然他说不用,我还是觉着打车也会淋雨的,屁颠屁颠地拿着伞出门了,伞有点破,但他并没有介意……

第二天,他拿着一把很漂亮的金瓯牌雨伞来到我的面前,“昨天很感谢你,这把伞以示感谢,望您老笑纳!”伞很漂亮,是金瓯公主伞。事不如人愿,梦终究还是醒了,人还是散了。这么些年过去了,这把伞依旧一直在我身边,伴我左右。然而你不见了,走着走着我怎么就把你给弄丢了呢?

百度也找不回了……

雨伞还在,你又在哪？是否你还记得那把伞？是否你也会在我想你的时候想起我?

● **想一想**

传统软文与网络软文的区别有哪些?

【活动评价】

软文呈现的方式非常多。来北京创业的夫妇终于搞清楚了什么是软文营销，接下来他们想搞清楚该如何给产品策划软文营销。

活动二：软文营销策划与写作

【活动背景】

胡麻油系列软文标题如下：(1)我们家的千里运油线；(2)在中国，亲历一场悲怆的食品革命；(3)香港女博士回大陆创办食品安全联盟；(4)写给在绝望中寻找希望的人们；(5)携手互助，拯救襁褓中的孩子，如图 4.3.2 所示。

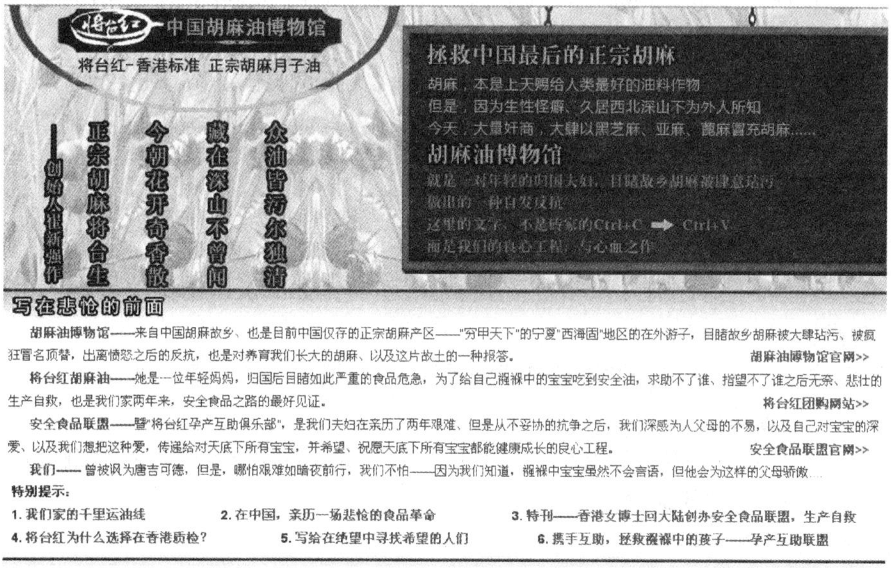

图 4.3.2　胡麻油系列软文

胡麻油软文营销能够得到成功，是如何策划和写作的呢？

【活动实施】

一、软文营销策划

是指企业的市场营销人员根据企业的产品或服务特征，结合企业经营管理过程中的各个阶段的具体情况，以及当前及未来一段时间的市场需求变化趋势而制定的软文营销计划，其要素见表 4.3.2。

表 4.3.2　　**软文营销策划案要素表**

行动目标	撰写角度	投放渠道	数量	投放时间	费用预算

二、软文营销策划主要内容

1. 确定软文形式

软文创作的表现形式、特点和原则方法，到底什么样的，软文形式呈现在网友面前会得到更多的点击吗？不同的软文形式决定了其营销的价值性。那么软文营销都包括哪些形式呢？

(1)软文报道型:以媒体记者身份发出,具备官方和权威性,直接展现企业实力、品牌形象。官方口吻报道,配合官方媒体传播平台,能大大增强报道的真实性、权威性、不可辩驳性,从而有力地提升了企业实力、正面形象。同时也增强了真实性、可信性。

(2)用户体验型:以一般用户或者第三方的真实体验,传播品牌或者产品的优点、正面形象、企业实力、服务质量等。这种方法能悄无声息地对消费者和潜在客户产生良好关联或影响。以上我们对凡客诚品的分析案例中,此类报道较为常见。

(3)故事讲述型:以讲故事的口吻,娓娓道来。能起到"随风潜入夜,润物细无声"的作用。

(4)专访、采访型:主要采用访谈录等,通过访谈可以深入到各个方面进行宣传品牌信息。当然,所采访的对象必须达到了一定的高度才可以实施,否则就有王婆卖瓜自卖自夸的嫌疑。

(5)评论、批评型:以正面或者争议评论为主。当然为了打击竞争对手,有时会采取负面评论。

(6)利用网络事件、民生热点型:目前网络热点软文报道层出不穷,只要拥有敏锐的洞悉能力,就能把其中一些拿为己用。前提是能找到热点和自身业务的关联性,这是制造事件营销的最好载体。

(7)网络热帖型:这个现在利用的比较多。网络上有很多帖子流传很广泛,具备非凡的传播能力。在进行软文创作时,就可以利用这些网络热帖进行巧妙的加工,然后进行二次传播。这个加工强调巧妙,不露任何蛛丝马迹,不能太牵强。比如"2010 年搞笑版抠门省钱十大秘籍",诸如此类。

(8)傍大款型:这也是现今讨论最热门的话题,尽量把自己和行业内的巨头、领先企业相提并论,从而达到借势的目的。

(9)总结归纳型:对一些话题和问题进行归纳性总结,然后把自己巧妙地融合进去。比如"2013 年十大……"之类的话题。

2. 标题策划要点

信息时代是眼球经济,能不能在一瞬间打动网民,标题尤为重要。

衡量一个好标题的依据是:A. 要突出关键词;B. 具有很强的吸引力;C. 短小简练易记;D. 要具体不要太抽象。

在传统媒体,标题的设计一样很重要,现在是信息爆炸时代,不可能要求人们用太多时间去阅读你的内容。

3. 内容编辑要点

(1)软性广告的植入要巧妙,如图 4.3.3 所示。

牵强和明显的软文广告会引起人们的负面感受。过去有一种做法很常见,比如推广一个网站,牵强地把网站名称和域名糅合到文章里,其实这是最蹩脚的做法,也达不到二次传播的效果。

(2)利益与争议,引起好奇围观。

任何软文都能带动一部分的关注,这是因为软文总能涉及某一部分人的利益和争议。不管是横向关联还是纵向关联,所有的事件都会吸引一部分或者大部分人的关注,也能达到通过网络病毒式传播的目的。比如最近热炒的"电动车纳入机动车管理"的软文。四川自行车协会就公开表示质疑。我估计大部分人都和我一样,此前从没有人听说过这样的一个自行车协会。这个协会就借用事件的发生成功地为自己进行了营销宣传。这好比在中国,只要街头有几个人围在一起,很快就有更多的人围观一样。因此网络推广最喜欢借用涉及争议和利益等的社

图 4.3.3　《欢乐颂》软性广告植入

会事件、民生热点、争议话题进行软性推广。

(3)题材和内容要新颖、奇特,具备软文性。

奇特、新颖、具备强烈软文性的事物和事件总能吸引人们的过多关注。在策划软文时要注意这些特点,没有这些特点就达不到被动传播的效果。

4. 发布平台的选择

除了电视、广播的软性植入外,较为常用的渠道有:平面媒体,如报纸、杂志、期刊等;网络媒体,全国及地方性门户网站,如新浪、搜狐、中国网等;搜索引擎,如百度知道、百度文库、网易有道、好 123 等;网络论坛,如新浪论坛、网易论坛、天涯社区等;博客,企业自己在各大门户网站上开设的博客;微博,特别是影响力最大的名博;微信,动员一切能动员的资源在微信圈子里发布;分类信息网站,如 58 同城、赶集网等;资源性平台,如百度文库、豆瓣网等,如图 4.3.4 所示。

图 4.3.4　软文发布平台

注意:

根据项目分析,我们可以将软文投放平台分为以下三类,见表 4.3.3。

表 4.3.3 投放平台分类表

项目	简介	优势	资源介绍	建议
门户网站发稿	在新浪、搜狐、腾讯等大型门户网站发布企业信息，宣传企业品牌。	因为网络的虚拟性，企业网络营销的一个最大的问题就是缺乏信任度。利用门户网站优势，塑造企业良好形象，提升用户转化率。	门户类：新浪、搜狐、腾讯、网易、TOM、雅虎、人民网、新华网、凤凰网。	在企业网站开设“媒体报道”栏目，把媒体发布的软文截图、内容和链接发布在企业网站，或在企业软文中对源报道软文进行转载。
论坛置顶加精	根据企业产品或服务特点，选择行业论坛或影响力大的论坛发帖推广，针对目标人群。	目标人群集中，针对性强；提高企业品牌知名度，容易开展品牌口碑宣传，提高销售量；易于及时收集企业信息发布，调整推广思路。	新浪论坛、腾讯论坛、搜狐论坛、网易论坛、雅虎论坛、猫扑论坛、天涯社区、豆瓣社区。	选择精准的论坛，如猫扑、豆瓣等。
博客平台	根据企业产品或服务特点，选择影响力较大的博客平台。	人群集中，具有一定的推广优势。	新浪博客、腾讯 QQ 空间、搜狐博客等。	在博客中导入链接，以及在企业网站中注明企业的博客地址及链接。

● **想一想**

软文营销策划阶段需要做哪几件事情？

三、软文发布

软文撰写完成后，需要对整篇文章做整体筛查，主要查看文章的错别字、词语搭配错误、标点符号使用错误，页面整体效果、阅读流畅度等内容，以保证所发布文章的准确性。具体可考虑通过以下几项来筛查：

1. 标题修改

软文标题的修改，主要在于判断编写好的标题是否已将该软文的内容完全概括并准确表达，是否存在“标题党”的问题，标题和文章内容是否一致。若在自己的网站平台中，也可将分段落的小标题修改为加粗显示，更强调其主旨内容，也便于搜索引擎收录。突出显示，也便于网友阅读。

2. 段落层次修改

从软文段落上看，判断段落结构是否清晰，现存的几个段落是否能够将内容概括性地描述完整，再看段落层次上顺序是否正确，是否是段落递进关系。

3. 语法错误修改

语法错误修改主要是在整篇软文内容中查看文中的词语表达是否有语法错误，这里的语法错误包含常见词语错用、常见异形词误用、常见数字用法错误、标点符号使用错误、词性误用、搭配不当、成分残缺、语序不当、结构歧义、句式误用、指代不明、冗杂、苟简、费解、虚词使用不当、数量表达不清等。

4. 错别字筛查

编写完整篇软文后要整篇筛查修改错别字，避免犯最基本的错误。一篇软文写得再好，但文中还有错别字出现，那确实就会降低其专业水平，降低读者再次阅读的兴趣。虽说出错在所难免，但尽量将这种低级错误避免也是网络编辑责任心的体现。

在完成了软文整体检查后，就可以根据策划完成软文投放了。消费者的定位决定了营销过程中广告风格的设计、广告渠道的选择方向，从而保证良好的用户体验以及高效的投放效果。

而在投放渠道上除了门户网站必需的覆盖式投放以提升知名度和影响力之外，更加侧重的应该是垂直类网站，以精确锁定消费者，进行定向投放，节约成本提高效率。

● **想一想**

如何让消费者因为好奇围观软文？

● **做一做**

阅读以下软文：软性广告是如何巧妙植入的？

小女孩的十大可爱梦想

事业一定要有，但不得太大；太大则天天有人请示汇报，劳心！

老公一定要有，但不能太小或太老；太小需要哄着，太老则无趣！

爱好一定要多，但手艺不得太精；太精则费时又伤神！

儿子一定要有，但不得太帅；太帅了，小女生常常来敲门！

化妆品一定要精，但牌子不能太杂，太杂会伤皮肤，雅诗兰黛就行！

服装一定要有品位，龙笛、宝姿中挑自己合口位的即可；不一定要古琦什么的！

貂裘一定要有，但不得常穿，常穿则有退化之嫌，还会遭动物保护协会打搅！

旅行一定要多，但不得过频，过频则是为航空公司捐款！

QQ 聊天一定要会，但不得太久，太久则不用化妆也会像可爱的大熊猫！

在论坛一定要写东西，但不宜太多，太多则会被误为写手加枪手。

【活动评价】

来北京创业的夫妇终于弄懂了软文营销策划的主要内容和在网络上发布的方法，接下来他们很想了解他们发布的软文效果如何。

活动三：软文营销效果评估

【活动背景】

如何评估胡麻油软文营销的效果？

【活动实施】

一、软文评估的意义

就像企业开展的效果评估一样，对于员工来讲是一种鞭策，更重要的是对提升企业经营业绩具有重要的作用。软文营销的效果评估作用同样如此。无论是中小企业将软文营销外包，还是企业内部组建团队实施的软文营销，客观地对软文营销的效果进行评估都有两个方面的现实意义。

首先，对于软文营销本身来讲，能够通过效果评估，去鞭策我们进一步思考软文营销下一个流程的工作重点应该放到哪里。也能够及时总结好的经验，为下一步提高软文营销的水平奠定基础。

其次，对于实施软文营销的团队来讲，也是一种学习和进步的机会。软文营销涉及的环节比较多，影响因素比较复杂，软文营销效果评估能够客观上使软文营销团队注重调研、思考，有利于软文营销团队与企业的市场部、销售部及其他部门的团队合作。

● **想一想**

软文营销评估对营销效果的把握是否重要?

二、软文营销评估的方法

我们认为,软文营销对于企业认知度的提高、产品线下的销售促进等作用是不容忽视的,即便不能进行数据统计,但效果客观存在,也能够通过一些客观的指标做一个相对客观的效果评估。

结合大量的时间案例,对软文营销效果评估方法总结为以下几种:

1. 成本评估法

主要针对销售为导向的企业。将实施软文营销周期内的销售业绩与同时期对比,软文营销投入的费用与业绩增长额对比,如果远远超出业绩增长额,那么软文营销的效果毋庸置疑。这种方法适合评价平面软文和网络软文。

2. 搜索引擎收录评估法

主要针对网络门户软文。在实施网络软文营销之前,分别在百度网页和百度新闻格式下检索相关关键词,记录检索到的数字结果。软文营销实施后,将检索结果进行对比。还可以增加谷歌、搜狗的检索对比。三个主要搜索引擎已经能够客观评价网络软文的收录效果了。

3. 转载率评价法

也可以简单理解为二次传播量评价法。无论是平面软文还是网络软文全部适用。平面媒体的软文引起网民主动引用或者评价了,即可认为是一次二次传播。网络软文主要看网站、论坛的帖子转载量了。

4. 流量分析评价法

主要针对推广网站的网络软文为网站带来了多少点击量,这个通过站长工具可以非常精准地统计出来。这个评价方法最客观。

5. 置顶率评价法

主要针对网络论坛中的帖子形式软文,简单来说就是有多少次被置顶。

必须指出的是,软文营销的效果评估不能绝对化,因为在个别情况下,软文的行动目标不一定是销售,有可能是危机公关,也有可能是信息反馈。我们建议软文营销的效果评估将以上几个方法综合考虑。

● **想一想**

你们常用的软文营销评估的方法有哪些? 效果如何?

● **做一做**

评估图 4.3.5 中国江苏网《〈欢乐颂〉安迪保持好身材的秘密武器》这则软文营销的营销效果。

● **知识窗**

软文发布的时间选择:

平面媒体尽量在有重大选题的期刊刊登,因为有重大选题的档期,报纸的销量和传阅率都会明显增加。

网络媒体软文,尽量选择在周一至周五的上午 10~11 点投放,因为很多的网站会在这一时间段内转载文章。

新浪微博的微博用户一般在周三、周四互动最集中,周五、六、日更活跃,是最佳的反馈和

《欢乐颂》安迪保持好身材的秘密武器

2016年05月17日 17:08
来源：中国江苏网　　30人参与　30评论

原标题：《欢乐颂》安迪保持好身材的秘密武器

《欢乐颂》完美收官，五美霸屏多少天来早已刷爆朋友圈。性格、职业、年龄、家庭背景迥异的五位姑娘各有魅力，其中最受欢迎的莫过于天才女强人安迪，漂亮、帅气、有气质、有能力，这样开挂的人生，真是让人有羡慕有嫉妒，唯独没有恨。

图 4.3.5

转载期。通常的下班后(18～23 点)营销的价值大，企业可以做一下关注。周末午后(13～14 点)和晚饭后(17～20 点)用户互动更加积极。

【活动评价】

来北京创业的夫妇通过学习又掌握了评估软文营销的方法，很快他们就了解自己做的软文推广的效果。

任务四　论坛营销

情景设计

美佳所在的电商创业团队打算新学期在学校内推广某公司一款重磅新品——亲体配方防晒霜。该款产品基于全球最新皮肤研究成果同步全球最新版本配方。该产品在有效隔离紫外线的同时也能更好地保湿护肤。业内普遍看好该产品的市场前景。团队交给文案策划组一个任务：在互联网上为这款新品防晒霜制造话题，让更多的人注意到这款新品，使其与线下宣传完美结合，赢得市场。美佳作为策划组组长，召开小组会议，分析讨论了各种宣传手段，最终确定为期三阶段的营销方案。

- **知识窗**

论坛营销就是企业利用论坛这种网络交流的平台，通过文字、图片、视频等方式发布企业的产品和服务的信息，从而让目标客户更加深刻地了解企业的产品和服务。最终达到宣传企业的品牌、加深市场认知度的网络营销活动。

任务分解

本任务分解为以下几个活动:策划论坛营销方案;撰写和发布论坛帖子;跟踪论坛帖子。

备战工具:联网电脑 3 台,论坛马甲账号 30 个。

活动一:策划论坛营销方案

【活动背景】

无法落地的吆喝是白吆喝,无法让用户感同身受的营销是失败的营销。我们要做的就是把论坛营销场景化,融入日常生活中。美佳团队深入了解学生的各种服务场景,找到与学生生活服务息息相关的环节。抓住新学期各大院校都要展开新生军训活动为契机,宣传防晒防尘的理念,通过论坛建立粉丝文化、与用户深度互动,顺利打造本公司品牌。

【活动实施】

第一,先在某时尚论坛搜索关于“防晒霜”的论坛讨论情况,如图 4.4.1 所示。

图 4.4.1

第二,注册相关马甲账号。各大论坛的注册方式都大同小异,一般是与用户的手机号码或者邮箱绑定在一起。这点在平时推广工作中要注意积累,账号要经常登录,赚取论坛积分,培养高等级的账号,如图 4.4.2 所示。

- **想一想**

什么是马甲账号?如何更好地培养账号?

图 4.4.2

【活动评价】

论坛的两极分化很明显，高人气的论坛内容愈加丰富，而内容单调的论坛人气也不会高。所以平时要注意积累，经常关注网络最新动态。美佳团队在办公室内加班加点，研究同类竞品的论坛营销手段。

活动二：撰写和发布论坛帖子

【活动背景】

网上各大论坛一般都设定了用户组权限，只有在论坛里待的时间长，登记足够高，才能够有足够的自由度来进行后续的推广工作。在发布论坛帖子时，标题和内容的设计是重点，能够吸引网友的关注自然就能获得不错的推广效果。

【活动实施】

一、了解热门论坛

同事子琪的工作任务就是收集整理国内反响较大、受众较广、学生群体较集中的论坛，并且要查看其中关于化妆品的话题热度如何。

学生逛得最多的就是百度各大贴吧，特别是学生所在院校的贴吧。而关于化妆品的讨论，学生逛得比较多的论坛有 YOKA 时尚论坛、豆瓣小组、美丽说、蘑菇街等论坛。

二、写好帖子

每个论坛都有意见领袖，一定要注意论坛中意见领袖的舆论走向。此外帖子要做到精品贴是要付出一定精力的。

帖子标题决定了网友是否有兴趣点击，没有被关注的帖子就没有价值。一般论坛都会有不同的版块，每个版块对发帖标题和内容都有一定的要求，比如在数码产品版块发布减肥产品的帖子，那就一定会被删帖。

帖子的内容要遵循相关度和丰满度的原则。相关度就是标题和内容要相关，文章和论坛版块要相关。丰满度是指写作风格、排版格式、文章深度。写作风格多种多样，叙事、评论、剧本等都能达到吸引网友的目的。文章排版格式最好能以图配文。而文章的深度是精品帖的必要条件，有深度的文章才能引起大家的讨论空间。

最后写作能力最好的小敏写好帖子后，由子琪帮忙发布到YOKA时尚论坛和豆瓣小组等论坛，如图4.4.3所示。

图 4.4.3

【活动评价】

子琪连续一周的工作状态就是早上上班开电脑，上网浏览各大论坛，查看论坛中最热的今日话题，在帖子底下回复自己的看法，积累论坛中的威望。每天至少注册 10 个马甲账号，用于之后的推广工作。逛的论坛多了，子琪发现每个论坛热度较高的帖子都有相似的特点：交流经验心得，引起网友共鸣。

活动三：跟踪论坛帖子

【活动背景】

论坛推广的一大特点就是互动性，看帖的人会通过关注帖子的点击量和回复量来鉴别帖子受欢迎程度。只有找到用户真正的购买心理需求，才能得到用户对你的正反馈。帖子发布后，要定期回访帖子，检查帖子是否被删除，是否被“加精”“置顶”，是否有人回复提出质疑等。

【活动实施】

采取责任制，策划组成员每人每天负责盯着一个论坛，查看发布的帖子的效果。

第一天，帖子在论坛第一页，位置很好，很快就有访客留言，回答问题，如图 4.4.4 所示。

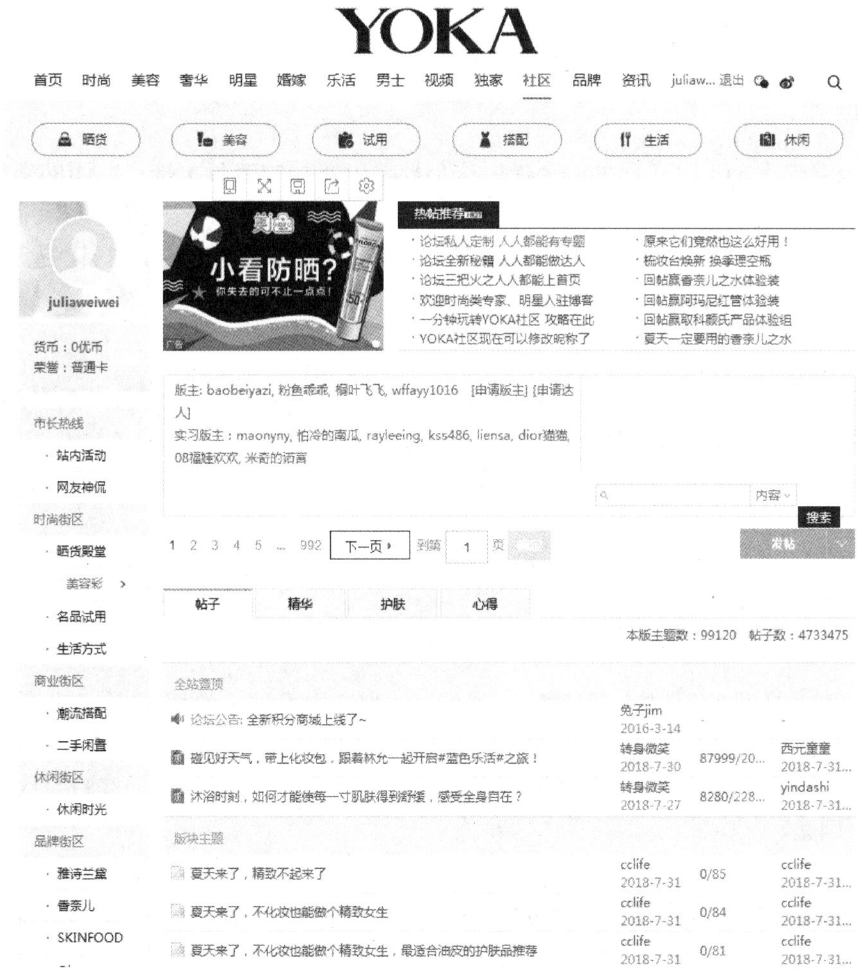

图 4.4.4

第二天，帖子退到第 3 页，每位成员都用马甲账号回复帖子，使得帖子热度上升(也就是所谓的“盖楼”)。

第三天，帖子被管理员推荐，帖子“加精”，终于会有更多的人看到这篇帖子了。

● **友情提示**

帖子发布完不是万事无忧了，绝对不能置之不理，还要每天追踪查看其反响，及时引导舆论导向，若发现问题能立即采取相关措施。

【活动评价】

论坛营销效果需要统计的参数：(1)发布论坛数；(2)发布主题数；(3)帖子浏览量；(4)帖子回复量；(5)帖子被加精；(6)置顶、首推等管理操作；(7)删帖率。

帖子被论坛置顶，一段时期内留在论坛首页，让每位访客进入网站都能马上看到这些帖子，有效地宣传到产品，扩大产品的知名度，成功地打开学生市场。美佳的策划组也完满地完成任务了。

任务五　邮件营销

情景设计

“三七女生节”快到了，美团网站要借用这个校园内流行的节日来推广美团的新用户。在此期间，女生新用户可专享很多优惠，如一元看电影、一元吃美食等。美团网打算给学校创业团队青苹果一个任务：利用邮件给潜在客户推送“三七女生节”相关优惠信息，让更多新用户加入美团。

● **知识窗**

电子邮件营销 EDM，即 Email Direct Marketing 的缩写，是在用户事先许可的前提下，通过电子邮件的方式向目标用户传递价值信息的一种网络营销手段。

任务分解

本任务分解为以下几个活动：邮件营销中标题的编写；邮件营销中内容的编写。

活动一：邮件营销中标题的编写

当邮件进入收件箱后，邮件标题会显示在邮件列表中发件人的后面，有些收件箱的邮件列表里会显示发件人、邮件标题和少量邮件内容(内容开始的部分)，而有的则只显示发件人及邮件标题。由此邮件标题成为邮件营销中最为重要的部分，它可以是目标客户是否决定打开邮件的唯一因素。

【活动背景】

青苹果创业团队首先申请本次任务特定的邮箱，然后团队成员共同讨论拟写若干个本次活动的标题，从中挑选最优标题。

【活动实施】

步骤一：申请本次邮件营销活动的专用邮箱，如图 4.5.1 所示。

图 4.5.1

步骤二：拟写邮件的标题。

邮件标题要遵循以下原则：

1. 邮件主题行越短越好

邮件主题行写太长是大多数公司的通病，而且还有一个致命的问题是没有对移动端进行优化。PC 端一个典型的收件箱可以显示 60 个字符的电子邮件主题行，但在手机上仅显示 25～30 个字符，所以建议用 6～8 个字切中要害。

2. 关键词要首先亮相

50%以上的邮件都在手机上阅读，这就是关键词为什么一定要放在邮件主题行开头的原因。比如你可以把“信息图”或者“免费网络研讨会”作为开头。

3. 突出表明你能提供的价值

你的主题行一定要及时明确地传达能为读者带来什么。邮件主题行的初衷是激发读者的阅读兴趣。而引起兴趣的关键是能为读者提供东西，对他们真正有所帮助。无论你提供的是发声的机会，还是打折、免费服务，总之要在主题行开门见山地有所表达。

4. 个性化的邮件主题行

收到主题行含有自己名字的邮件，总是让人倍感亲切，因为这弱化了商业世界的冰冷，让人觉得与自己息息相关。个性化的邮件主题行也是吸引读者点击阅读的最佳方式。比如“Tom，快看如何与你的竞争对手比较”“提高 XX 公司(用户公司)流量 25%的办法”。

5. 一定要让主题行言简意赅

一封成功的营销邮件归根到底是号召一次行动，因而主题行就要鲜明表达。读者最不想看到的就是有意混淆他的理解力的信息，应该坦率地告诉读者你想表达的信息，以及读者如何从中获取有用的信息。

6. 通过时限来限制营销活动

为了夺人眼球并说服读者参与互动，不妨考虑做一个最后期限的限制。这里看似有限其实是赋予产品更多价值，时间设限的常用方式包括“马上回应”“立即注册”“空间有限，即刻回复”等。

按照以上标题的编写原则，创业小组拟写了5个标题，再从中选择最具吸引力的一个，如图4.5.2所示。

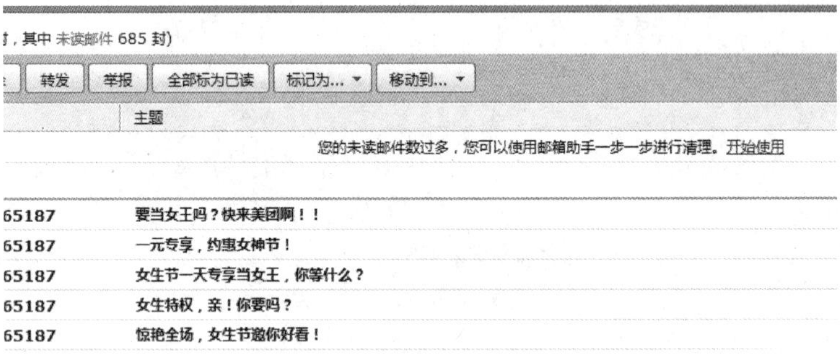

图 4.5.2

● **做一做**

请大家编写美团的“五一”节日活动邮件标题。

【活动评价】

青苹果创业团队掌握了编辑邮件标题的方法，能自如撰写恰当的邮件标题。

活动二：邮件营销中正文的编写

当目标客户点击我们的邮件后浏览邮件正文，正文的内容决定了该邮件的转化情况。所以邮件正文内容也是至关重要的。

【活动背景】

青苹果创业团队筛选出富有吸引力的标题后，再通过拟写正文并发送给目标及潜在客户。

【活动实施】

步骤一，确定正文内容的格式。

制作邮件常用的格式是HTML格式和TXT格式两种，HTML格式是单页面，使用HTML语言来编写邮件；TXT格式是纯文本信息，使用纯文字来撰写。一般默认都是HTML格式的邮件，因为目前邮箱客户端默认接收的形式是HTML，不过目前有些客户端HTML和TXT两种内容都可以识别。在这里建议两种格式的都做，避免有些用户将接收的邮件以TXT格式阅读，这时HTML的邮件就失效了。

步骤二，确定正文内容的布局。

采用HTML的邮件内容不是单纯的文字，还有图片，图片的运用可以增强吸引用户的眼球。设计邮件内容不要使用整张大图，或全部是图片，最好是文字和图片相协调。邮件内容的文案撰写需要简而精，直接告诉用户需要做什么或说出产品或服务的重点。

步骤三，确定正文内容。

千万不要长篇大论，你写得再好也不会有用户花时间去阅读你的邮件。简短，精要地撰写邮件内容，让用户在最短的时间内知道邮件的核心是什么的。邮件内容行动号召，在制作邮件时，我们必须在显眼的地方告诉用户需要做什么，给用户一个快速，清晰的行动选择。在邮件内容打开的第一屏常见的是告诉用户收到邮件或点击行动号召，可以获得什么好处之类的说明。

邮件内容的撰写不只是如此，还有更多的设计创意。制作邮件内容主要是能够将你表达的信息传递给用户，这才是最重要的，传递对用户有价值的消息，邮件内容就制作成功了。

青苹果团队在实施后制作了如图 4.5.3 所示的邮件正文内容。

图 4.5.3

- **做一做**

请大家编辑一封美团的“五一”节日活动邮件正文。

【活动评价】

青苹果创业团队掌握了针对不同类型的客户撰写不一样的邮件内容的方法。

任务六　事件营销

情景设计

星期一上午 9 点，在公司召开的早会上，经理说公司即将在冬季推出一款新的奶茶饮品，运营部得到的任务是策划一起轰动互联网的事件，通过事件营销在新产品上线之前，提升公司新款饮品的知名度和销量。

通过前面的学习，实习生李伶已经了解了 O2O、SEO，但是怎么策划一场轰动互联网的事件呢？李伶听了詹经理的安排后，心里默默地记下了这几个关键词：话题、事件、爆料。

任务分解

本任务可分解为以下几个活动：了解事件营销；策划和实施事件营销。

活动一：了解事件营销

【活动背景】

云哥告诉李伶："事件营销其实没有我们想象那么高大上，我们身边随处可见事件营销，比如芙蓉姐姐事件、众筹娶媳妇事件、火锅店跪拜领导事件、奶茶妹妹事件和大疆无人机事件。"李伶一听来了兴趣，又要学习新知识啦！

【活动实施】

一、认识事件营销

事件营销(Event Marketing)，国内有人把他直译为"事件营销"或者"活动营销"。事件营销是企业通过策划、组织和利用具有名人效应、新闻价值以及社会影响的人物或事件，引起媒体、社会团体和消费者的兴趣与关注，以求提高企业或产品的知名度、美誉度，树立良好的品牌形象，并最终促成产品或服务的销售目的的手段和方式。

简单地说，事件营销就是通过把握新闻的规律，制造具有新闻价值的事件，并通过具体的操作，让这一新闻事件得以传播，从而达到广告的效果。

事件营销是国内外十分流行的一种公关传播与市场推广手段，是集新闻效应、广告效应、公共关系、形象传播、客户关系于一体，并为新产品推介、品牌展示创造机会，建立品牌识别和品牌定位，形成一种快速提升品牌知名度与美誉度的营销手段。20 世纪 90 年代后期，互联网的飞速发展给事件营销带来了巨大契机。通过网络，一个事件或者一个话题可以更轻松地进行传播和引起关注，成功的事件营销案例开始大量出现。

事件营销其实就是抓住公众的眼球，达到注意力、吸引力、冲击力、辐射力、核主题、裂变力、聚变力、购买力、赞美力、传播力、公益力、炒作力、亲和力、转化力、促销力、吸引力和余波力的聚焦、统一而产生作用，如图 4.6.1 所示。

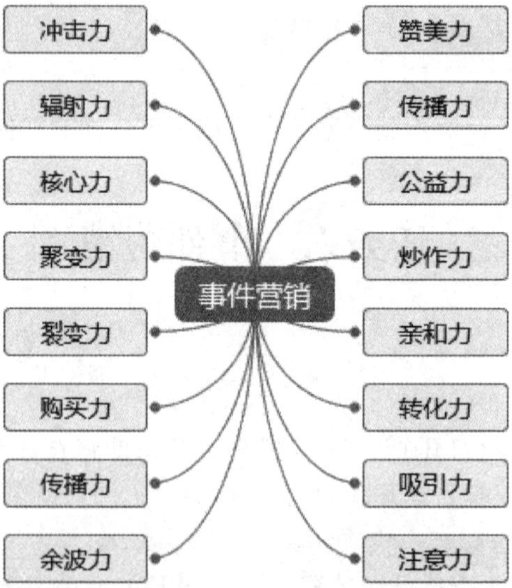

图 4.6.1 事件营销的影响力

互联网时代，随着网络的飞速发展，同时也给事件营销带来无限的商机和契机，于是国内有了第一家专业从事网络事件营销传播的白热化事件营销第一站，互联网这种新兴的传播载体比电视、报纸、杂志、广播等传播工具在操作时更加快捷。通过网络，一个事件可以更轻松便捷地进行传播，并且更容易引起关注，因为其他传统媒体的工作流程虽然规范但是相对复杂，有着诸多不便，而白热化事件营销传播是通过传统媒体报道后，又在互联网上大做文章，引起更大的反响，因为互联网的互动性更强，这样的事件营销效果将会提升好几倍。

二、事件营销的优点

1. 传播速度更快。互联网传播比传统媒体的新闻发布省去了许多新闻评审环节，大大提高了时效性，事件营销能及时、迅速、不受空间限制地传播出去。

2. 传播渠道更广。互联网能让事件营销传播更容易被转载，只要该事件营销的新闻价值够大，就能吸引更多的人来关注，并且能吸引更多的网站编辑来转发，那么新闻很快就会传遍整个世界，而传统媒体一般的转载率是很少的。

3. 事件传播互动性更强。只有互联网才能提供给读者广泛参与、发表意见和互动评论的机会，传统媒体只能一味地让读者看和听，读者有意见但无法当场参与互动，例如白热化事件营销策划是一定要让事件本身带有诸多争议性的，这种争议只有在网上才能引起网民充分的互动评议，并且把事件再传播出去，从而达到事半功倍的效果。

4. 事件营销推广成本较低。事件营销一般主要通过软文形式来表现，从而达到传播的目的，所以事件营销相对于平面媒体广告来说成本要低得多。事件营销最重要的特性是利用现有的非常完善的新闻机器，来达到传播的目的。由于所有的新闻都是免费的，在所有新闻的制作过程中也是没有利益倾向的，所以制作新闻不需要花钱。

活动二：策划和实施事件营销

一、实施事件营销的步骤

1. 善于发现话题

事件营销的根本是能够吸引观众的眼球，比如感动这次文件被抄袭的事件，可以说是互联网环境的一个缩影，而站长基本都遇到过这样的情况，可能很多人已经习惯这样的现象了，但是我们换个角度发现：这样的抄袭行为是多么不正常啊。当然不论是否正常，找到了我们的观众(在这里是站长)的关注点，那么就不失为一次事件营销的好话题。

2. 规划营销方案

发现话题后我们需要迅速做出针对性的反应，也就是制定相应的营销方案，确定营销目标与实施步骤。从内容上来说，我们可以写一篇软文；从渠道上来说，我们可以在微博、贴吧、论坛、QQ 群等平台进行大规模的轰炸。最重要的是我们需要确定选取的角度，显然我们站在广大站长的角度去考虑问题的，因为文章被抄袭不是一个人的事，而是所有站长的事。

3. 人员分配

一次事件营销不可能是一个人能够搞定的，需要我们的团队协作配合。提前分配好团队各个角色承担的任务，能够防止营销开始后造成混乱的场面。比如微博营销，我们以一个微博为主，再让所有参与者都来转发这个微博，这要比大家都使用自己的微博发布同一条信息要好得多。

4. 利于人脉资源

人脉是我们平时积累的，我们需要去认识在我们行业有影响力的人。如果他们帮助我们宣传一下营销的内容可能省去很多力气。无论 SEO 还是网络推广或者事件营销，都不再是技术的时代了，而是人脉的时代。我们不缺想法，而是缺少能够帮助我们实现这些想法的人。

5. 效果监测

事件营销是需要成本的活动，所以我们还要对营销效果进行监测。监测是否达成预期目标，如果未达成，可能是哪些环节出了问题。如果达成，哪些环节还需被改善，这都是我们进行二次事件营销的数据来源支持。

● **想一想**

分析以下案例，说明“ALS 冰冻挑战”作为一个成功的事件营销原因在哪里？

ALS 冰桶挑战可以说是今年夏天的大赢家，它由国外传入并经国内最大的社交平台微博不断发酵。率先接受挑战的是科技界类似于雷军、李彦宏这样的大佬们。而后，娱乐圈的各路明星也纷纷加入活动，使冰桶挑战的热度持续升温。围观的群众表示虽然自己被点到名的可能性非常之小，但看着平日里高高在上的名人们发如此亲民又好玩的视频是一大乐趣。

ALS 的中文全称是“肌萎缩侧索硬化症”，患有此病的波士顿学院的著名棒球运动员 Pete Frates 希望更多人能够关注到这一疾病，于是发起冰桶挑战。活动规则如下，被点名的人要么在 24 小时内完成冰桶挑战，并将相应视频传上社交网站；要么为对抗 ALS 捐出 100 美元。因挑战的规则比较简单，活动得到了病毒般的传播，并在短短一个月内集得了 2.57 亿元的捐款。

二、事件营销成功的秘诀

一次成功的事件营销必须包含下列四个要素之中的一个，这些要素包含的越多，事件营销成功的概率越大。

1. 重要性

指事件内容的重要程度。判断内容重要与否的标准主要看其对社会产生影响的程度。一般来说，对越多的人产生越大的影响，新闻价值越大。

2. 接近性

越是心理上、利益上和地理上与受众接近和相关的事实，新闻价值就越大。心理上接近包含职业、年龄、性别等因素。一般人对自己的出生地、居住地和曾经给自己留下过美好记忆的地方总怀有一种特殊的依恋情感。所以在策划事件营销时必须关注受众的接近性的特点。通常来说，事件关联的点越集中，就越能引起人们的注意。

3. 显著性

新闻中的人物、地点和事件的知名程度越高，新闻价值也越大。国家元首、政府要人、知名人士、历史名城、古迹胜地往往都是出新闻的地方。

4. 新颖性或者趣味性

大多数受众对新奇、反常、温情的东西比较感兴趣。有人认为，人类本身就有天生的好奇心。

● **想一想**

请为公司即将推出的新款绿豆饮料完成事件营销策划方案。

项目总结

随着网络技术的发展和网络用户的增长，网络营销在企业营销中的重要性日益突出，影响力日益增加。在做网络营销时应该注重网络营销的方式和方法。网络营销的方式多种多样，本项目着重介绍了软文营销、论坛营销、邮件营销、陌陌营销、事件营销、SEO 优化、O2O 营销及 APP 营销等八种常用的方法。

每一种营销方法都有其各自的特点，运用哪一种营销方式要根据企业或者个人自身的产品和服务性质来决定，不同类型的产品在推广方面都有各种不同的方法。成功的网络营销不在于营销方法数量使用之多，企业应该从自身产品特点出发，站在用户的角度去分析，挖掘有意向的客户，才能走得更远。

项目检测

一、单选题

1. APP 营销指的是(　　)。

A. 应用程序营销　B. 公共关系营销　C. 事件营销　D. 邮件营销

2. 事件营销的英文是(　　)。

A. Marketing　B. Marketing Management

C. Event Marketing

3. 以下是搜索引擎的是(　　)。

A. 微博　B. 微信　C. 淘宝网　D. 百度

E. 114 电话查号专线

4. 搜索引擎蜘蛛的功能是(　　)。

A. 抓取蚊虫　B. 顺着链接爬行　C. 抓取网页　D. 预处理网页

5. 网站权威性体现在(　　)。

A. 网站设计得很精美　B. 网站的内容很丰富

C. 百度权重高　D. Google PR 比较高

二、多选题

1. 以下属于 APP 营销推广渠道的是(　　)。

A. 百科/文库推广　B. 销售人员推广

C. BBS 论坛推广　D. 手机厂商预装

E. 公关软文推广

2. 事件营销其实就是抓住公众的眼球，达到(　　)的统一。

A. 注意力　B. 吸引力　C. 冲击力　D. 辐射力

E. 想象力

3. O2O 对于平台来说有哪些特点？(　　)

A. 通过在线有效预订等方式合理安排经营，节约成本

B. 对商家有强大的推广作用及其可衡量的推广效果，可吸引大量线下生活服务商家加入

C. 数倍于 C2C、B2C 的现金流

D. 巨大的广告收入空间及形成规模后更多的盈利模式

4. 拟写邮件的标题要遵循的原则有(　　)。

A. 邮件主题行越短越好　B. 关键词要首先亮相

C. 突出表明你能提供的价值　D. 通过时限来限制营销活动

5. 挖掘关键词的主要方法有(　　)。

A. 利用搜索引擎获取竞争对手网站

B. 利用百度搜索建议

C. 利用第三方网站获取竞争对手网站的关键词

D. 利用百度关键词工具做最后拓词。

三、判断题

1. 团购不是 O2O。 （ ）
2. 在数码产品版块也可以发布减肥产品的帖子。 （ ）
3. 邮件内容的文案撰写需要简而精，直接告诉用户需要做什么或说出产品、服务的重点。 （ ）
4. Kewords 用户能直接在网页前台看得到。 （ ）
5. 网站权重是指搜索引擎给网站（包括网页）赋予一定的权威值，对网站（含网页）权威的评估评价。 （ ）

四、简答题

1. O2O 和 B2C、C2C 的共同点和区别各是什么？
2. 请列举出陌陌营销的实施步骤。

五、实训题

和班级同学组成一个团队，策划一个关于某品牌手机的论坛营销方案。可以选择手机的品牌为噱头，也可以选择手机的某一性能为切入点，还可以利用某热门事件制造话题点等等，撰写有吸引力的帖子，根据目标群体选择合适的论坛发布帖子，并注意检测跟帖数量和帖子热度。

项 目 五

BAT营销实战

项目情景

陈晓玲开了一家品牌服装实体店铺，同时为了促进销售，在淘宝平台上也开了一家网店。由于网上购物比例的大幅度增加，虽然实体店进行了优惠打折销售，但生意仍然不好；网店也由于店铺知名度不高、竞争激烈、同质化严重，店铺访问量和销售情况也不好。陈晓玲十分苦恼，不知如何推广自己的店铺，更不懂如何实现全网营销。她找到相关人士咨询，了解到店铺要实现全网营销就要解决好三大问题，即人与信息、人与产品、人与人的问题，通过以上三点找出有利的资源，可以实现店铺全网覆盖。为此，她决定认真学习BAT营销实战技巧。

项目目标

【知识目标】

1. 掌握搜索系营销中的付费推广、百科推广、问答推广等的内涵和技巧。
2. 掌握淘宝站内付费推广、站内免费推广的内涵和技巧。
3. 掌握即时通信营销和微博营销的内涵和技巧。

【技能目标】

1. 能恰当使用搜索引擎中的付费推广、百科推广、问答推广。
2. 能恰当使用站内付费推广、站内免费推广为淘宝店铺进行推广，并能对推广效果进行准确统计与分析。
3. 能利用腾讯主要的社交软件进行实时推广。

【情感目标】

1. 培养学生正确使用搜索引擎的意识。
2. 培养学生正确使用淘宝站内推广的意识。
3. 培养学生正确使用网络社交软件的意识。
4. 具有BAT营销的职业素养。

任务一　搜索系营销

情景设计

实习生李伶刚到网络营销部门，詹经理为了让李伶尽快适应实习工作，先安排李伶通过网络搜集行业信息、竞争对手网络营销现状等信息。李伶尝试了百度、360 搜索、搜狗等搜索引擎，发现竞争对手中有些企业的信息排得很靠前，有些企业的信息排得很靠后。李伶仔细观察了一下，发现排在前几页的内容包括推广、百科、问答等信息。李伶就想怎么让自己企业的信息排名靠前呢？搜索中付费推广怎么做呢？百科推广、问答推广等如何实施呢？李伶向詹经理请教了搜索引擎中的各种推广方法和推广技巧。

任务分解

詹经理告诉李伶，目前搜索引擎有多种推广方法，每种推广方法都有不同的推广流程和推广技巧，本任务可分解为以下几个活动：付费推广；百科推广；问答推广。

活动一：付费推广

【活动背景】

詹经理告诉李伶："搜索引擎中的付费推广是按点击付费，推广信息出现在搜索结果中靠前的位置，如果没有被用户点击，则不收取推广费。目前国内主流的付费推广分为品牌推广、竞价排名等多种推广方法。"李伶听完后发现搜索引擎中的付费推广有这么多种，那到底该如何推广呢？

【活动实施】

一、认识搜索引擎付费推广

搜索引擎付费营销是通过付费使信息在搜索引擎上排名突出，对潜在客户营销的活动，这种形式的营销其载体为客户关键字搜索的结果页面。搜索引擎付费推广包括竞价排名和品牌推广等多种形式。

1. 竞价排名

竞价排名的基本特点是按点击付费，推广信息出现在左侧搜索结果中（一般是靠前的位置），如果没有被用户点击，则不收取推广费，详情如图 5.1.1 所示。在搜索引擎营销中，竞价排名的特点和主要作用如下：

（1）按效果付费，费用相对较低；

（2）出现在搜索结果页面，与用户检索内容高度相关，增加了推广的定位程度；

（3）竞价结果出现在搜索结果靠前的位置，容易引起用户的关注和点击，因而效果比较显著；

（4）搜索引擎自然搜索结果排名的推广效果是有限的，尤其对于自然排名效果不好的网站采用竞价排名可以很好地弥补这种劣势；

（5）企业可以自己控制点击价格和推广费用；

（6）企业可以对用户点击情况进行统计分析。

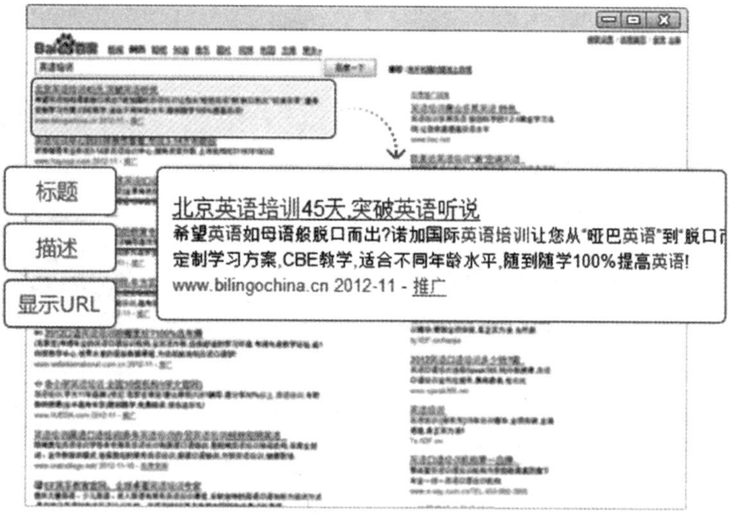

图 5.1.1　竞价排名展示

- **想一想**

如何区分竞价排名的网站和搜索引擎自然排名的网站?

- **友情提示**

竞价排名推广的网址后一般都带有"推广"等字样,而自然排名的网站网址之后一般都带有"快照"等字样。

2. 品牌推广

品牌专区,是在搜索结果最上方、为著名品牌量身定制的资讯发布区域,首屏首位,大展示面积,展现文字、图片、视频等多形式的信息。在品牌展示区上,企业官网的丰富资讯以精选和更为直接的方式展现在网民面前,众多网民也得以更便捷地了解品牌官网信息,更方便地获取所需企业资讯。品牌推广按照终端不同可分为 PC 端品牌推广和移动端品牌推广,详情如图 5.1.2所示。品牌推广的作用表现如下:

(1)首屏位置,第一印象最佳;

(2)树立品牌形象,增强信任感;

(3)缩短信息到达路径,提供便捷的销售通路;

(4)整合营销收口,提升推广效能;

(5)是企业重要的沟通渠道,官方信息直达。

品牌推广分为三大样式,分为普通样式、高级样式和 VIP 定制样式。

- **想一想**

搜索引擎付费推广对中小企业来说有什么价值?

- **友情提示**

1. 制约中小企业发展的关键因素。从 4P 理论角度分析:产品——我国中小企业多集中于传统的制造行业,不缺产品,而且产品的质量也大多可以保证,甚至一些企业生产的产品品质远高于大型企业和进口产品;价格——中小企业产品的价格远低于同类的大品牌和进口品牌产品;渠道——各个企业都有自己相应的销售渠道;促销——中小企业缺少有效的促销手段

图 5.1.2　PC 端品牌推广与移动端品牌推广

使更多的人知道自己的产品，中小企业的促销手段单一、时效性差、影响范围小，因此无法建立起自己的品牌优势，产品缺少竞争力而且受困于促销手段，销售渠道拓宽就显得相当艰难。所以，制约中小企业发展的关键因素是促销。

2. 中小企业促销中面临的困难。(1)钱少，中小企业因为自身实力原因，很难拿出大笔资金用于促销；(2)有限的用于促销的资金也因为缺乏手段、平台而不知道该怎么使用；(3)在促销上投入资金，效果却没有直观的评估方法，不知道有没有效果。以上是中小企业要做促销必须面临的挑战。

3. 搜索引擎付费推广的优点——受众精准、按效果付费、效果可控制，这些优点正好可以解决中小企业所面临的困难。

(1)针对钱少的问题,搜索付费推广首次开户只需要几千块钱,而且可以根据效果决定持续投入的多少;可以根据企业产品需求选择广告投放地域和时间段,以保证投放达到最优效果;付费推广是根据网民点击收费的,没有点击是不收费的,从而解决了中小企业钱少的问题。(2)针对中小企业不知如何做促销,搜索推广则是根据"你要找的人正在搜索引擎上找你"这一理念。首先,企业主将符合网民需求的产品信息提交到百度推广后台;然后,网民根据自身需求,在百度搜索上用"关键词"搜索需要的信息;最后,企业主的推广信息就展现在网民面前。(3)针对促销效果无法评估的问题,搜索付费推广后台的推广数据报表可以让企业主的推广效果清晰明确,一目了然。因此,搜索引擎付费推广是中小企业的最佳选择。

- **做一做**

竞价排名和品牌推广,这两种付费推广有什么不同?

二、搜索引擎付费营销影响因素及营销效果

1. 搜索营销效果转化漏洞

搜索营销效果转化漏洞,是指漏洞的五层对应企业搜索营销的各个环节,反映了从展现、点击、访问、咨询直到生成订单过程中的客户数量及流失。从最大的展现量到最小的订单量,这个一层层缩小的过程表示不断有客户因为各种原因离开,对企业失去兴趣或放弃购买,详情如图 5.1.3 所示。

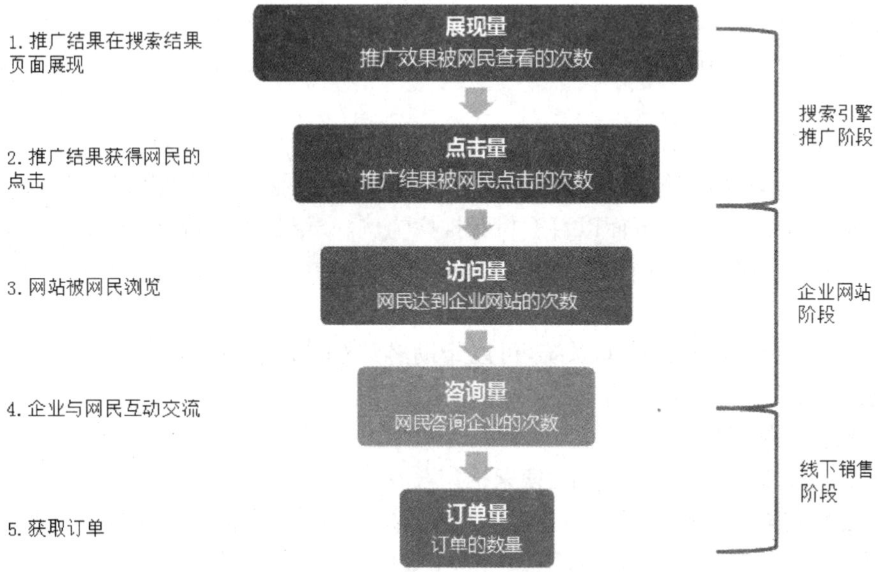

图 5.1.3 搜索营销效果转化漏洞营销过程

2. 搜索营销效果转化漏洞的影响因素

搜索引擎付费推广最终达成效果要经历搜索引擎推广、企业网站和线下销售阶段三个阶段,每个阶段都对推广的最终效果有影响,具体的影响因素如表 5.1.1 所示。

表 5.1.1 搜索营销效果转化漏洞的影响因素及应对策略

3 阶段	5 环节	影响因素	如何加强
搜索引擎推广阶段	展现量	(1)关键词方面:关键词数量和质量、关键词检索量、关键词匹配方式、关键词排名。 (2)账户方面:地域、预算、时长、账户结构。	(1)多提词、提好词。 (2)设置合理的匹配方式。 (3)优化排名。 (4)设置合理的账户结构。 (5)设置合理的地域、预算及时长。
	点击量	(1)关键词方面:关键词排名。 (2)账户方面:账户结构。 (3)创意方面:创意质量。	(1)优化排名。 (2)设置合理的账户结构。 (3)优化创意。
企业网站阶段	访问量	网站打开速度	提升网站访问速度
	咨询量	(1)网站质量。 (2)网站内容相关性。 (3)网站互动方便性。	(1)导引:研究浏览者兴趣、行为和习惯。 (2)解答:从顾客角度提供信息,解除疑问。 (3)工具:有效利用丰富的网络营销工具。
线下销售阶段	订单量	销售能力	(1)在线:确保在线咨询时间及反应速度。 (2)专业:针对顾客问题提供专业解答。

3. 搜索引擎付费推广效果

搜索引擎付费推广效果主要体现在搜索引擎推广带给企业网站的流量和提高网站的二次销售能力。企业网站流量可以通过百度统计、CNZZ 等流量统计工具来查看流量,主要可以查看点击量、页面浏览量、新访客数、访问页数、平均访问页数、平均访问时长、平均停留时长、转化次数等;网站的二次销售能力主要查看在线客服的咨询量、转化率及电话客服的接听量、转化率。

三、付费推广平台认知

百度、360 搜索和搜狗等搜索引擎均有竞价排名、品牌推广和右侧关键词等付费推广方式,其后台的操作大致相似,下面以百度付费推广为例,介绍各种付费推广平台。

1. 竞价排名付费推广

(1)百度搜索推广平台

搜索推广平台是管理推广的系统,可以帮助客户/客服制作推广方案、查看推广效果、修改/优化账户、查看账户及财务信息等,如图 5.1.4 所示。

(2)登录百度搜索推广平台

①登录 www2. baidu. com,点击“搜索推广”。

②进入搜索推广平台后,可以根据需要制作推广方案、查看推广效果、优化账户、查看其他信息等,登录百度搜索推广平台的步骤如图 5.1.5 所示。

(3)账户结构及状态

账户结构是企业在推广平台中对关键词、创意的分类管理。搜索推广的账户结构由账户、推广计划、推广单元、关键词及创意四个层级构成,同一个单元的关键词和创意是多对多的关系,如图 5.1.6 所示。

账户状态即反映当前账户的推广状况,由账户状态决定是否能正常推广;推广信息能否正常上线展现,由账户、推广计划、推广单元、关键词/创意等各层级的状态共同决定。

(4)推广计划

推广计划是指管理一系列关键词、创意的大单位,建立推广计划是设计账户结构的第一

图 5.1.4　百度搜索推广平台

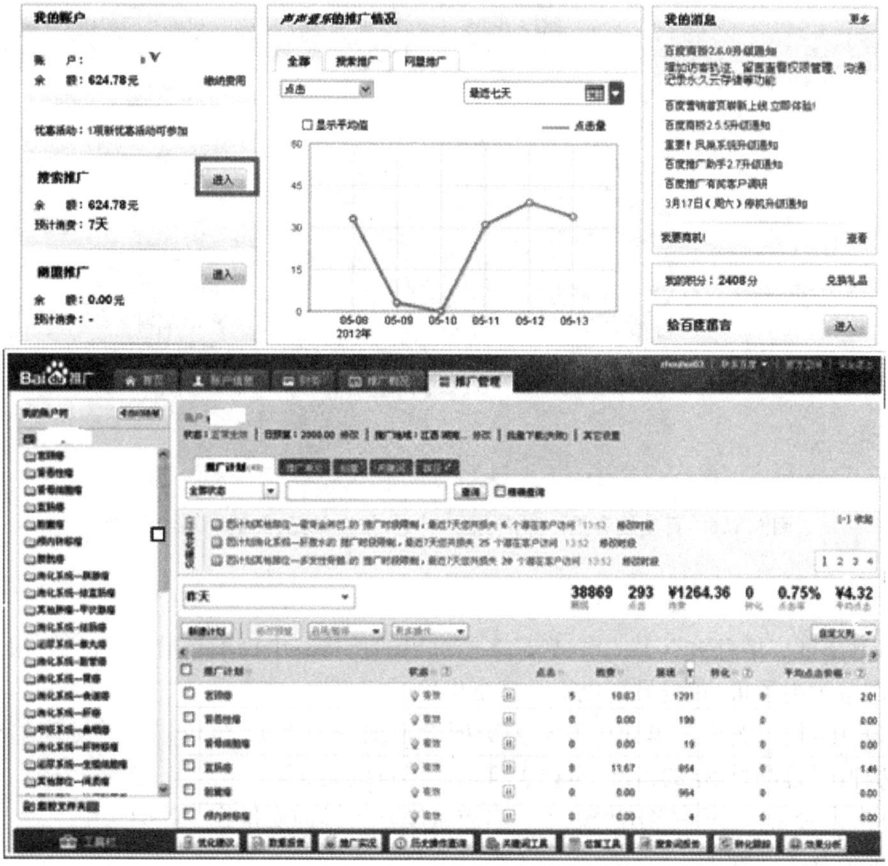

图 5.1.5　百度搜索推广平台的登录步骤

步，每一个推广计划拥有单独的投放预算和投放时间，如果投放预算为零，则该推广计划失效，如图 5.1.6 所示。

(5)推广单元

推广单元是管理一系列关键词、创意的小单位。在推广单元中，关键词和创意是多对多的关系，即每个推广单元里的多个关键词共享多个创意，在推广结果展现时同一关键词可对应多个创意，同一个创意也可能会被多个关键词使用，如图 5.1.6 所示。

(6)关键词

关键词是在百度推广中选择、具有商业价值、用来迎合潜在搜索需求的词。当网民的搜索词与关键词足够相关，就能“触发”关键词，推广信息就能在网民面前展现，如图 5.1.6 所示。

(7)创意

创意指展现给网民看的推广内容，包括标题、描述、显示 URL 及访问 URL，如图 5.1.6 所示。

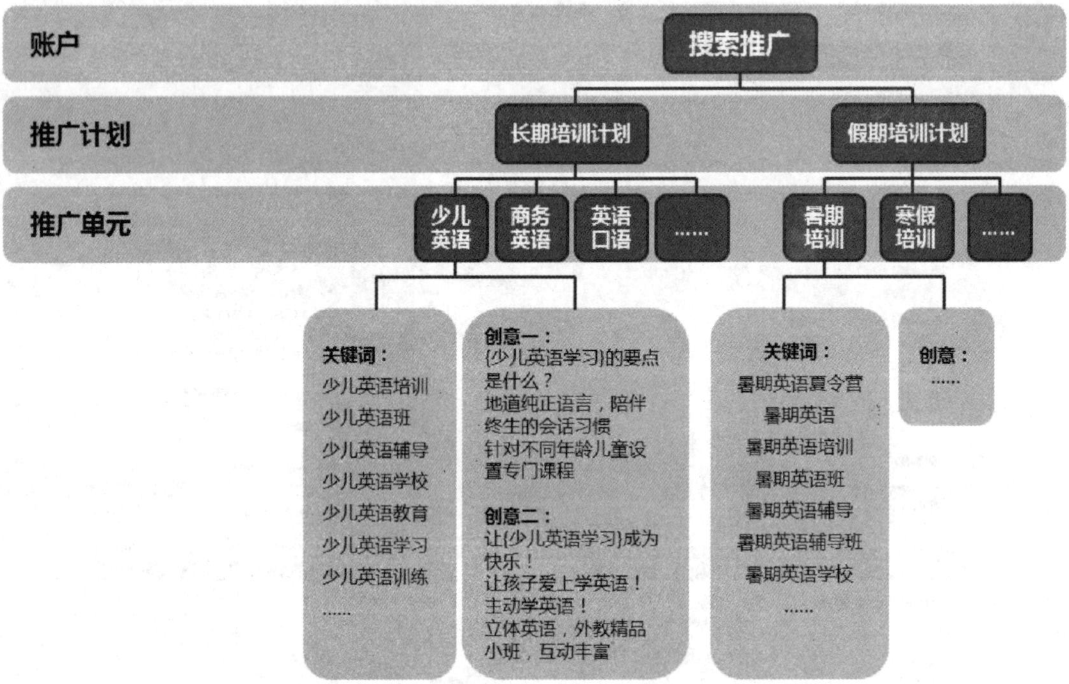

图 5.1.6 百度搜索推广账户、推广计划、推广单元、关键词及创意设计

(8)出价

出价就是推广信息被点击一次，您最多愿意出的价格。出价不是最终花的钱，只是心理上限，可以理解为封顶价，花费最高也不会高出出价。

在账户中，可以为推广单元内所有关键词设定统一的出价，也可以为关键词单独设定出价。在两种出价同时设定的情况下，以关键词的出价优先。

实际点击价格=(下一名出价×下一名质量度)/关键词质量度+0.01

(9)地域及时间管理

推广地域即选择推广投放的地域范围。只有当该地域的网民搜索时，才会出现推广结果。不同的推广计划可以面向不同的地域推广，从地理位置角度精准定位潜在客户。

推广时段管理即预先规定好推广信息在一天之内“哪些时段可以展现，哪些时段暂停推广”。设置推广时间管理能获得“精确锁定潜在客户＋用更低出价获得更好位置”的效果。

● **知识窗**

竞价排名的时间及地域管理可以考虑不同的策略。

在时间上精准定位潜在客户。比如，做教育培训的公司，上午开始推广的时间可以设定早一些，因为潜在顾客搜索的高峰时段在上午；同时周末往往是家长集中咨询的时间，所以周末也应该做推广。而做网游的公司，晚上在线推广的时间应该持续得更长久，因为网游玩家通常在晚上上网。

分散竞争激烈程度。由于搜索页面上的推广位置是有限的，如果所有的潜在客户都集中在同一时段推广，必然会使大部分潜在客户无法得到展现机会，所以根据自己的情况设置推广时段，可以增加更多的展现机会。

除去高峰时段，其他时间的推广竞争激烈程度会下降，用较低的价格就能排在更好的位置上。灵活利用时段管理，可以赢得“更高性价比”的投资回报率。

2. 品牌推广

品牌推广使搜索结果位于首位，以文字、图片、视频等多种广告形式全方位推广展示企业品牌信息，网民也可以以更便捷的方式了解品牌官网信息，更方便地获取所需企业资讯，是提升企业品牌推广效能的推广模式。

品牌推广购买方式：

(1)价格规则：按月购买(CPT方式)，售价是结合样式以及所购买品牌词的数量和PV量具体报价，通用规则如下：PC品牌专区，月刊例价10万/月起；移动端品牌专区，月刊例价2万/月起。

(2)投放地域：全国展示，不可分地域(省、直辖市)投放。

(3)投放时长：每次投放最短1个月，最长12个月。

品牌专区可监控的数据包括：关键词展现量、点击量、点击率，物料的展现量、点击量、点击率，可以细化到按日查看。

四、付费推广流程

1. 竞价排名推广流程

(1)竞价排名后台准备工作

百度账号的物料信息，包括推广计划、推广单元、创意、关键词。

①建立推广计划(图5.1.7)

②建立推广单元(图5.1.8)

③设计推广创意

创意是指网民搜索触发推广结果时，展现在网民面前的推广内容，包括标题、描述以及链接。关键词能定位潜在客户，创意的作用是帮助吸引潜在客户。好的创意能使推广结果在众多结果中脱颖而出，吸引潜在客户访问网站，并在浏览网站的基础上进一步了解提供的产品，进而采取转化行为，如注册、在线提交订单、电话咨询、上门访问等。

创意包括：创意的标题、创意描述第一行、创意描述第二行、访问URL、显示URL等内容，如图5.1.9所示。

a. 创意的标题。创意的标题应该是一句完整的话，而不是简单的关键词堆积。建议：合

图 5.1.7

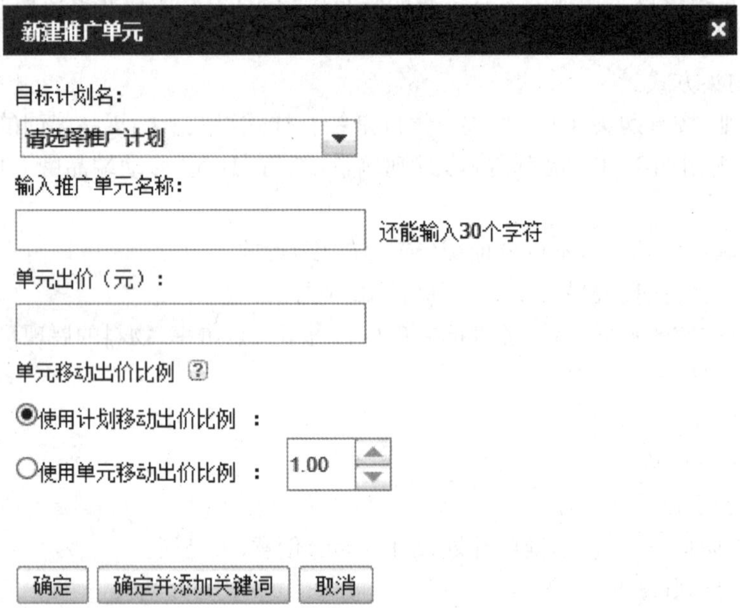

图 5.1.8

理利用通配符让创意标题自然包含一次关键词即可，尽量出现在前 15 个字内。

b. 创意描述第一行。这个有点类似 SEO 里面所讲的描述，需要把握的一个基本原则是合理添加通配符，突出卖点、显示实力、语言通顺。这里直接关系到用户在选择上的判断。建议合理使用数字、特殊字符、承诺及优惠条件等吸引用户点击。例如关于英语培训的创意是："咫尺专业{英语培训}NO. 1，量身订制个英语学习方案，学不会全额退款，100%放心选择！"是不是很吸引人呢？

c. 创意描述第二行。这个算是对第一行创意描述的补充。这一段的创意一般只有当关

图 5.1.9 创意界面

键词出现在百度左侧的推广位时才完整显示，可以选择不写。建议不写或者添加联系方式比如 400 电话等。

d. 访问 URL。这个就是所谓的竞价点击的着陆页，这个选择的基本原则是关键词和竞价着陆页一一对应。简单来讲就是创意是针对哪款产品或业务写的，那么 URL 就链接到对应的页面。比如我们创意 A 是针对英语培训的，那么访问 URL 就应该是对应的英语培训的介绍页面；创意 B 是针对法语培训的，那么着陆页就应该是对应的法语培训的介绍页面。当然很多中小企业可能只有一款产品，那么直接链接到网站首页也是可以的。

e. 显示 URL。这个纯粹是搜索引擎显示用，没有实际意义。建议统一设置为网站首页就可以了。

● **友情提示**

创意撰写技巧：

1. 突出产品/服务特点、公司优势等。

例：教育培训类商户，标题可以突出地域性标志、产品服务特点、价格等，描述可以突出产品服务特点、公司承诺等。

2. 围绕单元主题撰写，突出检索词和实际业务之间的关系。

例：教育培训类商户，创意撰写时特别要注意突出培训业务与推广关键词的关系，找到一个契合点。

3. 最好能够包括价格、促销或是承诺的内容。包含的信息越具体越好，尽量避免一些无实质意义的形容语句。

例：质量卓越、质优价廉等。这样写的好处是给网民清楚的信息，帮助他们判断是否应该点击，提高转化率。

4. 适当添加一些号召性的词语或诉求点。

例："欢迎抢购"。但类似的词语不要过多，以免占用过多有限的字符位置。

5. 针对同一产品或服务，围绕单元主题从不同卖点撰写。

例:卖鲜花的客户,可以写1条价格方面的创意,再写1条配送方面的创意,即针对同一种产品或服务,从不同卖点撰写,抓住潜在受众的心理出发,并结合点击率的研究成果撰写。

6. 适当添加符合语法的"!? —"等标点符号。

正常标点符号的使用对于提升点击率也有一定的帮助,可以吸引网民的关注,但注意一定要合理使用,遵照审核标准,确保网民体验。

7. 采用精炼的短句。

避免让过长的公司全称或网站全称的短句占用字符位置,除非客户的公司或品牌已有很强的吸引力。

创意的字符决定了我们在撰写创意时可以多写短句,言简意赅,同时这也符合一般网民的搜索习惯。

8. 多种创意展现形式(如箭形或矩形)对于点击率提升有一定的帮助。

可以利用创意的三行形式进行变化组合,如箭形(短长短)、矩形(同长)或梯形(正梯、倒梯)等。

例:箭形展示如图5.1.10所示。

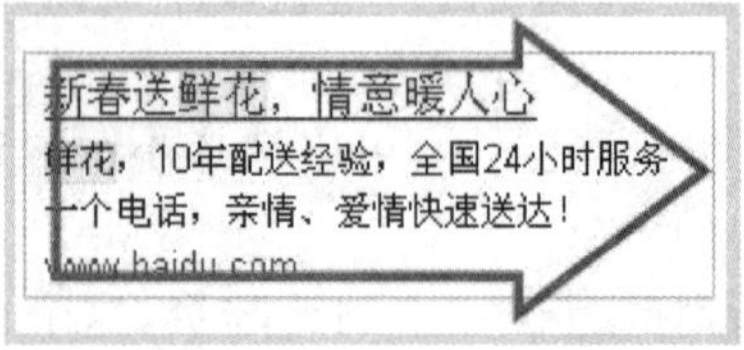

图 5.1.10 箭形展示示例

9. 插入通配符,尽量多显红。

当创意文字包含的词语与用户搜索词包含的词语完全一致或意义相近时,在展现时将以红色字体显示,这样的样式称为飘红。飘红词语有助于吸引潜在受众的关注,并使潜在受众对创意信息的感知更为准确,更容易判断创意是否为满足了自己的搜索需求。良好的飘红效果有助于提升创意的点击率和转化率,从而提高投资回报率。

百度搜索推广提供了简单的飘红制作工具——通配符。

方法:在需要插入关键词通配符的地方填写"{默认关键词}",在"{}"中填写默认关键词。在展现包含通配符的创意时,将以被触发创意展现的关键词替代通配符(商户购买关键词替代通配符后,如果因标题或描述超长导致无法展现创意,则将用默认关键词来替代通配符展现),如图5.1.11所示。

④关键词精准度

关键词选择是竞价排名的重心之一,而选择关键词最重要的原则就是要精准。竞价排名的精准关键词不仅要有一定的搜索量,还要有转化率。即要满足这两个条件:搜索该词的人有明确的消费需求与能力;搜索该词的人容易被转化成为企业的用户。选择关键词的时候,可以通过百度关键词工具等选择适当的关键词。

● **友情提示**

关键词如何选择呢?企业可以选择产品、口语、别名、地域、品牌和英文关键词等。

1. 产品

竞价排名的特点是不单击不付费,所以在选择关键词的时候,可以将所有与产品有关的词

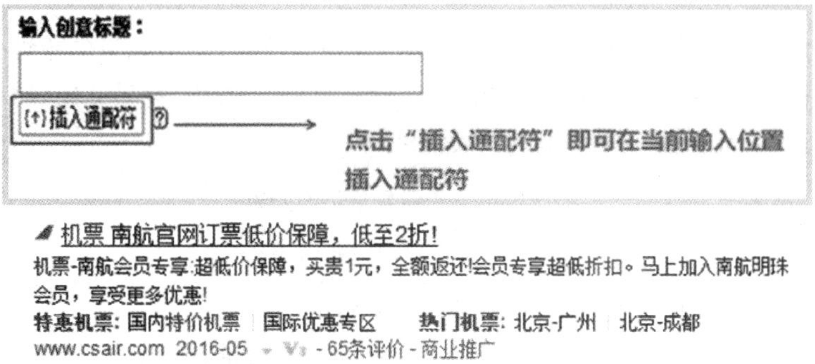

图 5.1.11　插入通配符的方法和插入通配符的示例

全选。

2. 口语

很多产品的书面语和口语称呼不一致。很多用户习惯了口语，在使用搜索引擎时，也会用口语的词汇进行搜索。

3. 别名

同一产品在不同地域的语言系统中，名字存在不一致性，全国推广建议将别名考虑在内。

4. 地域

对一些需接受线下服务的产品，可以把所有与地域有关的关键词选出来，如北京鲜花、上海鲜花、西安美容医院等。

5. 品牌

如果产品涉及的品牌很多，可以用“品牌＋产品”的方式选词。如手机网站做竞价排名，可以选择苹果手机、三星手机、htc 手机等。

6. 英文关键词

⑤设定出价

出价的概念：出价即商户愿意为一次点击所支付的最高费用。排名靠前，获得更好的推广效果。出价包括推广单元出价和关键词出价。将意义相近、结构相同的关键词划分到同一推广单元，这就意味着这些关键词的商业价值大致相同，可以方便地为该推广单元设定统一的出价。如果需要单独为关键词设定出价，可以在关键词/创意列表页面设定关键词出价。关键词和推广单元都设置了出价，以关键词的出价为准。

(2)引导页

①引导页设计

将用户吸引到页面中只是第一步，能不能让用户下单，还要看引导页是不是能打动用户。引导页就是用户搜索一个词后，单击进去所看到的页面(也叫落地页、着陆页)。一个成功的引导页应该围绕用户行为及特点设计，至少应符合 5 个要求：

- 根据目标用户群的特点与喜好进行设计。
- 能够给用户足够的信任感。
- 提供的内容是对用户有帮助的。
- 能够解答用户心中潜在的问题。
- 能够促进用户留下信息或与我们取得联系。

②提升转化率的引导页页面元素

为了提升网站的转化率，如何设计网站页面元素成为网络营销人员的重要任务，页面的影响元素包括页面专业性、内容实用性与美观性、联系信息、合法性、背景介绍、客户见证、零风险策略和客户答疑8个方面，具体如表5.1.2所示。

表5.1.2 提升转化率的引导页页面元素

序号	因素	影响内容
1	页面专业性	颜色和布局、网站内容、语言编码和字符集等专业性。
2	内容实用性与美观性	网站内容更新要及时，内容要符合基本的排版要求，如文章配图需要进行简单处理，不要出现图片失真等情况。
3	联系信息	网站中的联系信息越详细越好，推荐使用固定电话尤其是400或者800电话，用户比较信任这种电话。同时如果选择QQ作为与客户在线沟通的工具，QQ等级越高越容易让用户信任。
4	合法性	可将企业营业执照、资质证明等各种证件在网站展示，将大大消除用户疑虑，提升企业的诚信度。
5	背景介绍	可以通过公司起源、领导介绍、媒体报道、荣誉证书、领导关怀、大师顾问等形式，通过文字、图片、视频等将上述元素展示和演绎。
6	客户见证	通过文字、视频、图片等将客户充分展示。
7	零风险策略	通过零风险策略打消用户疑虑，如承诺七天包退、一个月包换等。
8	客户答疑	设置用户常见问题解答栏目，将典型的问题、用户反映集中的问题列出来给出答案，特别是将用户最担心的顾虑解答清楚。

(3)话术设计

用户开始咨询之后的话术引导对客户的转化率提升有很重要的作用。话术设计考虑：①对客户有耐心；②有礼貌；③提升客服的专业知识，用专业打动客户；④不能忽悠客户。

(4)搜集用户线索与跟进

除了转化后的用户，还应该搜集未转化、但有意向的潜在用户线索，通过页面引导留下联系方式等资料。通过免费送资料、有奖调查、活动、网站注册等形式让用户留下手机、QQ号等。之后可以通过电子邮件、促销活动等手段促进转化。

(5)数据监测与优化

竞价排名中需要对关键词的点击数、总消费数、注册数、单笔订单额、订单数、订单转化率、注册CPA、ROI等数据进行监测。引导页中除了常规的流量监测外，还需要对咨询量和转化率进行监测。

2. 品牌推广流程

(1)确定品牌推广目的

品牌推广可用于品牌、促销、产品和网站推广等，如图5.1.12所示。

● **想一想**

百度品牌推广中，海尔在2014年之前一直推广的是海尔官网，而目前为什么改为海尔商城？

(2)相关推广物料准备

品牌推广的样式分为标准样式、高级样式和VIP定制样式。根据品牌推广的样式不同，

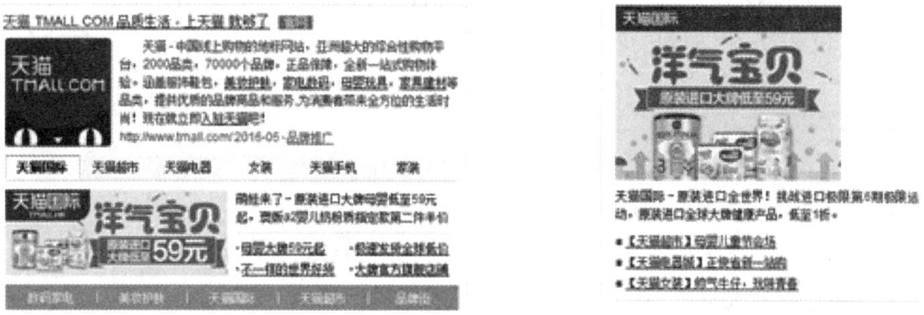

品牌推广——品牌

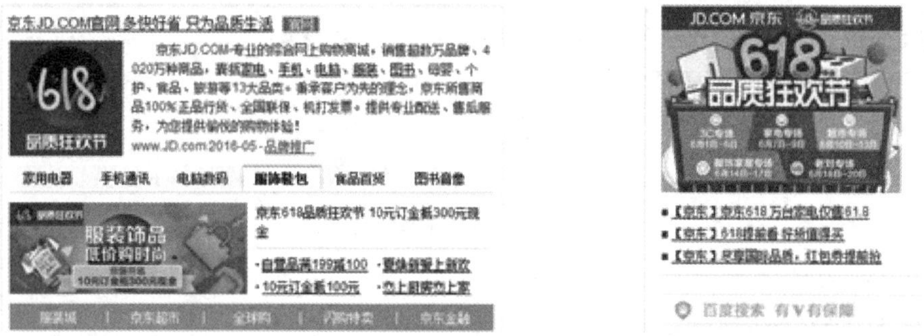

品牌推广——促销

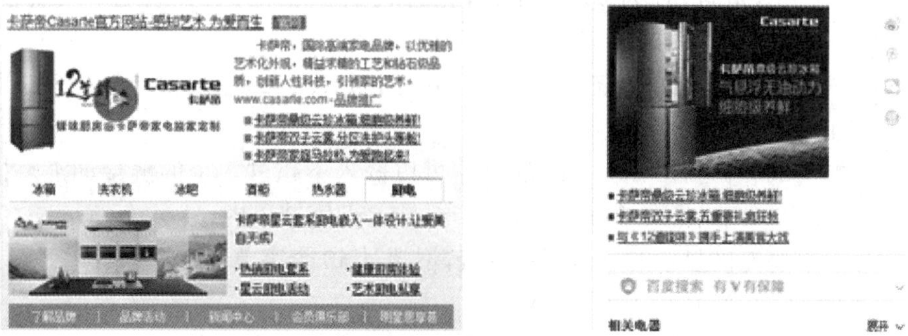

品牌推广——产品

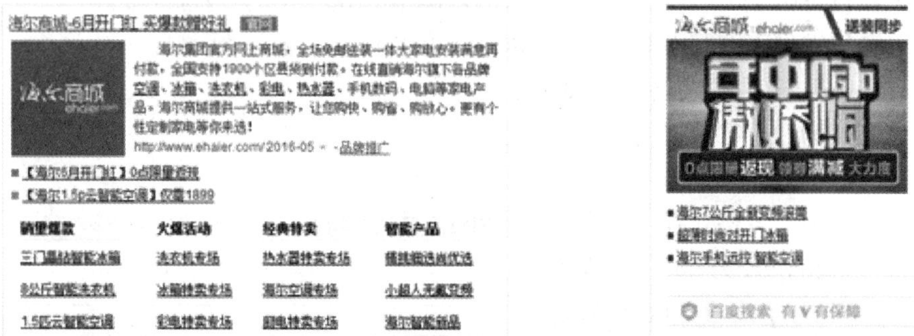

品牌推广——网站

图 5.1.12　品牌推广的四个目的

准备的物料有所区别，下面以标准样式为例来说明物料的准备。

第一步,选择标准样式。标准样式按照可定制栏目(如图 5.1.2 所示)不同分为栏目+按钮、栏目+表格、仅表格、仅栏目,如图 5.1.13 所示。

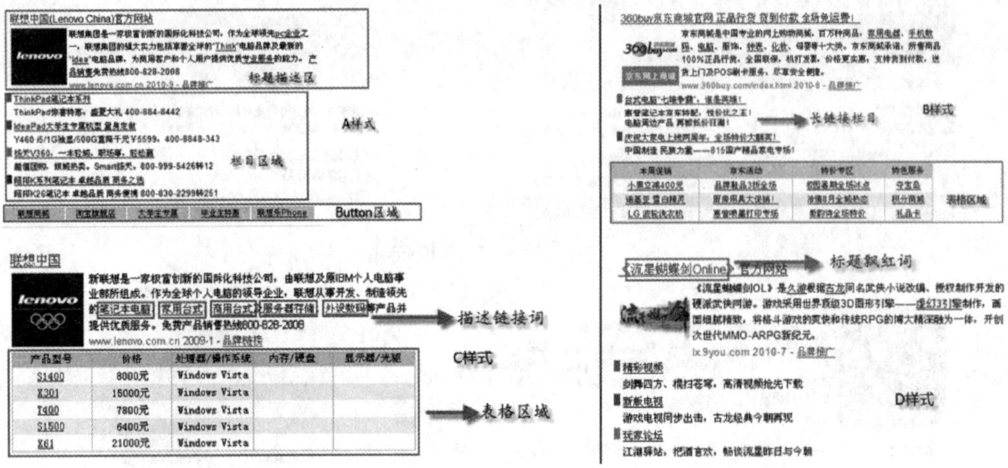

图 5.1.13 标准样式

第二步,标题描述。

● 标题:12～60 个字节(6～30 个汉字),必须包含搜索的核心词。指向 url 为经过 web-pm 审核的主跳转 url,指向 url 为 255 字节以内。标题中飘红的词,必须是专区核心词;飘红的词只能指定一个,12 个以内的字节(6 个汉字)。

● logo 尺寸:90＊90;格式:静态 jpg;大小:不大于 10K。带链接,要求 url 是与 logo 相关的网页链接,指向 url 为 255 字节以内。

● 描述:190～230 个字节(95～115 汉字),可以嵌入不超过 5 个的链接词汇。描述链接词,每个词不超过 20 个字节(10 个汉字),指向 url 为 255 字节以内。

● 显示 url:品牌专区显示的 url,不带链接,不超过 40 个字节。

第三步,栏目区域(A、B、C、D 样式)设计。

● 最多 4 个栏目,每个栏目 8～40 个字节(4～20 个汉字),带链接。

● 每个栏目可带 1～3 行描述,20～60 个字节(10～30 个汉字),带链接。

● 栏目和长链接不能写在同一行,具体写法可参照页面下方的示例。

● 栏目+Button(或+表格),一共最多 9 行。

● 指向 Url 为 255 字节以内。

第四步,右侧擎天柱设计。

● 尺寸:175＊300;格式:jpg/gif/swf;大小:不大于 30K。

● 带链接,指向 url 为 255 字节以内。

第五步,SNS 分享按钮(可选内容)。

● 分享标题为 200 个字节以内。

● 插入图片格式:静态 jpg;大小:不大于 50K。

● 分享网址为 80 字节以内。

● 分享平台可选择开心网、豆瓣、新浪微博和搜狐微博。

(3)超链接的引导页设计

因品牌推广中涉及的超链接较多，每个超链接的引导页都应统筹设计，保证品牌推广的效果。具体设计可参考竞价排名引导页设计。

(4)话术设计

品牌推广的主要目标为品牌、促销、网站和产品推广等，为了实现上述目标，企业可统筹设计客服人员话术。

(5)数据监测与优化

品牌推广可以监测：关键词展现量、点击量、点击率，物料的展现量、点击量、点击率，可以细化到按日查看。针对每个关键词都有详细的展现、点击、点击率数据，可以根据数据情况调整关键词投放。针对物料的内容、标题、文字链、图片等都有详细的点击、点击率数据，可以根据数据情况调整物料内容。

【活动评价】

通过詹经理的介绍，李伶终于对搜索引擎付费排名的推广方法、推广平台和推广流程有了认知。李伶感到为了更好地学习付费推广，就要不断地实践，并根据统计数据不断修订创意，最终达到企业营销的效果。

活动二：百科推广

【活动背景】

李伶在百度、360 搜索和搜狗中搜索企业信息时，发现百度百科、360 百科和搜狗百科等在搜索结果中排名非常靠前。李伶就想是否可以在百科中建立企业、品牌、产品等相关词条，用户通过搜索查到企业及其产品，达到信息传递的效果。

李伶将这个想法告知詹经理，詹经理告诉李伶："百科又被称为开放式在线百科，是由网民共同参与编写的网络百科全书。企业可以在百科中编入与企业相关的行业信息、产品信息、企业文化等，潜移默化地影响读者，达成营销的目标。"

李伶听完后发现百科还可以帮助企业做营销，那具体如何操作呢？李伶还是没有头脑，你可以帮助李伶吗？

【活动实施】

一、认识百科营销

1. 百科营销定义

百科营销是借助百科知识传播，将企业所拥有的对用户有价值的信息(包括行业知识、产品信息、专业研究、企业文化以及经营理念等)传递给潜在用户，并逐渐形成对企业品牌和产品的认知，是将潜在用户最终转化为用户的过程和网络营销方法。对于网络营销来说，百科营销可以从目标受众关注度切入，精准覆盖有需人群，同时基于百科网站权威性，可有效规避公众的商业防御心理，是一种创新的网络互动营销工具。

● **想一想**

你所知道的主流百科有哪些？

● **友情提示**

目前主流的综合型百科有百度百科、互动百科、搜搜百科、360 百科等。还有其他的分类百科，如商业百科、军事百科等。其中以百度百科的市场占有率最高，所以本书以百度百科(baike. baidu. com)为例进行讲解。

2. 百科营销的优势

(1)有效流量高

如互动百科类的百科网站用户都是高学历人群,收入高、消费能力强;抱着求知、学习的心态,因此商业防范心理低——目标人群集中。

(2)用户黏性大

相比传统互联网媒体资讯的浅阅读,百科网站的知识内容实现了深(精)阅读,使得用户停留时间长——广告展示时间长。

(3)信任度高

以权威认证的知识为内容,用户对于网站的内容信赖度高——可有效促进销售达成。

(4)精准度高

用户通过搜索主动选择自己感兴趣的内容(按需媒体)——可匹配关联广告,精准锁定目标群。

(5)传播迅速

协作方式使得热点内容迅速广泛地传播——可迅速扩大影响力。

- **想一想**

你认为百科营销有什么作用呢?

- **友情提示**

1. 辅助 SEM

在百度中搜索各种名词(包括人名、企业名、产品名、概念术语)时,搜索引擎结果页第一位都是百科网站中该词条的页面,且百度、360 搜索等均给予平台下的百科较高的权重,如图 5.1.14所示。

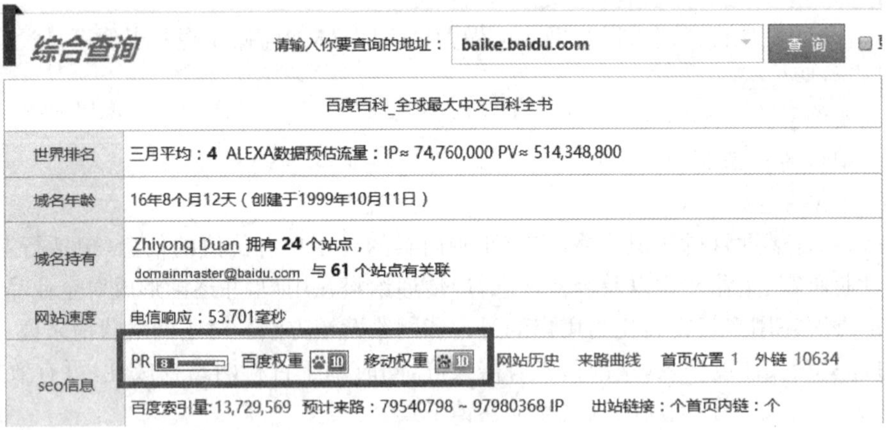

图 5.1.14

2. 提升权威

互联网上的百科网站,源于现实中的百科全书。在传统观念中,能被百科全书收录的内容一定是权威内容。而这种观念也同样延伸到了互联网中,大部分用户都认为百科收录的内容比较权威。

3. 提升企业形象

随着互联网的普及，许多人在接触到陌生事物时，会先到互联网上进行检索。比如与一家陌生的公司接触洽谈时，会先上网搜索该公司的背景、实力、口碑、信誉等。

二、百科营销技巧

1. 百科词条的模式

(1)百科词条正文内容广告

百科词条正文内容广告是在词条的正文内容中添加的具有广告功能的文字信息，如企业名称词条中介绍企业具体产品或服务信息，或在与企业相关的某商品词条中介绍本企业产品信息及公司介绍等。对于企业名称词条而言，详尽的正文内容不仅能为访问者提供有价值的信息，而且有助于提升企业形象。词条正文内容中如果包含详尽的产品或服务介绍信息，可以增加访问者对企业信息的了解，在一定程度上实现企业产品或服务的推广，具体如图 5.1.15 所示。

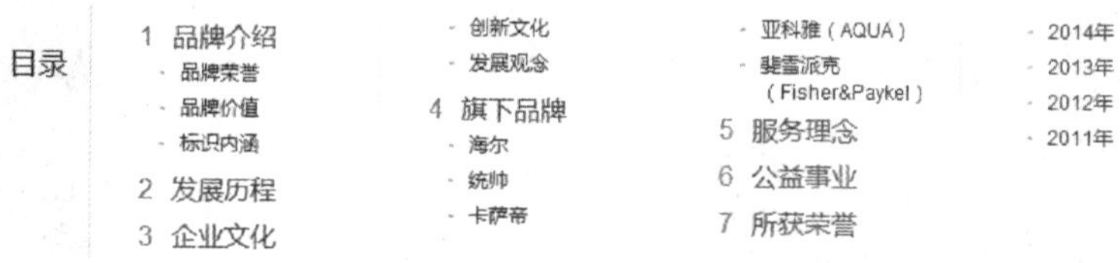

图 5.1.15　海尔百科中的目录

(2)百科词条中的网页 URL 链接

URL 链接广告是指在词条的参考资料和扩展阅读中加入企业官方网站或其他关联信息页面的链接，URL 链接广告不仅能为企业的相关平台带来优质的外部链接，而且能为企业网站或相关平台带来直接访问量，是有效的外部链接资源之一，详情如图 5.1.16 所示。

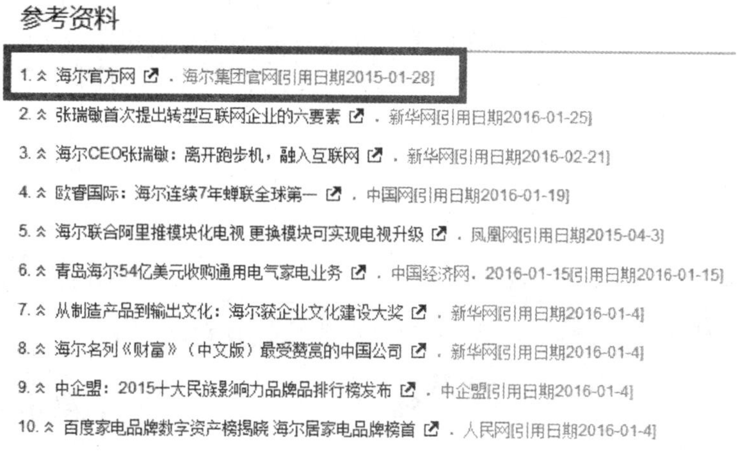

图 5.1.16　百科参考资料中的官网链接

(3)百科词条中的图片广告

在词条的正文中，引入图片对企业及其产品或服务进行描述，实际发挥了图片广告的效果。相对于文字来说，图片更容易让用户形成视觉上的感官认识，丰富了企业百科推广的表现形式，如图 5.1.17 所示，传递了海尔的品牌文化。

图 5.1.17 海尔百科词条中的图片

(4)百科词条中的图片文字注释

百科词条中图片文字注释的表现形式包括底部有加粗的文字说明或者在图片本身具有文字水印宣传信息,这种方式进一步加强了图片广告的营销传播效果。如图 5.1.18 中图片文字注释传递出海尔对产品质量的严格把控。

用大锤亲自砸毁76台有缺陷的冰箱

砸毁76台不合格冰箱的大锤 证书

图 5.1.18 海尔词条中的图片文字注释

(5)百科词条中的相册广告

相册广告是互动百科和百度百科特有的功能,是指在百科词条正文内容中出现的图片不是单图,而是组图的形式,除此之外,在词条内容的下方,有专门的组图展示区域。相册广告是图片广告进一步的延伸和发展,能够更充分地发挥百科平台的图片广告推广价值,如图 5.1.19所示。

图 5.1.19 海尔百科相册

(6)百科词条中的名片广告

名片广告是百度百科特有的形式,是指在百度百科词条中出现在词条正文上方的内容,是对整个词条内容的概括和总结。名片广告可以丰富企业的词条内容,提升企业词条的专业性。另外,百度名片属于百度百科的一种关联平台,为企业制作名片可以增加企业推广渠道,增加企业信息的传播机会，如图 5.1.20 所示。

公司名称	海尔集团	经营范围	家用电器
外文名称	Haier	公司性质	上市公司
总部地点	中国山东青岛	公司口号	你的生活智慧 我的智慧生活
成立时间	1984年	年营业额	1887亿元（2015年）[2]
		CEO	张瑞敏 [3]

图 5.1.20 海尔百科中的名片信息

百科推广模式在不同百科平台上的表现有一定的差异，主要原因在于各个平台对词条编辑规则设置的差别。

2. 百科推广的技巧

(1)巧用编辑助手

创建的词条内容越专业，通过的概率就越高。如何创建高质量的词条呢？百度百科提供“编辑助手”这个强大的辅助功能。在进入百度百科的创建词条页面后，单击导航中的“编辑助手”按钮，进入“目录模板”，根据我们要编撰的词条找到最合适的分类，然后参考系统给出的目录模板与示例词条进行编辑。

(2)词条内容要有可读性

对于原创词条，一定不能是毫无意义的词汇且词条的语言文字要具有一定的专业性，充满可读性。要尽量制作一些知识性的内容信息。

(3)编辑后的词条内容要优于原来的版本

若是编辑已有的词条，内容应该是对原有词条的补充，如修改过时的内容、添加新的内容，且要比原内容更专业，更具有可读性。

如果词条中没有明显的错误，通过率会非常高。最容易挑错的有两个：一个是找错别字，这个要细心，需要专心认真地检查词条内容，哪怕只是修改一个标点也能让你通过审核；二是排版问题，对于那些通篇字体一样，甚至不分段落、混乱排版的词条，重新正确编辑后通过率几乎是百分之百。

如果词条中没有图片，还可以添加相关图片，一般都会通过。如有美工功底，可以在图片中植入广告。注意，如果修改词条中已有图片，其通过率会降低。

另外，还可以添加词条链接，即在内容中添加指向其他百科词条的网站内部链接，这种通过率也不低。

(4)内容中不能有广告信息

词条内存在明显的广告信息或疑似广告信息，几乎都不会通过。注意，只要是会被管理员误解的信息都不行，如过分地强调公司名、产品名、人名等。

如需做广告，可以在词条“参考资料”或者“扩展阅读”中加入链接。但是链接的内容必须与词条高度相关，同时还要注意描述的填写。

(5)培养账号的等级和通过率

对于高质量的词条，只有等级和通过率达到一定指标才可以进行编辑。平时可以多注意培养几个高级账号，多编辑正常的词条来增加等级和通过率。如果一个词条编辑 3 次都不通过，那么最好换账号、换方法来进行编辑。

- **做一做**

通过不同搜索引擎查询所在学校的百科。如果查不到请帮学校新建百科;如果可以查到,结合百科词条的模式来编辑词条,达到学校营销的目的。

【活动评价】

通过詹经理的介绍,李伶终于对百科营销的定义和百科营销的技巧有了认知。李伶发现自己编写的词条不能百分百的通过,为了更好地学习百科营销,就要不断地实践,最终达到企业营销的效果。

活动三:问答推广

【活动背景】

"知道不知道,百度都知道。"李伶发现百度知道、360 问答和搜狗问问都在搜索结果中排名比较靠前,而且有些问答对企业产品和品牌有较好的营销和宣传效果。李伶就想怎么通过问答营销平台传递企业、品牌和产品等信息,进而促进销售呢?

詹经理告诉李伶:"这种营销是在问答站点发问或回答,在提问或者回答中运用软文,把企业的产品、服务植入问答里面,达到营销的效果。"

李伶听完后发现问答推广中还可以植入企业的软文,具体如何实施呢,你能帮助李伶吗?

【活动实施】

一、问答营销认知

1. 问答营销定义

问答营销是借助于问答社区进行口碑营销的一种网络营销方式。通过遵守问答站点(百度、搜搜、天涯等)的发问或回答规则,巧妙地运用软文,让自己的产品、服务植入问答里面,达到第三方口碑效应。通过问答营销,企业既能与潜在消费者产生互动,又能植入商家广告,如图 5.1.21 所示。

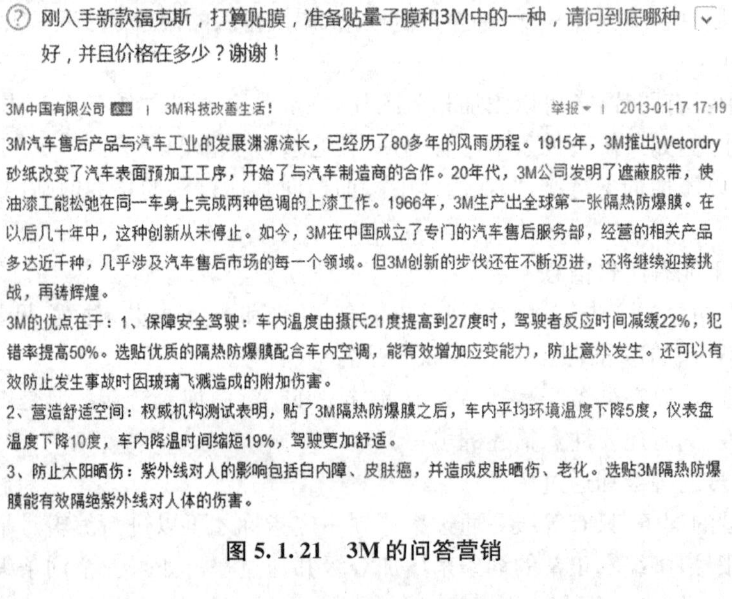
刚入手新款福克斯,打算贴膜,准备贴量子膜和3M中的一种,请问到底哪种好,并且价格在多少?谢谢!

3M中国有限公司 | 3M科技改善生活! 举报 | 2013-01-17 17:19

3M汽车售后产品与汽车工业的发展渊源流长,已经历了80多年的风雨历程。1915年,3M推出Wetordry砂纸改变了汽车表面预加工工序,开始了与汽车制造商的合作。20年代,3M公司发明了遮蔽胶带,使油漆工能松弛在同一车身上完成两种色调的上漆工作。1966年,3M生产出全球第一张隔热防爆膜。在以后几十年中,这种创新从未停止。如今,3M在中国成立了专门的汽车售后服务部,经营的相关产品多达近千种,几乎涉及汽车售后市场的每一个领域。但3M创新的步伐还在不断迈进,还将继续迎接挑战,再铸辉煌。

3M的优点在于:1、保障安全驾驶:车内温度由摄氏21度提高到27度时,驾驶者反应时间减缓22%,犯错率提高50%。选贴优质的隔热防爆膜配合车内空调,能有效增加应变能力,防止意外发生。还可以有效防止发生事故时因玻璃飞溅造成的附加伤害。

2、营造舒适空间:权威机构测试表明,贴了3M隔热防爆膜之后,车内平均环境温度下降5度,仪表盘温度下降10度,车内降温时间缩短19%,驾驶更加舒适。

3、防止太阳晒伤:紫外线对人的影响包括白内障、皮肤癌,并造成皮肤晒伤、老化。选贴3M隔热防爆膜能有效隔绝紫外线对人体的伤害。

图 5.1.21 3M 的问答营销

● **想一想**

你所知道的主流问答平台有哪些?

● **友情提示**

随着这两年来问答营销的火爆,国内的问答营销社区也越来越多,知名的问答营销社区有:百度知道、SOSO 问问、天涯问答、奇虎问答(好搜问答)、谷歌问答、搜狐问答、新浪爱问、知乎问答等。除了综合类的问答平台之外,还有大量的专业问答平台,如科技领域的果壳网、育儿方面的育儿问答(宝宝树)等。

且各大搜索引擎都给予其平台下的问答平台较高的权重,如图 5.1.22 所示百度知道的网站权重。

图 5.1.22

2. 问答营销特点

(1)互动性

问答营销因为有问有答,这种互动可以充分地补充网站内容的不足,也能让读者完善知识面,这样的互动效果不仅起到了针对性作用,又能起到广泛性的作用。

(2)针对性

问答可以针对某个目标群体,根据群体的特点选择关注的焦点,充分调动这个群体的力量,达到具有针对性的效果,如图 5.1.23 所示。问答也可以针对话题做讨论,让更多的人来参与,达到人群融合的效果。

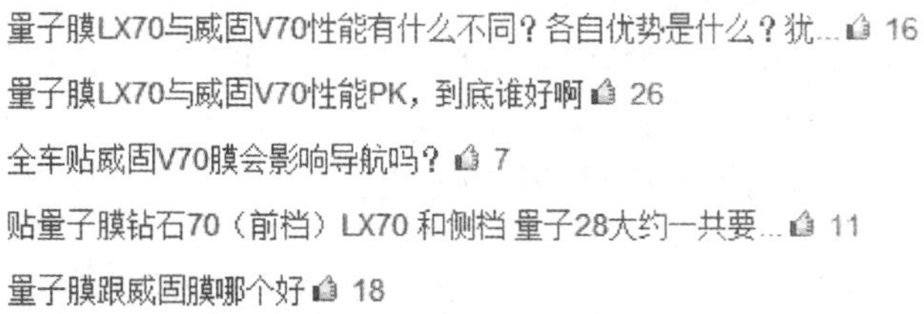

图 5.1.23　针对性问答

(3)广泛性

问答营销的特点本身就决定了问答营销的广泛性。一个问题,可以引来不同人群的讨论,一个事件也可以引来不同人群来评论,品牌的建设往往从问答开始。如图 5.1.24 所示,钱嘉文等通过知乎的问答平台推广其付费课程——和阿文一起学信息图标。

图 5.1.24　钱嘉文通过知乎问答营销其课程

(4)媒介性

可以通过文章或者问题的形式在各大平台发布，只要稿件通过或者是问题通过，那么借助媒介可以达到更好的效果，比如企业是做发电机的，可以把发电机的技术指标发布到相关的论坛，那里会有很多高级的工程师，他们的评论和回答是可以借鉴的。

(5)可控制性

评论可以通过审核的方式来控制，去除重复的、不符合规定的评论，从而达到对读者有益、内容健康的效果。

3. 问答营销的表现形式

问答营销有如下几种表现形式：

(1)以问和答的方式，达成营销的最终目的。

(2)常见的问答营销方式一般是一问一答，就像人们对话一样。不过现在大多数问答平台都是一问多答，比如百度知道、新浪爱问、搜狗问答等。

(3)问答营销的最终方式是引起争论，同时可控制地引导争论的方向，最终潜移默化地在争论过程中达到自己的营销目的。如图 5.1.25 所示。

(4)问答营销也包括评论营销等变相问答营销方式。

二、问答营销实施

1. 问答营销的步骤

(1)提问

不论在哪个问答平台，提问时都要注意合理地控制问题中的关键词密度和提问的技巧。主要就是选取核心关键词，按照用户搜索习惯选取关键词和设计针对性问题。如图 5.1.26 所示，知乎中钱嘉文的问题及回答主要围绕 PPT 来设计相关关键词和针对性问题。

(2)回答

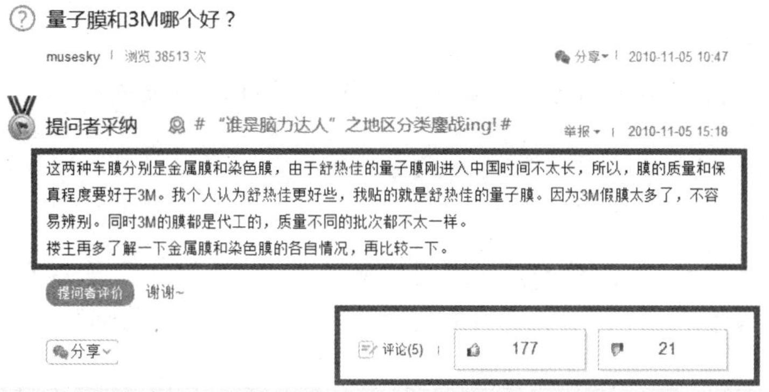

图 5.1.25　问答引导

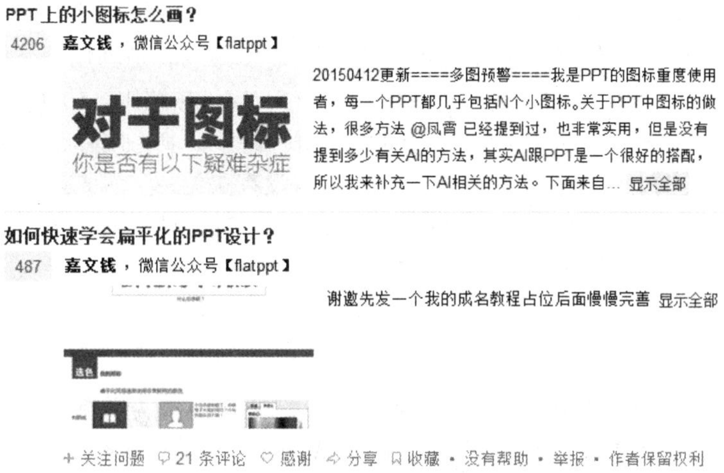

图 5.1.26　知乎中钱嘉文的针对性问题

第一种是回答别人的问题，第二种是自问自答。

针对不同的行业，可以采用不同的回答方式，其中主要有对比回答法（图 5.1.27）、举例回答法、专业回答法。如果在综合性平台采用自问自答的形式，账号回答的时间段最好错开，回答的内容也要真实可信，保证答案的质量；如果在专业平台，可先抛出问题再整理出专业答案来回答。

（3）采纳问题

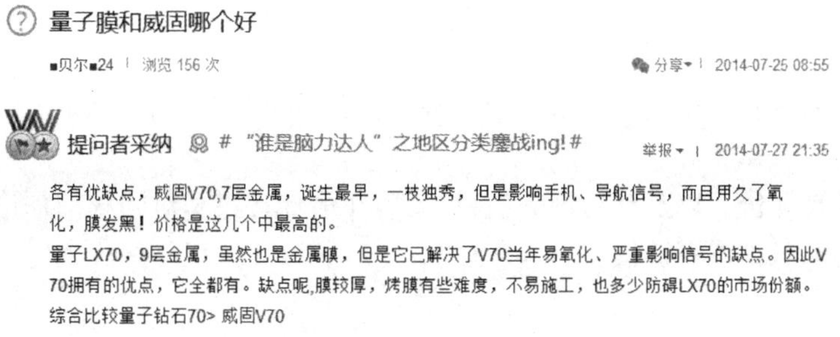

图 5.1.27　对比回答法

可优先考虑采纳用户的优质答案；如果没有优质答案，要尽可能采纳客观、真实的答案。

(4)问答排名优化

问答排名与问题的搜索和点击量有直接的关系。你可以通过提升问题的搜索量和点击量提升问题的排名。

2. 问答营销的技巧

(1)提问技巧

做问答营销推广，首先必须明确要推广的关键字。对所处的市场、资源和企业的网站进行整体评估判定之后，选择正确合理和竞争不是特别激烈的关键字，会让问答营销更具有穿透力和目的性。

①从客户角度思考选取关键词。假设给一个教育类客户做知识问答营销，目标人群定位高考落榜的高中毕业生。那么在提问题的时候，就必须以一个高考落榜生的角度去提出问题。

②根据用户搜索习惯选择关键词。比如，两个等效问题"培训好还是就业好"和"培训好还是工作好"，选择哪一个比较好？这时候可以利用 SEO 工具或者是利用搜索引擎做一下相关调查，看看关键字"工作"搜索量大还是"就业"搜索量大，应该按照用户的搜索习惯设计问题。

③设计针对性问题。比如在设计问题的时候，就将高中毕业生按心态分为以下几种：一为迷茫型，不知如何是好；第二种类型是想找工作，但是没有头绪；第三种是想找培训机构，不知道该找哪些；第四种是知道出路是工作和培训，但是不知道选择哪种更好……当然在设计问题的时候，可以再发散一下思维，甚至可以具体到产品或者服务的名称，也可以按照 5W1H 原则对问题进行设计。

- **知识窗**

5W1H 分析法也叫六何分析法，是一种思考方法，也可以说是一种创造技法。在企业管理、日常工作、生活和学习中得到广泛的应用。5W1H 是对选定的项目、工序或操作，都要从原因(何因 Why)、对象(何事 What)、地点(何地 Where)、时间(何时 When)、人员(何人 Who)、方法(何法 How)六个方面提出问题进行思考。

(2)注册问答社区账户

在问答营销的时候，分为两个阶段：第一个阶段，企业需要大量的账号来回地更换，但是有一条，提问账号与问答账号要分开，不要既提问又回答，否则不便于账号的管理；第二个阶段，因为前期做了很多的工作，积累了很多的账号，接下来要将这些账号的积分汇总到几个账号里。这样做的目的是得到几个高等级的账号，因为高等级的账号可以让问答的权重更高，更有力度，推广的效果更好。

(3)回答技巧

①自问自答。

②控制回答的内容的比例。如果自问自答的题目，可以将回答内容比例控制在正面∶负面∶不相关＝2∶1∶1。

③最佳答案与评价。以互动营销的项目为例，在最佳答案和对问题的评论中，至少含有网络营销培训机构的名称或者链接。

(4)监控问题

①监控问题的删除情况。问答社区的后台编辑人员对问题有一个审核的过程，如果问题的重复性较高，那么就有可能被删除。这时候必须及时对原来的问题做出修改，然后重新提问。

②监控竞争对手问答营销情况。一方面监控竞争对手的问题有没有直接影响到公司品牌和产品,另一方面监控竞争对手是否恶意传播公司或者产品的负面信息。

③消费者的反馈。消费者对品牌和产品的评价和反馈也是重点监控内容,通过监控发现不足后改进,也可以挽回客户。

● **想一想**

百度知道的账号等级和账号擅长方向都对回答采纳有什么影响呢?

【活动评价】

通过詹经理的介绍,李伶终于对问答推广的推广特点、推广步骤和推广技巧有了认知。李伶为了更好地学习问答推广,就要不断地实践,并根据推广效果调整推广方向和思路,最终达到企业营销的效果。

任务二 阿里系营销

情景设计

李伶从这周开始要在网店运营团队实习了,詹经理介绍了网店部的王经理给李伶。王经理为了让李伶更好地适应实习工作,先安排李伶了解淘宝上的付费推广和免费推广。

李伶通过淘宝大学等平台发现淘宝中的推广方法很多,但为了更好地开展推广活动,淘宝还提供了生意参谋等数据统计工具,来辅助企业的推广活动。李伶就想怎么进行付费推广呢?怎么进行免费推广呢?如何通过统计工具辅助推广活动?李伶向王经理请教了阿里系的各种推广活动。

任务分解

王经理告诉李伶:目前淘宝内的推广活动很多,不过总体来说可以分为付费推广和免费推广,每种推广活动又有不同的技巧和方法,本任务可分解为以下三个活动:站内付费推广;站内免费推广。

活动一:站内付费推广

【活动背景】

王经理告诉李伶:"在网店整合营销当中,多种推广工具及活动的综合应用,是必不可少的一个组成部分。大多数的营销活动都会用到推广工具的配合。而大多数推广工具是以付费的方式存在的,因此推广工具的使用技巧也是大多数网店店主急迫需要提升的一个技术方向,在一个层面上,也决定了网店的投入产出比,影响了店铺的盈利能力。淘宝中的付费推广中最重要的是直通车和钻石展位。"

【活动实施】

一、直通车

淘宝直通车是为淘宝卖家量身定制的、按点击付费的效果营销工具,可以实现宝贝的精准推广。

1. 直通车概述

淘宝直通车推广在给宝贝带来曝光量的同时，其精准的搜索匹配也给宝贝带来了精准的潜在买家。淘宝直通车推广是用一个点击让买家进入你的店铺，产生一次甚至多次的店铺内跳转流量，这种以点带面的关联效应可以降低整体推广的成本和提高整店的关联营销效果。同时，淘宝直通车还给用户提供了淘宝首页热卖单品活动和各个频道的热卖单品活动，以及不定期的淘宝各种资源整合的直通车用户专享活动。

(1)直通车推广原理

淘宝直通车推广原理是根据宝贝设置的关键词进行排名展示，按点击扣费。具体如下：

①推广某一宝贝就为该宝贝设置相应的关键词及宝贝推广标题；

②当买家在淘宝网通过输入关键词搜索商品，或按照宝贝分类进行搜索时，就会展现推广中的宝贝；

③如果买家通过关键词或宝贝分类搜索后，在直通车推广位点击宝贝，系统就会根据该宝贝所设定的关键词或类目的出价进行扣费。

- **想一想**

宝贝只是被展示，不被点击，会不会被扣费呢？

(2)直通车的作用

淘宝直通车能给店铺中的宝贝以及整个店铺带来流量，提高宝贝和店铺的曝光率。主要体现在以下几个方面：

①在直通车中推广的宝贝，当买家搜索与此宝贝相关的关键词时就有机会被展现，大大提高了宝贝的曝光率，给卖家带来更多的潜在顾客；

②只有想买这种宝贝的人才能看到相应的宝贝，给卖家带来的点击都是有购买意向的点击，带来的顾客都是意向明确的买家；

③直通车能给买家整个店铺带来人气，虽然推广的是单个宝贝，但很多买家都会进入店铺里，一个点击带来的可能是几个宝贝的成交，这种整体的连锁反应，是直通车推广的最大优势，久而久之店铺人气自然会提高；

④可以参加更多的淘宝促销活动，有不定期的直通车用户专享活动及淘宝单品促销活动，加入直通车后，可以报名各种促销活动。

- **想一想**

什么产品适合做直通车呢？

- **友情提示**

选择做直通车推广的宝贝最好是店铺中综合质量较高的宝贝，主要体现在：图片背景清晰，宝贝突出；宝贝价格有竞争优势；最好有售出记录(可以给买家信心)；宝贝详情内容丰富；多选择不同类目的宝贝。

(3)直通车的展示位置

直通车按照终端不同，可分为PC端展示位和无线端展示位。

①PC端展示位：PC端展示位又可分为：搜索结果页右侧广告位(图5.2.1)，显示为“掌柜热卖”，共有12个广告位；搜索结果页底部广告位(图5.2.2)，显示为“掌柜热卖”，共有5个广

告位；首页搜索框下文字链接（图 5.2.3），广告位出现在搜索结果左侧第一行，共有 4 个广告位，显示为“掌柜热卖”。

图 5.2.1　搜索页右侧直通车推广展示位

图 5.2.2　搜索页底部直通车推广展示位

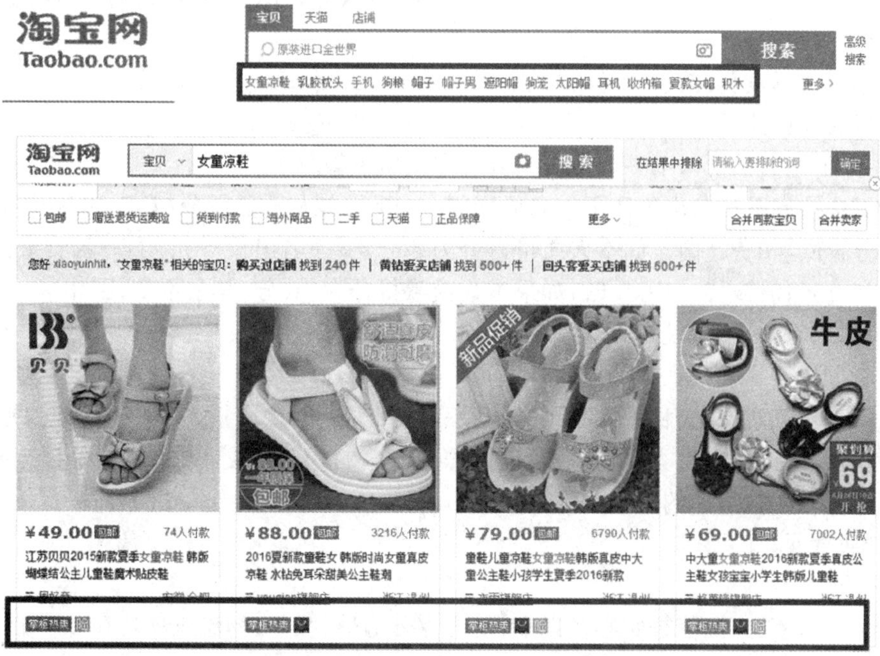

图 5.2.3　首页搜索框下文字链接广告位

②无线端展示位：广告位出现在搜索结果的正文中第一个位置，产品图片左上角显示为“HOT”标志，如图 5.2.4 所示。

图 5.2.4 无线端广告展示位

(4)直通车的展现规则

直通车广告位的展现是根据关键词的质量得分和关键词的出价综合衡量出的商品排名。

(5)直通车收费

直通车展现不收费，按点击进行扣费。

①扣费的计算公式

扣费＝(下一名出价×下一名质量得分)/本人质量得分＋0.01

因为无法控制下一名出价和下一名质量得分，所以本人质量得分越高，扣费越低；如果本人质量得分越低，扣费越高。如本人质量得分为 6 分，下一名出价 1 元，下一名质量得分为 10 分，则扣费＝1×10/6＋0.01＝1.67；如果本人质量得分为 10 分，其余不变，则扣费＝1×10/10＋0.01＝1.01。

②质量得分

质量得分与创意质量、相关性和买家体验三者相关。创意质量是推广创意近期动态的反馈；相关性是关键词与宝贝类目、属性及宝贝本身信息的相符程度；买家体验是根据买家在店铺的购买体验和账户近期的关键词推广效果给出的动态得分。

(6)开通直通车的要求

①店铺要求：

集市个人店铺：店铺信誉两心及以上，动态评分描述、服务、物流三项均在 4.4 分及以上；

集市企业店铺：店铺信誉大于 0，动态评分描述、服务、物流三项均在 4.4 分及以上。

天猫店铺：动态评分描述、服务、物流三项均在 4.4 分及以上。

②充值要求：首次充值 500 元。

2. 直通车推广步骤

(1)基本设置

①新建推广计划(图 5.2.5)

新建的计划是标准计划，一般来说最多有 4 个标准计划，如不够可以申请 8 个标准计划。标准计划一旦建立不能删除，只能修改名称。

图 5.2.5

②选择推广宝贝

新建好推广单元后，可以选择推广的宝贝，如图 5.2.6 所示。一个计划下，新建宝贝的数量不受限制，商户可以添加所有宝贝，通过测试的方式来决定后期重点投放哪些宝贝，如图 5.2.7所示。

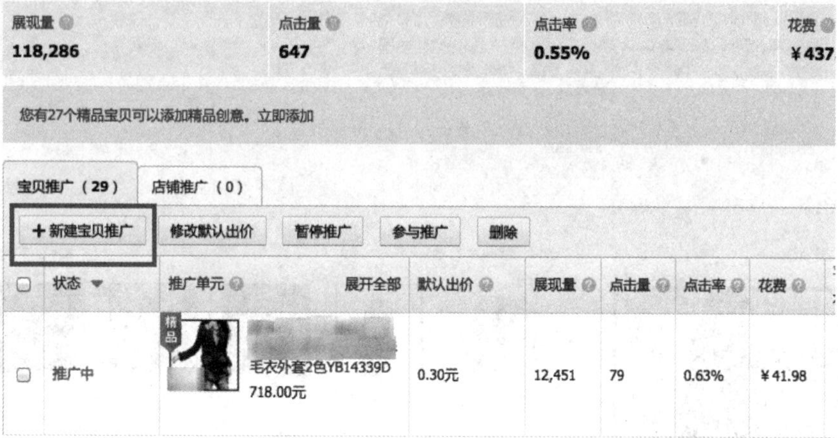

图 5.2.6

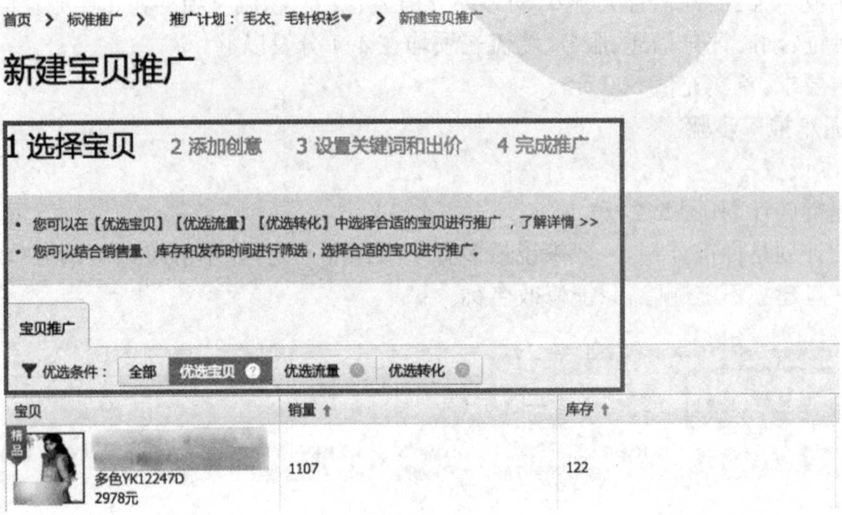

图 5.2.7

③设置宝贝创意

创意分为创意图片和创意标题，如图 5.2.8 所示。

创意图片可以在主图中选一张，若有精品创意（一部分卖家开通试用）则可以将精品创意图片作为直通车搜索推广的图片。

创意文字尽量是一些促销、推荐等一些引人注目的文字。标题在 40 个字符内，一个汉字为两个字符。

图 5.2.8

④选择关键词（图 5.2.9）

关键词最多可添加 200 个关键词。关键词可以在均衡包、流量包、转化包、移动包里选择。

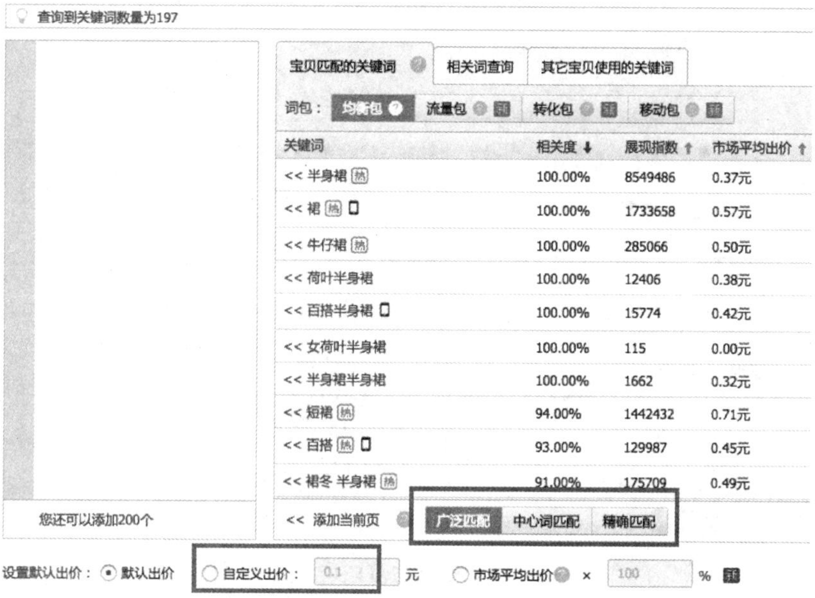

图 5.2.9

对于新卖家，建议一开始在转化包里选词。

(2)高级设置

可以通过设置日限额、投放平台、投放时间和投放地域进行更加精准地投放，使直通车的推广效果更高，如图 5.2.10 所示。

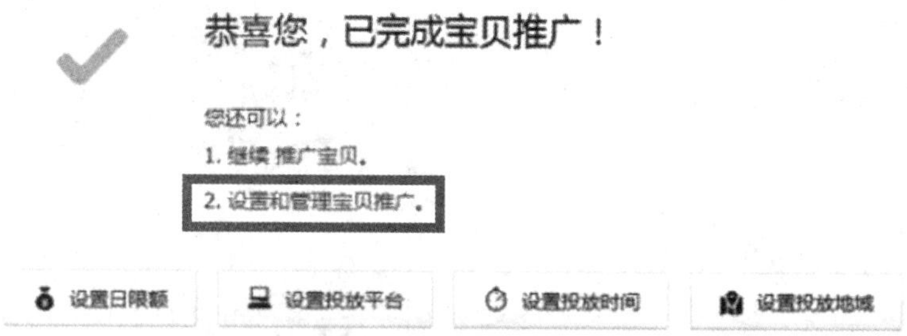

图 5.2.10

①设置日限额

可以通过设置每天的推广扣费上限，控制每天的推广费用。建议新手卖家设置 100 到 300 元，作为一个推广尝试。

设置预算中分为标准推广和智能化均匀投放。标准推广是指系统会根据投放设置正常展现推广，但可能因为过早到达日限额而提前下线，如图 5.2.11 所示。智能化均匀投放会根据流量变化及日限额，系统会在设置的投放时间内均匀展现推广，不会因为过早到达日限额而错过晚些时候的流量。

②选择投放平台

设置投放平台分为计算机设备(PC 端)和移动设备(手机或者平板电脑)，如图 5.2.12 所示。计算机设备和移动设备又都分为站内和站外。计算机设备的站内推广是默认开通的。

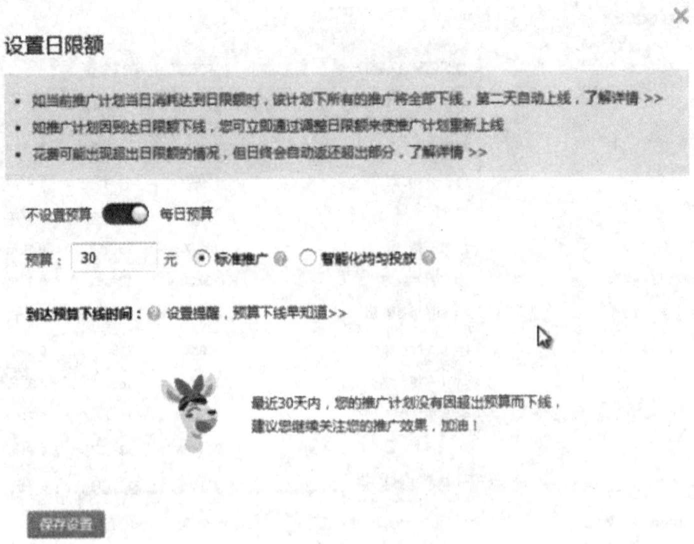

图 5.2.11

移动设备的投放价格＝计算机淘宝站内投放价格×移动折扣。

目前因移动设备的流量更多，所以可根据实际情况投放更多，折扣可调至 200%左右。

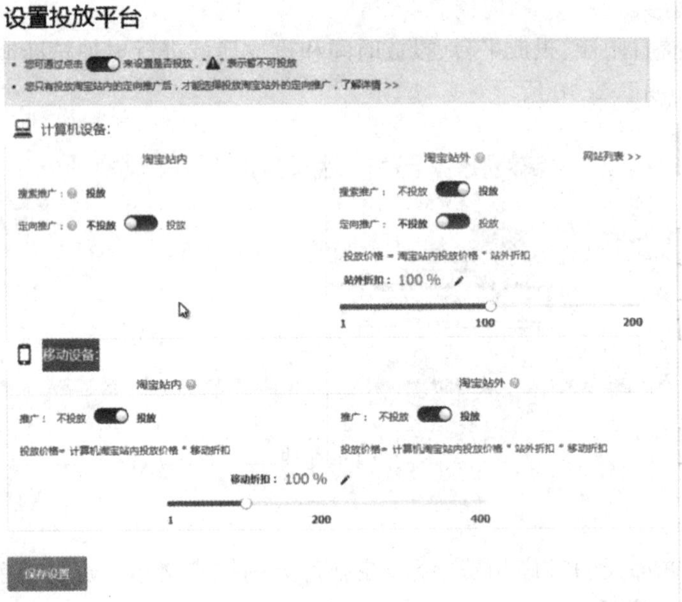

图 5.2.12

③设置投放时间

投放时间可选择当前设置、全日制投放、行业模板和自定义模板四种。

全日制投放会将整天投放的 24 个小时都设置为 100%，即 24 小时内投放是一样的，因为一整天内的流量是分时段的，所以目前不建议选择全日制投放。

行业模板可以选择自己所在的行业进行自动设置，建议新手卖家选择行业模板，如

图 5.2.13所示。

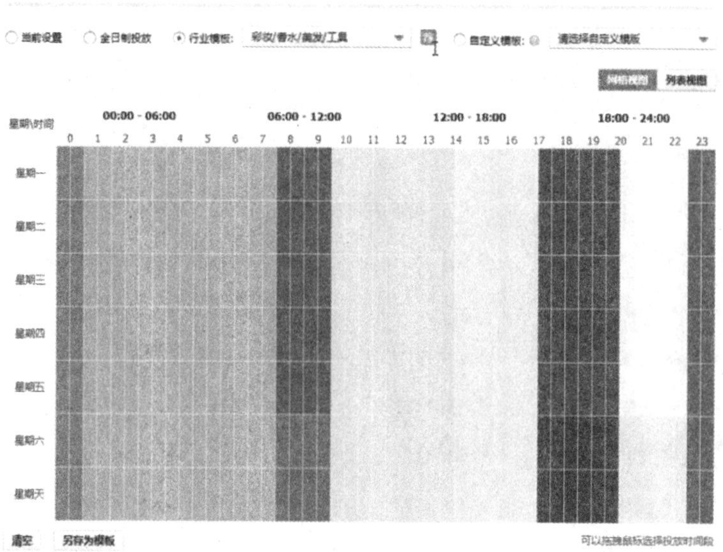

图 5.2.13

自定义模板可以根据宝贝实际推广情况进行调整，根据后台数据来记录实际推广的情况和效果，最终保存为自己的推广模板。

④设置地域投放(图 5.2.14)

设置地域投放可考虑产品的主要销售地，一般情况不考虑港澳台和一些偏远地区，因为我们的产品主要流量来自国内；而偏远地区也要根据宝贝的实际利润来考虑投放。

3. 直通车关键词选择

(1)选择关键词的类型

①以吸引流量的词，即搜索量高的词。

②匹配度高的词，因为直通车是精准流量营销，所以在选择词的时候要注意关键词与宝贝的匹配度，这样会提高宝贝的转化率。

(2)选词的技巧

①淘宝搜索框的下拉菜单中的词。

淘宝搜索框的下拉菜单中的词包括下拉框下面推荐的词和下拉框右侧热搜的词，都可以作为直通车的关键词，如图 5.2.15 所示。

②生意参谋

生意参谋中选择“专题工具”，进入“选词助手”，这时就可以选择“行业相关搜索词”或者匹配宝贝最近的一些“引流搜索词”。此处可以看到关键词带来的访客数、下单转化率、全网搜索热度、全网点击率和全网商品数，根据这些数据来选择适合的关键词，如图 5.2.16 所示。

③直通车

通过直通车关键词进入搜索关键词(图 5.2.17)，设备中因移动端流量较大，一般优先选择移动设备。推荐理由中优先选择“手机标”的词，此时可以根据相关性、展现指数、竞争指数、点击率和点击转化率来进行选择。

也可通过指数筛选，选择相关性、设置市场平均出价、点击率、展现指数、竞争指数和点击

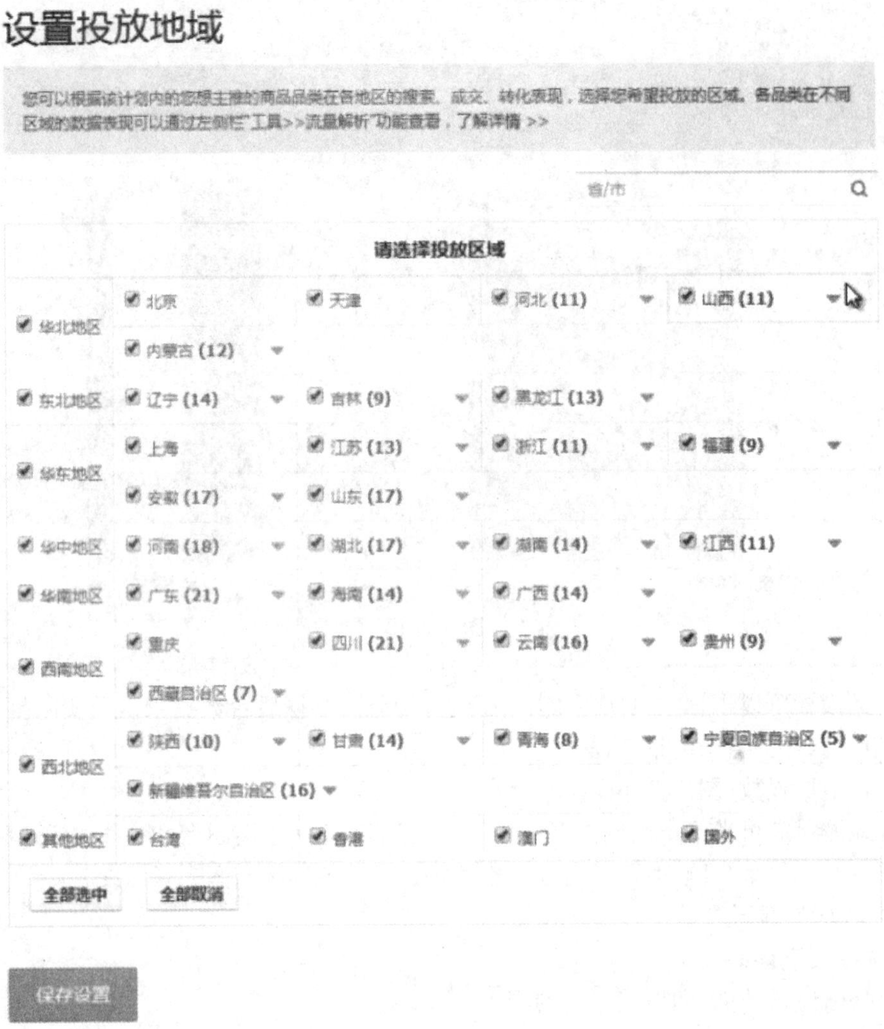
设置投放地域
您可以根据该计划内的您想主推的商品品类在各地区的搜索、成交、转化表现，选择您希望投放的区域。各品类在不同区域的数据表现可以通过左侧栏"工具>>流量解析"功能查看，了解详情 >>
省/市
请选择投放区域
华北地区 北京 天津 河北 (11) 山西 (11) 内蒙古 (12)
东北地区 辽宁 (14) 吉林 (9) 黑龙江 (13)
华东地区 上海 江苏 (13) 浙江 (11) 福建 (9) 安徽 (17) 山东 (17)
华中地区 河南 (18) 湖北 (17) 湖南 (14) 江西 (11)
华南地区 广东 (21) 海南 (14) 广西 (14)
西南地区 重庆 四川 (21) 云南 (16) 贵州 (9) 西藏自治区 (7)
西北地区 陕西 (10) 甘肃 (14) 青海 (8) 宁夏回族自治区 (5) 新疆维吾尔自治区 (16)
其他地区 台湾 香港 澳门 国外
全部选中
全部取消
保存设置

图 5.2.14

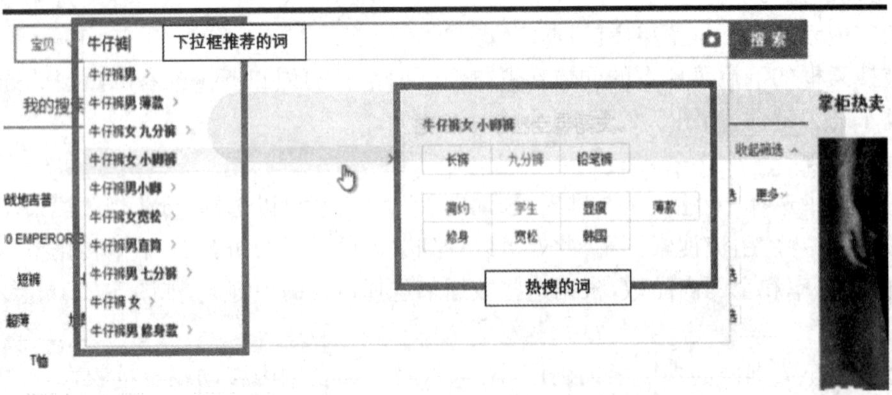
宝贝
牛仔裤
下拉框推荐的词
搜索
牛仔裤男
牛仔裤男 薄款
牛仔裤女 九分裤
牛仔裤女 小脚裤
牛仔裤男小脚
牛仔裤女宽松
牛仔裤男直筒
牛仔裤男 七分裤
牛仔裤女
牛仔裤男 修身款
牛仔裤女 小脚裤
长裤
九分裤
铅笔裤
简约
学生
显瘦
薄款
修身
宽松
韩国
热搜的词
掌柜热卖
收起筛选
更多

图 5.2.15

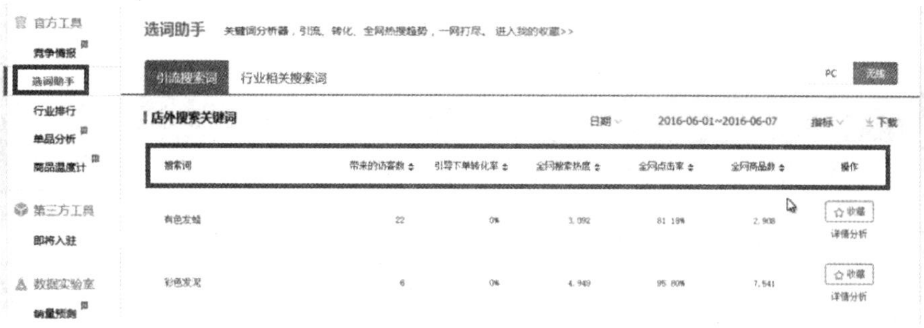

图 5.2.16

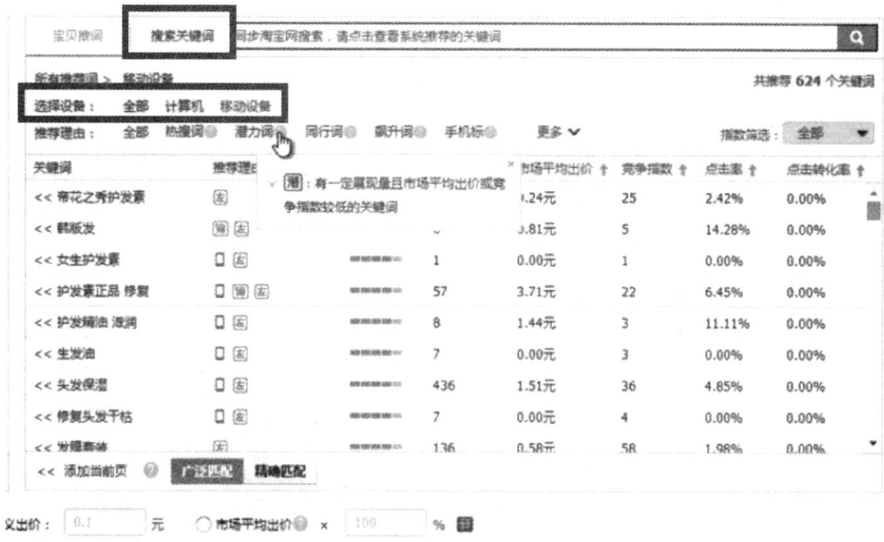

图 5.2.17

转化率等来更加精准地挑选关键词，如图 5.2.18 所示。

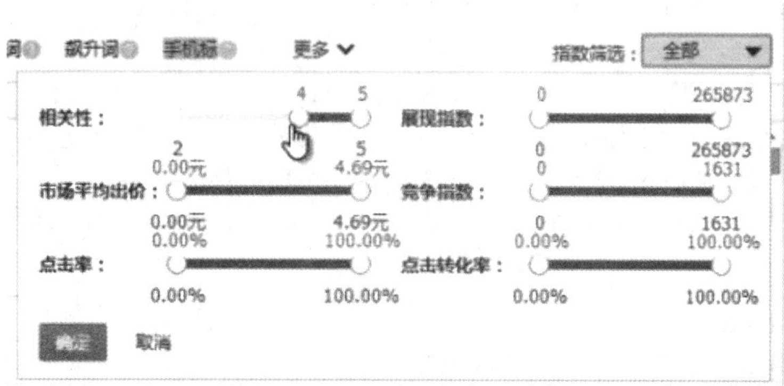

图 5.2.18

也可根据直通车的流量解析，进行关键词分析，点击“推荐词表”，可根据其中的展现指数、点击指数等判断是否要选择该词，如图 5.2.19 所示。也可通过“线上推广排名”来看宝贝选择这个关键词是否合适，如果关键词匹配度较高，排名比较靠前；如果关键词匹配度较低，排名比较靠后，如图 5.2.20 所示。

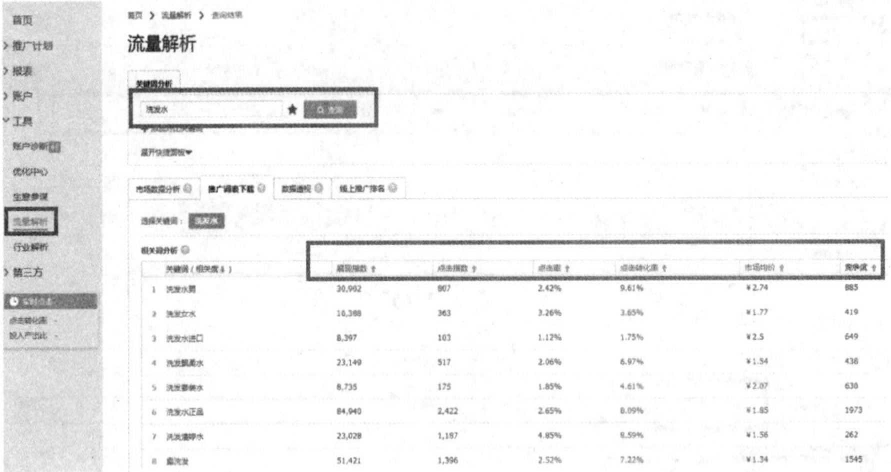

图 5.2.19

图 5.2.20

通过关键词分析也可对比不同的关键词的展现指数、点击指数、点击率、点击转化率、市场均价和竞争度。

4. 直通车数据监测

直通车实时数据为卖家提供实时点击数据、推广效果信息以及被访宝贝的点击效果数据。帮助客户实时监测投放效果，作为直通车推广操作的依据。具体数据如下：

(1)直通车后台左侧出现的实时点击浮窗，浮窗显示实时的点击转化率和投入产出比及趋势。

(2)点击浮窗，进入实时点击后台。此处的点击量、总成交额及点击转化率均为截至当前时刻的数据，可用作账户实时获取点击量的参考数据。

(3)地域划分、平台划分可看到今天的地域和实时点击的情况。

(4)点击页面右侧“有点击的推广组”模块，进入有点击的宝贝实时数据详情页，将会展示该推广组实时的点击和转化数据，细化至每一个点击的关键词、地域、价格及平台，方便卖家实时了解关键词的点击情况。

(5)进入关键词管理界面，可查看昨天、今天的关键词实时点击情况。

二、钻石展位

1. 钻石展位概述

(1)钻石展位简介

钻石展位(简称钻展)是图片类、文字类实时竞价推广平台。精选淘宝网和互联网优质流量,按照千次展现计费[按照广告每1 000次展现(CPM)收费],按照竞价排序,实时优化、实时生效。

(2)钻展的扣费原理

钻展是按照千次展现来收费,点击不收费。钻展的展现逻辑为:按照出价高低顺序展现。

表5.2.1

卖家	CPM出价	预算	流量(展现量)
A	9元	90元	90/9×1 000=1W
B	5元	150元	150/5×1 000=3W

注:购买总流量=总预算/千次展现单价×1 000

从表5.2.1中可以看出A比B优先展示,但是B比A获得更多的流量。

● **知识窗**

展现规则:

1. 系统根据流量比例将预算分配到各时间段;

2. 系统将各时间段的出价按照竞价高低进行排名,价高者优先展现;

3. 出价最高的预算消耗完后,轮到下一位,以此类推,直到该小时流量全部消耗,排在后面的无法展现;

4. 如果出价相同,则优先展现创建更早的计划图片。

(3)钻展的定向效果

钻展具有五大定向功能,分别为时间定向、地域定向、群体定向、访客定向、兴趣点定向,通过五大定向功能可以锁定目标人群、全面精准营销。

(4)钻展站位介绍

目前钻展的站位很多,进入钻展查看所有资源,可以看到钻展资源按照行业分为19个分类,包括影视、综合门户、地方门户、网上购物、军事、娱乐八卦、女性小说、教育、生活服务、财经、笑话、社交、男性小说、健康、女性时尚、动漫图片、母婴、游戏和垂直行业。

还可以根据"日均访客量""创意尺寸"和"创意类型"多条件搜索资源位。下面我们重点介绍几个热门站位。

①淘宝首页展位(图5.2.21、图5.2.22)

图 5.2.21

图 5.2.22

②阿里旺旺展位(图 5.2.23)

图 5.2.23

③淘宝 APP 和 H5 触屏首焦展位(图 5.2.24)

图 5.2.24

④买家收藏夹底部展位(图 5.2.25)

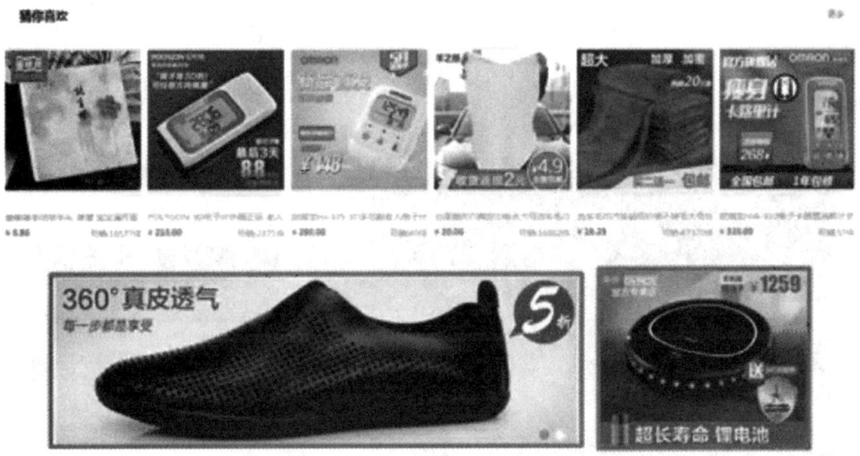

图 5.2.25

⑤新浪微博展位(图 5.2.26)

图 5.2.26

⑥凤凰网展位(图 5.2.27)

图 5.2.27

⑦网易图集展位(图 5.2.28)

图 5.2.28

⑧PPS 展位(图 5.2.29)

图 5.2.29

⑩56 视频网展位(图 5.2.30)

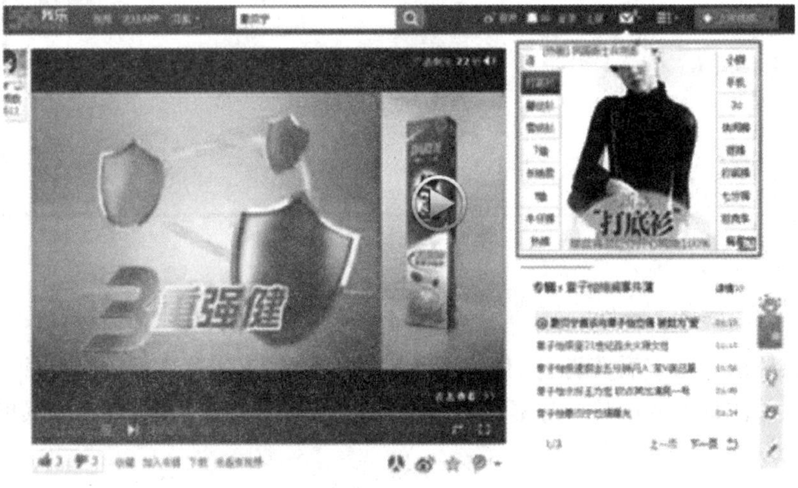

图 5.2.30

2. 准入规则

钻石展位自 2013 年加入了新的准入规则。

(1)类目准入规则

钻展禁止推广类目包括:国货精品数码、药品、计生用品、成人用品、自用闲置转让等。

(2)店铺规则(图 5.2.31)

分类	集市店	天猫店
DSR评分	均在4.5及以上	
星级	3钻及以上	无要求
好评率	98%以上	无要求

图 5.2.31

每个自然年内,店铺因《淘宝规则》关于虚假交易的相关规定,累计扣分在 12 分以下(不含 12 分);每个自然年内,店铺没有任何违反《淘宝规则》中虚假交易相关规定的处罚记录。

3. 钻展的操作流程(图 5.2.32)

图 5.2.32

(1)选资源位

①查看资源位,并了解资源位的信息(图 5.2.33)

通过钻展平台,点击进入"资源位",其中资源位列表共分为 19 种资源位。网上购物为淘宝网资源位,其他都为站外媒体,建议新手卖家可先选择淘宝网资源位进行投放。

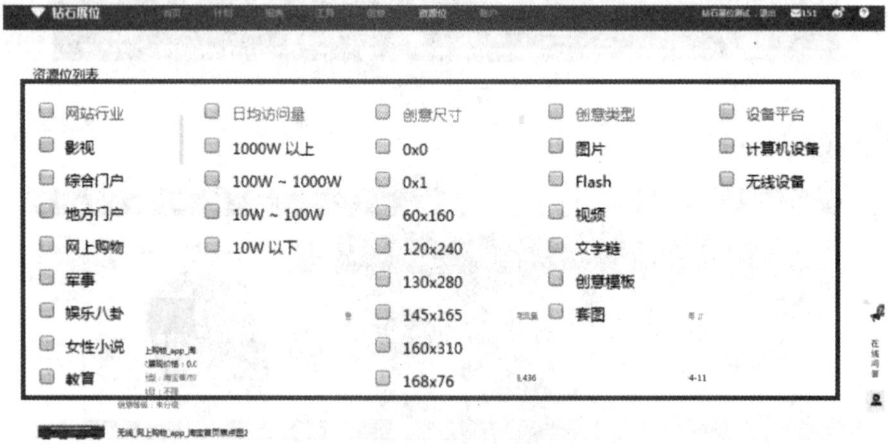

图 5.2.33

通过资源位信息可查看资源位、创意要求、日均流量、点击率等数据,如图 5.2.34 所示。这里需要重点关注日均流量和点击率两个数据,优先选择日均流量大、点击率高的资源位。

图 5.2.34

②选择资源位

可以根据系统推荐指数来选择适合自己类目的资源位。以选择淘宝网内资源位为例：第一步，勾选“网上购物”；第二步，勾选“查看行业数据”并选择自己的行业；第三步，按照“综合推荐指数”进行排序，选择排名靠前的几个资源位即可。如果投放资源预算不高，建议选择两到三个资源位投放。

● **想一想**

如果一个新手卖家在一个单元下选择了十几个资源位，会给他的工作带来什么麻烦？在预算不高的情况下，推广会受到什么影响？

● **友情提示**

1. 选择十几个资源位带来的麻烦主要表现在：每一个资源位的创意和素材要求均不同，需要花费大量精力制作不同的创意。

2. 预算不高的情况下，推广的影响主要表现在：资源位太多，预算又不高的情况下，很难竞争到优质资源位，最终导致带来的流量较少，推广效果不佳。

3. 新手卖家选择站位的建议：

(1)少而精，不要选择太多资源位，预算不高的情况下资源位数量不要超过 5 个；

(2)可以选择相对优质的位置来测试投放效果，建议优先选择站内的资源位，根据测试数据留下适合自己的资源位。

(2)创意设计

创意是展示类广告的核心，钻展中的创意包括图片美观、传达广告信息、制作符合规范。

创意制作基础要素：构图、色彩搭配、创意文案。优秀的创意必须满足：构图清晰，色彩搭配巧妙，创意文案深入人心。

①构图可以采用黄金分割、对称(中心突出)等方式进行，如图 5.2.35 所示。

②搭配色彩时图片主色不要超过三种，可以使用邻近色(60 度以内)和互补色(180 度)进行巧妙搭配，如图 5.2.36 所示。

③创意文案是广告的灵魂，可以是既具有新颖性和创造性的想法，文案不要过多，只要突出一个主题即可，如图 5.2.37 所示。

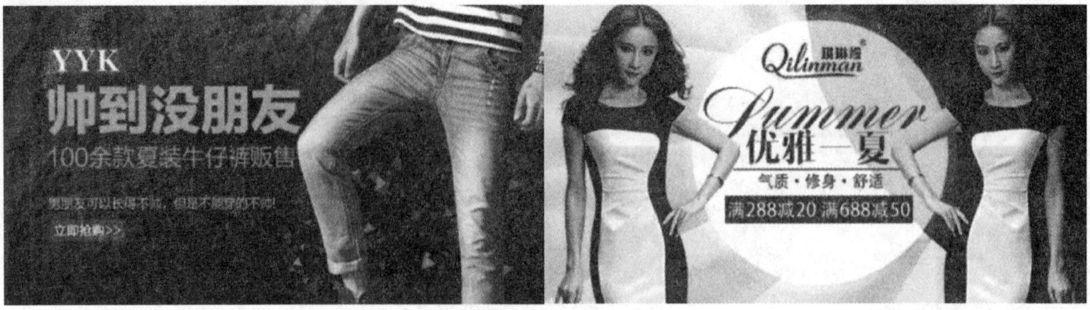

图 5.2.35

图 5.2.36

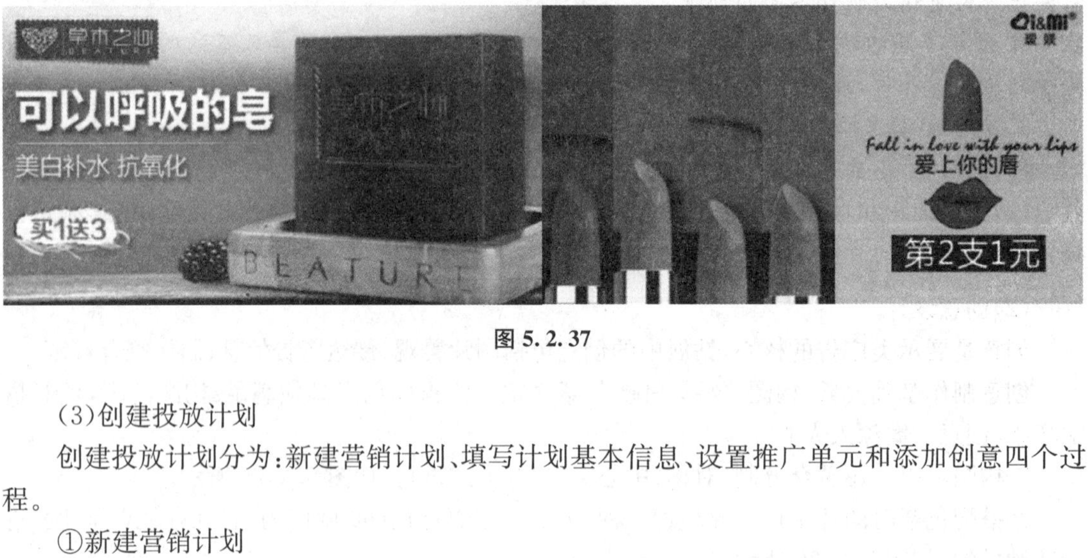

图 5.2.37

(3)创建投放计划

创建投放计划分为:新建营销计划、填写计划基本信息、设置推广单元和添加创意四个过程。

①新建营销计划

在钻展后台左上角点击"新建营销计划"→"选择新建营销计划"类型,出现"展示网络""明星店品""视频网络"三种,如图 5.2.38 所示。"展示网络"是覆盖淘宝内外的展示计划;"明星店铺"是指淘宝搜索+展示型广告,当搜索店铺关键词时展现在搜索结果顶部;"视频网络"是品牌营销型工具,重点是视频贴片广告和视频资源类广告计划。一般选择"展示网络"计划进行创建。

②填写计划基本信息

图 5.2.38

填写计划名称、每日投放预算和投放日期等基本信息，如图 5.2.39 所示。其中预算最低不能少于 300 元，预算大小决定了获取流量的多少。

图 5.2.39

点击高级设置，可以对投放地域、时段、投放方式等进行设置。投放地域和时段可参考生意参谋进行设置。

③设置推广单元

一个计划可以添加多个不同的推广单元，在推广单元中，需要设置定向人群、资源位和出价。

定向人群：系统会通过买家的收藏、搜索、浏览、购买等给每一个访客打上不同的标签，我们可以通过设置定向，圈定这些带有特点标签的人群，把广告展现给想要营销的客户，实现精准投放。访客定向目前有三种定向：访客定向、兴趣点定向和群体定向。访客定向指的是输入若干个店铺的旺旺 ID 后，系统会把广告投放给近期访问过这些店铺的人群；访客定向是较为精准的一种定向方式，可以用来维护店铺的老客户并同时共享竞争对手客户和潜在客户。兴趣点定向是指根据每个用户的历史购买行为，来确定该用户是属于哪些兴趣点的人群；兴趣点可以定向到比较细的二级类目，确定人群比访客定向广泛，精准度不如访客定向。群体定向即定向到对某些一级类目感兴趣的人群，比兴趣点定向更为广泛，流量也更大，但精准度较低，需要大流量时可选用。

- **知识窗**

定向人群选择、设置小贴士：

一般来说定向的精准度为：访客定向>兴趣点定向>群体定向>通投。

前期可先用访客定向，后面对流量需求较大时，再尝试兴趣点和群体定向，通过测试找出最适合自己的定向。

资源位可以通过网站行业、日均访问量、创意尺寸和创意类型来选择。

选择好定向人群和资源位后可直接出价。此处的价格即为广告位展现1 000次展示的费用。出价是实时生效，也可实时展示效果。

④添加创意

上传创意时，可根据尺寸选择合适的创意。创意可本地上传，也可从已通过的创意库中选择。

(4)竞价管理管理

因为钻展是实时优化、实时生效，所以可以根据流量占比来实时调整出价和预算。

【活动评价】

通过王经理的介绍，李伶终于对淘宝内的付费推广有了基本认知。为了提升付费推广效果，李伶通过淘宝大学、万堂书院等平台，学习了付费推广的相关技巧，并结合网店的付费推广数据，修改推广创意。

活动二：站内免费推广

【活动背景】

李伶在淘宝大学学习的时候发现除了站内付费推广还有大量的免费推广，免费推广有哪些呢？具体怎么操作呢？

王经理告诉李伶："淘宝站内的免费推广包括淘宝搜索引擎优化及淘宝站内免费活动等，尤其是新开的店铺淘宝会有扶持流量，而是否给予扶持流量重点就看淘宝搜索引擎优化和详情页的制作。淘宝站内免费活动一般都需要等店铺等级到之后才能报相关的活动。"

李伶听完后先从淘宝搜索引擎优化入手，先分析如何做优化、优化的影响因素有什么、如何报淘宝内活动。

【活动实施】

一、淘宝搜索引擎优化

现今在淘宝开店的商家大约有600多万家，每天有4 000万以上的人次来逛淘宝。怎么在浩瀚的流量中抓取潜在客户呢？怎样才能往自己店铺导流呢？

对于刚起步的中小卖家，在资金有限的情况下，能够抓住高品质的自然流量很重要。自然流量不仅可以降低网店推广成本，更能改善店铺流量来源比例的失调，使店铺可以走得更长远、更稳定。

- **知识窗**

大多数淘宝店铺卖家流量来源构成合理的分布模式为：

搜索自然流量：后台及收藏：推广流量：其他＝3：3：3：1

在淘宝搜索排名中，所有宝贝排名占 80%～90%，人气宝贝排名占 10%～20%，排名靠前的宝贝绝对可以获得不少的流量，如果是热门关键词，排名不容易受到影响，并可以持续给店铺带来流量。

● **知识窗**

淘宝 SEO 必读硬规则

1. 所有宝贝排名的硬规则

(1)一个页面上同一家店铺同时最多展示两个宝贝，目前是 15 分钟变化一次，一般在 19:30 到 23:30 是每 30 分钟变化一次。

(2)获得宝贝排名的要求是：①相关性、类目属性必须匹配，主要影响因素是类目属性和标题关键词；②橱窗推荐；③宝贝剩余下架时间(满足下架时间的条件，可以出现在所有宝贝排名中，但不能保证是首页)，在销售旺的时间段内合理安排宝贝下架时间；④店铺权重，主要影响因素是店铺动态评分、好评率、卖家退款速度(店铺权重越高宝贝出现在首页的机会越大，并停留在首页的时间也就越久)；⑤店铺加入消费者保护；⑥搜索降权，包括宝贝相关性差、宝贝作弊降权、滞销商品等都会降低产品排名。

2. 人气宝贝排名的硬规则

(1)交易量，直接反应宝贝受欢迎的程度。

(2)转化率，按宝贝所在类目进行横向比较。

(3)收藏量，侧面反映宝贝受欢迎的程度。

(4)回头客，反映了宝贝质量与店铺服务。

(5)卖家信用、发货速度、服务态度、好评率、支付宝使用率、消保、宝贝浏览量、橱窗推荐等其他因素。

1. 淘宝 SEO 核心内功——宝贝标题优化

一个好的标题不仅是卖家和买家之间的桥梁，而且通过标题可以将宝贝信息传递给买家，也是吸引买家进店参观的重要工具。

买家会搜什么关键词？宝贝怎么才能被搜到？这些是中小卖家一直关注的问题。

(1)宝贝标题命名

标题一般包括 30 个字，关键词可以从搜索角度出发，具体的选词方法可参考直通车关键词选择，同时可以使用生意参谋进行选词。

(2)宝贝标题优化

关键词的优化如何实施呢？以淘宝店家一款宝贝标题优化为例，该宝贝从去年 10 月 30 日至第二年 2 月共进行了 7 次标题优化，具体标题见表 5.2.2。

表 5.2.2

次数	时间	标　题	关键词优化原因分析
1	10 月 31 日～11 月 5 日	现货【2Sweet 甜蜜约定】201x 七夕败犬女王狐仙 B 千足金尾戒指	现货：因店铺大多采用预定方式，标明此款可立即发货。 【2Sweet 甜蜜约定】：品牌名。 201x：具体年份。 败犬女王：热播偶像剧。 狐仙 B：产品款式。 千足金尾戒指：属性词，一般在最后。

续表

次数	时间	标　题	关键词优化原因分析
2	11月5日～12月5日	【1212 全民疯抢】2Sweet/甜蜜约定败犬女王狐仙B千足黄金女戒指	【1212全民疯抢】:抓双十二热搜词。 2Sweet/甜蜜约定:取消"【】"符号。 败犬女王狐仙B:因关键词"狐仙B"被抄袭,加长关键词,减少竞品出现。 千足黄金女戒指:"千足金""黄金"为热搜词;"尾戒指"改为"女戒指"扩大客户使用范围,调整产品属性。
3	12月5日～12月12日	全民疯抢 2Sweet/甜蜜约定败犬女王狐仙B千足金/黄金女戒指	去掉"【】"符号和"1212",因活动已过预热期,到成熟期不需要强调,重点突出后面的几个关键词。 千足金/黄金:将"千足黄金"改为"千足金/黄金",考虑买家感受,去掉拗口、难阅读的词。 "女戒指"前加空格,避免关键词堆积,前后平衡。
4	12月12日～12月27日	圣诞节 2Sweet/甜蜜约定败犬女王狐仙B千足金/黄金女戒指现货	圣诞节:因圣诞节活动,且部分用户使用该关键词搜索,购买圣诞节礼物等。 现货:因圣诞节礼物送礼都较为仓促,现货传达了可快速发货等信息。
5	12月27日～2月9日	2Sweet/甜蜜约定告别单身开运旺桃花败犬女王狐仙B黄金尾戒现货	告别单身开运旺桃花:这位淘宝珠宝类目开春活动设定主题之一,抓住第一时间优化标题。 黄金:"千足金/黄金"改为"黄金"是因为30个字符无法同时设置两个关键词,在权衡后舍弃"千足金",同时也参考了生意参谋。 尾戒:"女戒指"改为"尾戒",是因为时值新春,买家对开运饰品的需求量非常大,尾戒因其寓意比女戒更能抓住买家心,引发购买欲望;同时尾戒也是店铺老客户热搜的关键词。
6	2月9日～2月11日	西洋情人节礼物告别单身开运旺桃花败犬女王狐仙B黄金尾戒	西洋情人节礼物:珠宝类目的销售高峰期。去掉品牌名称,在字节有限的情况下,舍弃了搜索量相对小、抓化率相对低的关键词。
7	2月11日之后	西洋情人节礼物告别单身开运旺桃花败犬女王狐仙B黄金尾戒预定	预定:因产品销售火爆,现货售罄,预定产品未到,故注明"预定"。

从上述标题优化的过程中,宝贝标题会随着不同时段做不同的调整,之后还会根据节日、类目活动的主题等进行优化。

● **知识窗**

标题中"【】"建议卖家慎用此符号,因为使用"【】"符号在淘宝搜索时会对框内的词进行降权。

● **想一想**

宝贝标题不能超过30个字符,为什么上述的标题中还要加入空格呢?

2. 淘宝SEO核心内功——宝贝属性

宝贝的类目属性分为前台属性和后台属性。作为卖家应密切关注前台类目的一级、二级、三级变化,注意每个细分类目下宝贝的数量、排名、销量和关键词。

前台属性为搜索结果页面最上端的属性页面,如图5.2.40所示。后台属性为宝贝信息上传页面的编辑页面。

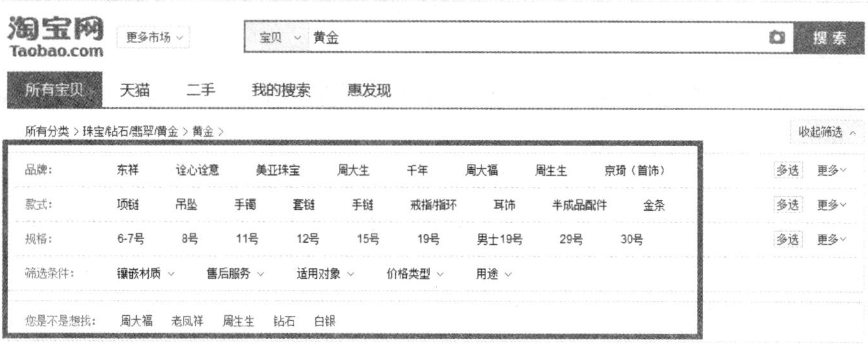

图 5.2.40

3. 淘宝 SEO 核心内功——橱窗推荐

在搜索结果中，卖家橱窗宝贝是会被优先排序的。

橱窗推荐宝贝会集中在宝贝列表页面的橱窗推荐中显示，每个卖家可根据信用级别与销售情况获得不同数量的橱窗推荐位，见表 5.2.3。

表 5.2.3

店铺类型	橱窗数量
淘宝店铺	根据店铺信誉不同，橱窗数量不同
天猫店铺	全店宝贝都会被推荐

4. 淘宝 SEO 核心内功——消保卖家

消保是消费者保护的简称，目前默认排序中，大部分类目中，没有参加消保的商品是排在参加消保的商品之后的。

5. 淘宝 SEO 核心内功——下架时间

下架时间是排序中比较重要的因素，用来保证每个商品都有机会展示。上架时间决定了下架时间，卖家要将宝贝在一天不同的时间段都展示，且宝贝展示时，卖家能在线服务。淘宝的交易高峰期主要集中在：早上 10:00～12:00、下午 3:00～5:00、晚上 8:00～10:00。周一到周五的人群要多于周末。

根据下架时间可以合理安排上架时间，宝贝上架的时候主要考虑宝贝数量和时间计算，如图 5.2.41 所示。

宝贝数量：100%=80%+20%
一周分配：7=5+2
小时分配：3个时间段、6个小时
符号代表：A=宝贝数量，X=分/个，
B=A×80%，C=A×20%
公式：X=（7×6×60）/A

图 5.2.41

- **做一做**

有一个卖女装的卖家小李，有300个宝贝，如何安排上下架比较合理呢？

- **友情提示**

第一步，通过生意参谋收集7天的淘宝行业周期数据，来查看每天流量情况，一般周一到周五较好，周六和周天不好。

第二步，通过生意参谋收集1天淘宝行业周期数据，得知10:00～11:00、14:00～16:00、20:00～22:00三个时间段是女装的销售高峰期。但考虑9:00、17:00、23:00也会有用户来购物，所以时间段安排为:9:00～12:00、14:00～17:00、20:00～23:00。

第三步，分配方案。

300个产品，每天9个小时，一周7天。

分配方案一:7天全部平均分配，(9×7×60)/300=12.6分/个。

分配方案二:7天时间分权重，5+2模式。商品数量分权重，80%+20%模式。

300×80%=240，300×20%=60(将240个宝贝在周一至周五上架，60个宝贝在周六和周天上架)。

周一至周五:(9×5×60)/240=11.25分/个;周末:(9×2×60)/60=18分/个。

即周内按照上面选好的时间段，每11.25分钟上架一个宝贝，周末每18分钟上架一个宝贝。这样每天不同时段都会有上架的商品，不同时段也会有下架的商品。

6. 淘宝SEO核心内功——搜索降权

宝贝不能进入淘宝搜索有两种情况:一种是“滞销商品”(3个月内没有卖出过一件商品)，可通过修改标题和价格等重新发布;另一种情况就是商品被降权，降权的意思是商品可以被找到，但排序基本在最后。

二、淘宝活动流量

淘宝活动的流量是一个免费流量的重点，这也是中小卖家需要重视的获取免费流量的方法。

1. 淘宝活动分类

淘宝活动可分为平台型、类目型和全站型活动，活动非常多，总有一个适合自己店铺的活动，见表5.2.4。

表5.2.4

类型	活动简介	活动举例
平台型活动	淘宝促销平台的活动	聚划算、天天特价、淘金币等
类目型活动	淘宝不同类目定期组织相应类目的活动	超级卖霸、主题活动等
全站型活动	淘宝做的全站式大型促销	双十一、双十二、年中大促、年货等

因淘宝站内活动很多，所以如果有推广专员，建议专门有一人负责报名参与不同活动。

2. 报名淘宝活动准备工作

如果要顺利参加各种活动，建议先对每个活动进行了解，例如活动要求、店铺要求、宝贝要求等。先收集这些信息，并再做一些分类。做好前期工作后，以后报名活动的时候会很顺手。

3. 活动报名入口

(1)点击淘宝官方活动入口:淘营销 yingxiao. taobao. com,点击“我要参加活动”,如图 5. 2. 42所示;

图 5. 2. 42

(2)进入卖家中心,点击营销中心,进入活动报名;

(3)进入各类目的帮派(//bangpai. taobao. com/),查看行业小二发布的宣导帖。

4. 活动报名流程

营销活动报名的基本流程为:选择活动——报名申请——活动准备,如图 5. 2. 43 所示。

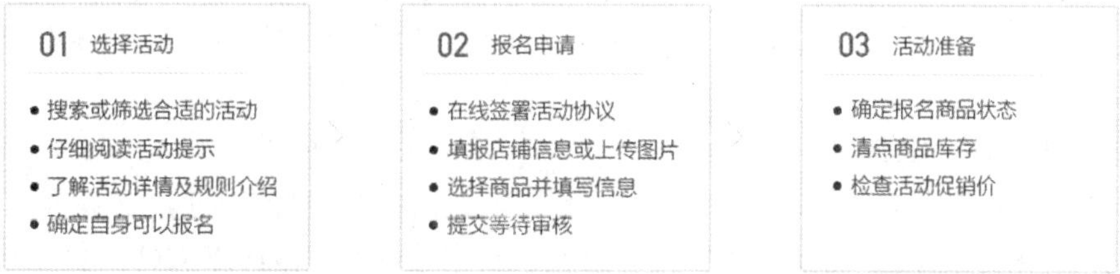

图 5. 2. 43

- **知识窗**

淘宝活动的注意事项:

1. 明确活动的目标,是清理库存还是增加人气。

2. 量力而行。参与聚划算等大型活动等要考虑店铺的实力、是否做足准备等,否则最终因为活动而影响整个店铺正常运营。

3. 选择参与适合的活动。如果选择的活动不适合自己的宝贝,可能销量也不会太好,表现不佳,导致下次报名活动时淘宝小二不通过。

4. 活动后遗症。活动后因中差评、换货、退款等问题。

【活动评价】

通过王经理的介绍,李伶终于对淘宝站内的免费推广有了基本认知。李伶为了更好地帮助店铺带来免费流量,认真分析生意参谋的数据,尝试淘宝 SEO 的相关内容;同时也关注店铺每天报名的活动及其准备的相关资料,为之后的推广做好准备。

任务三　腾讯系营销

情景设计

李伶在网络营销部门实习一段时间后，詹经理让李伶注册QQ、微信、微博等，通过QQ、微信和微博等寻找客户、与客户沟通、开展销售等服务。李伶注册QQ、微信和微博后，不知道该如何开展业务，李伶向詹经理请教了QQ、微信和微博的推广方法和推广技巧。

任务分解

詹经理告诉李伶：QQ和微信是腾讯主要的社交软件，都属于即时通信工具，营销方法比较类似，主要都是用来交流、沟通、互动，认识更多的朋友，维系当前的熟人关系；微博是一种开放式的社交软件，主要用来关注和参与新闻热点话题、关注感兴趣的人及与其发动互动交流，微博社交媒体的属性凸显。这两类推广工具都有不同的推广流程和推广技巧，本任务可以分解为以下两个活动：即时通信营销；微博营销。

活动一：即时通信营销

【活动背景】

詹经理告诉李伶："即时通信工具以QQ和微信等为主。以QQ为例，包括了QQ营销和QQ群营销等。"李伶听完后发现即时通信营销有这么多的营销方法，那具体该如何实施呢？

【活动实施】

一、即时通信营销定义

即时通信营销又叫IM(Instant Messaging)营销，是企业通过即时通信工具推广产品和品牌，以实现目标客户挖掘和转化的网络营销方式。本书中的IM营销以QQ为例进行讲解。

IM营销是进行商机挖掘、在线客服、病毒营销的有效利器，是继电子邮件营销、搜索引擎营销后的又一重要营销方式，它实现了企业与客户无延迟沟通。

作为即时通信工具，IM最基本的特征就是即时信息传递，具有高效、快速的特点，无论是品牌推广还是常规广告活动，通过IM都可以取得巨大的营销效果。除此之外，它还有以下几个特点：

(1)在线咨询及时解决问题，提高交易的可能性。

(2)充当最优接触点和最综合营销平台角色。

(3)病毒营销的助推器。

二、QQ营销的适用范围

1. 针对特定人群推广

针对受众人群集中且喜欢在QQ群中交流的人群，可使用QQ进行推广。比如地方性网站、行业性网站，这类网站的目标用户特别喜欢在QQ群中讨论和交流；如减肥、时尚、IT、汽车、育儿等产品也非常适合QQ推广，因为这类产品的用户也非常热衷于QQ群讨论。

2. 针对固定人群推广

有些产品的客户黏性较差，可以通过网站官方QQ群引导用户进群，通过群营销，加深对网站的印象。当网站有活动或者新信息时，企业可以通过QQ群来引导客户参与。

3. 低流量指标推广

QQ推广很难带来大量的流量，它更适合一些低流量指标的推广。

4. 推广有针对性项目

对于一些简单、明确、针对性强的产品和项目，非常适合QQ推广，如一篇文章、一个专题、网络投票、线下活动聚会等。

5. 对现有用户进行维护

如何维护好现有用户？如何提高用户的满意度？……这些都可以通过QQ维护用户，效果非常好。如通过建立官方QQ群，通过群来指导用户使用产品，通过群来与用户加强联络、增进感情等。

6. 对潜在用户的深入挖掘

一方面可以通过QQ保持与未转化用户的联络及沟通，在适当的时间转化；另一方面也可以继续挖掘已转化的用户，让其进行重复消费。

● **想一想**

在QQ营销中，该从何处着手呢？

● **友情提示**

1. QQ实时沟通

实时沟通可以突破时空界限，改变人与人交流的模式，使感情维系更加紧密。针对有明确目标需求的访客，企业需要在线客户服务系统，随时接待每个访客，回答访客的任何问题，产生交易；而针对没有明确需求的访客，企业需要对其行为特征进行分析、主动出击，沟通对方来访目的、购买意向，最终促使达成交易意向。

2. QQ空间

可以建立独特的QQ空间，围绕企业和产品开展信息传播和推广。如《小时代4》用了QQ空间作为新媒体推广渠道，QQ空间上超过50%的活跃用户出生于1990年后，QQ空间的90后恰好也是《小时代》的目标用户。

3. QQ个性签名

该签名可以有效地传达给该QQ号所有的好友用户。如果设置了同步更新到QQ空间，那么这些信息都能在好友浏览自己空间时被看到。

4. QQ空间说说

该功能类似微博，通过此功能，商家可以及时地把信息传达给所有好友用户。

5. QQ群

参与QQ群主讨论，有意识地传播信息。

6. QQ群空间

可以上传图片、文档。传播主体可以对自己的信息进行策划包装，使其不但具备营销价值，同时也具备用户价值，避免群友的反感。

三、QQ营销的技巧

1. QQ营销基础

QQ营销基础上最关键的一环是QQ资料设置。人际交往过程中个人形象非常重要，特别是开展商业活动时，给客户的第一印象尤为关键（首轮效应），甚至会直接影响项目的成败。

在互联网中，在看不到对方“庐山真面目”的情况下，如何给客户留下好的印象，解决信任危机呢？答案就是QQ资料设置。

(1)头像要正规

头像要正规、稳重，给人以信任感，突出亲和力。建议使用真人照片做头像。

(2)昵称要真实

同QQ头像一样，昵称也要正规、稳重、有特色、朗朗上口、便于记忆，且突出信任感和亲和力，建议可以使用实名。

网名会随着年龄、思想等变化而改变，每换一个网名也就意味从头开始，而之前的知名度、人气都要归零，如果使用实名就可以有效地避免这个问题。但如果有些人的名字太普通、不大气，或是重名太多，这种情况下，可以考虑起一个貌似真名又很有特色的昵称，并一直使用。尽量不要起太泛的名字或者英文名，因为这样的名字别人根本记不住。切记，不要轻易改名。因为网络上大家只认识名字，一旦改名，很多人都认不出来。

(3)资料要丰富

QQ资料设置得越丰富、越详细，给人的感觉就越真实、越可靠，如地区、职业、个人说明等。资料越多越好，但是切记，信息要真实，不能乱写，否则一旦被人发现是假的，将直接产生负面影响。此外，资料内的语言也应该规范。除了基本的资料设置外，最好经常更新QQ日志，在QQ相册中上传一些照片，这些都会增加真实感和亲和力。

(4)排名要靠前

一个普通的QQ号码，最多可以添加500位好友，但是登录QQ时，能够第一眼看到的好友最多只有十几个，所以提高QQ中的好友排名非常重要。那些一登录就能看到的，即使不联系也会印象深刻，甚至随着时间的推移，记忆深刻、挥之不去。

(5)互联网上多留名

除了以上QQ的基本设置外，建议在互联网上适当地留下自己的QQ号等可公开的个人信息，这样可以进一步增加信任感。

● **想一想**

如何提升在QQ中的好友排名。

● **友情提示**

1. 开通会员

2. 设置QQ状态

QQ状态有“我在线上、Q我吧、离开、忙碌、请勿打搅、隐身、离线”7种，其中“Q我吧”的优先级最高。如果普通号码将状态设置为Q我吧，排名会比会员还要高。不过这种方式唯一的缺点就是收到QQ消息时，会直接弹出消息窗口。

3. 在名字前加特殊字符

QQ排名的规则是按照昵称首字母进行排序，例如A、B、C、D等。如张三这个名字，首字母为Z，那他的名字就会排在非常靠后的位置。除了字母外，特殊字符的优先级要高于普通字母。比如在名字前加个空格，会排在所有名字前面。

2. QQ沟通营销技巧

留下好的印象只是第一步，而QQ营销的本质在于与用户的互动交流。具体的话术技巧与传统营销差别不大。在这里要考虑沟通中的注意事项：语气助词要慎用，图片表情要慎发，聊天速度要适当，字号字体莫乱改，弹窗震动莫乱发，注意礼貌要客气，快捷短语、自动回复要注意等，总之沟通时多考虑对方的感受，多尊重对方，对方才能为我们着想。

3. QQ 群营销技巧

QQ 群推广是最常用的平台，也是效果最好的一种方式。开展 QQ 群营销要分成以下四个步骤：寻找目标 QQ 群，加入目标 QQ 群，建立 QQ 群内信任，植入软广告。

(1)寻找目标 QQ 群

想要开展 QQ 群推广，首先要有足够的群。QQ 群推广的效果如何也直接取决于群的数量和质量，那如何才能找到优质的群呢？根据关键字在 QQ 群搜索或者搜索引擎中搜索“目标群”，比如健康群，养生群，保健群，广州健康群等。

(2)加入目标 QQ 群

根据群人数、群活跃度、地域进行筛选，活跃度不高的群说明群成员对群感情不深，信任度也不深；相同区域的群成员可以举办线上线下的活动进行推广宣传。同时在加入验证时，验证消息要真诚，带有感情色彩，与群主题相关。

(3)建立 QQ 群内信任

深入群与群主进行互助合作，同时可以与群里的活跃成员成为好友互助互利。

(4)植入软广告

通过建立群里信任，在讨论中可以进行软文推广或者植入软广告。

【活动评价】

通过詹经理的介绍，李伶终于对即时通信营销的推广技巧有了基本认知。李伶为了更好地实现销售，通过加入不同的 QQ 群，提升自己的沟通能力，并建立自己的专业形象，最终实现网络销售的目的。

活动二：微博营销

【活动背景】

詹经理告诉李伶：“微博是一个基于用户关系信息分享、传播以及获取的平台，以 140 字(包括标点符号)的文字更新信息，并实现即时分享。微博因为开放性，所以在传播品牌、与用户建立情感、前沿客服和公关方面有非常重要的作用。”李伶听到微博可以做到这些，思考怎么开展微博营销呢？

【活动实施】

一、微博营销定义

1. 微博定义

微博即微博客(MicroBlog)的简称，是一个基于用户关系的信息分享、传播以及获取平台，用户可以通过 WEB、WAP 以及各种客户端组建个人社区，以 140 字左右的文字更新信息，并实现即时分享。最早也是最著名的微博是美国的 Twitter，根据相关公开数据，截至 2010 年 1 月，该产品在全球已经拥有7 500万注册用户。2009 年 8 月中国最大的门户网站新浪网推出“新浪微博”内测版，成为门户网站中第一家提供微博服务的网站，微博正式进入中文上网主流人群的视野。2015 年 1 月，微博开放微博 140 字的发布限制，少于2 000字都可以发布。

国内知名新媒体领域研究学者陈永东在国内率先给出了微博的定义：微博是一种通过关注机制分享简短实时信息的广播式的社交网络平台。其有五个显著特点：

(1)关注机制：单向、双向两种；

(2)简短内容:通常为140字;

(3)实时信息:最新实时信息;

(4)广播式:信息公开,谁都可以浏览;

(5)社交网络平台:把微博归为社交网络。

微博可以分为个人微博和企业微博两种。企业微博具备了企业官方的特性,可以通过企业微博实现信息发布、与消费者建立情感、前沿客服、危机公关、预警、快速公关等功能。

● **想一想**

你所知道的国内外知名的微博用户有哪些?

2. 微博营销定义

微博营销是指通过微博平台为商家、个人等创造价值而执行的一种营销方式。该营销方式注重价值的传递、内容的互动、系统的布局、准确的定位,微博的火热发展也使得其营销效果尤为显著。微博营销涉及的范围包括认证、有效粉丝、话题、名博、开放平台、整体运营等。当然,微博营销也有其缺点:有效粉丝数不足、微博内容更新过快等。自2012年12月,新浪微博推出企业服务商平台,为企业在微博上进行营销提供一定帮助。

微博发挥了"碎片时间资源集合"的价值,用户可以利用电脑、手机等多种终端便捷地获取微博信息。正是因为碎片化信息以及碎片化时间,使得用户通常不会立即做出某种购买决策或者其他转化行为,因此硬性推广手段只能适得其反。

3. 微博营销的作用

(1)使公司形象拟人化,提高亲和力

企业的公众形象决定了用户的黏性与好感度,也会影响到企业的品牌与口碑。如果将公司形象拟人化,将极大提升亲和力,拉近与用户之间的关系。而通过微博这种产品,将很容易实现这一效果。

如广东省肇庆市公安局尝试开通了中国第一个公安微博,此举在社会上引起了巨大的反响。自古以来,衙门给人一种高高在上、遥不可攀的形象。到现在,人们对公安局等政府部门还是有点敬而远之。广东肇庆通过公安微博,极大地改观了公安部门在老百姓心目中的形象,拉近了警民之间的距离。人们通过微博发现,公安干警并不总是神秘与冰冷,也有可爱温情的一面。

目前广东肇庆的这种模式,已被全国多个省市的公安部门所借鉴和采用。

(2)拉近与用户之间的距离,获得反馈与建议

任何时候都不能拉开与用户的距离,不能忽略用户的感受和声音。通过微博可以很好地拉近与用户之间的距离,将更加直接地获得用户的反馈与建议。如图5.3.1小米公司官方微博所示。

从图中可以看出,大多数小米的粉丝都对小米未来的笔记本比较期待,通过这样一条微博拉近了用户与企业的距离,第一时间获取了消费者的需求信息。

而同样美国现任总统奥巴马,也是美国历史上第一位黑人总统,在他成功的背后,微博功不可没。奥巴马在美国大选期间,通过Twitter获得了15万名粉丝的支持,而他的竞争对手希拉里仅有6 000多名。

其成功之处在于通过微博拉近了与选民之间的距离。在竞选期间,奥巴马的团队每天会在微博上与关注他们的粉丝互动,对用户的信息进行反馈,甚至还会主动关注别人。试想一

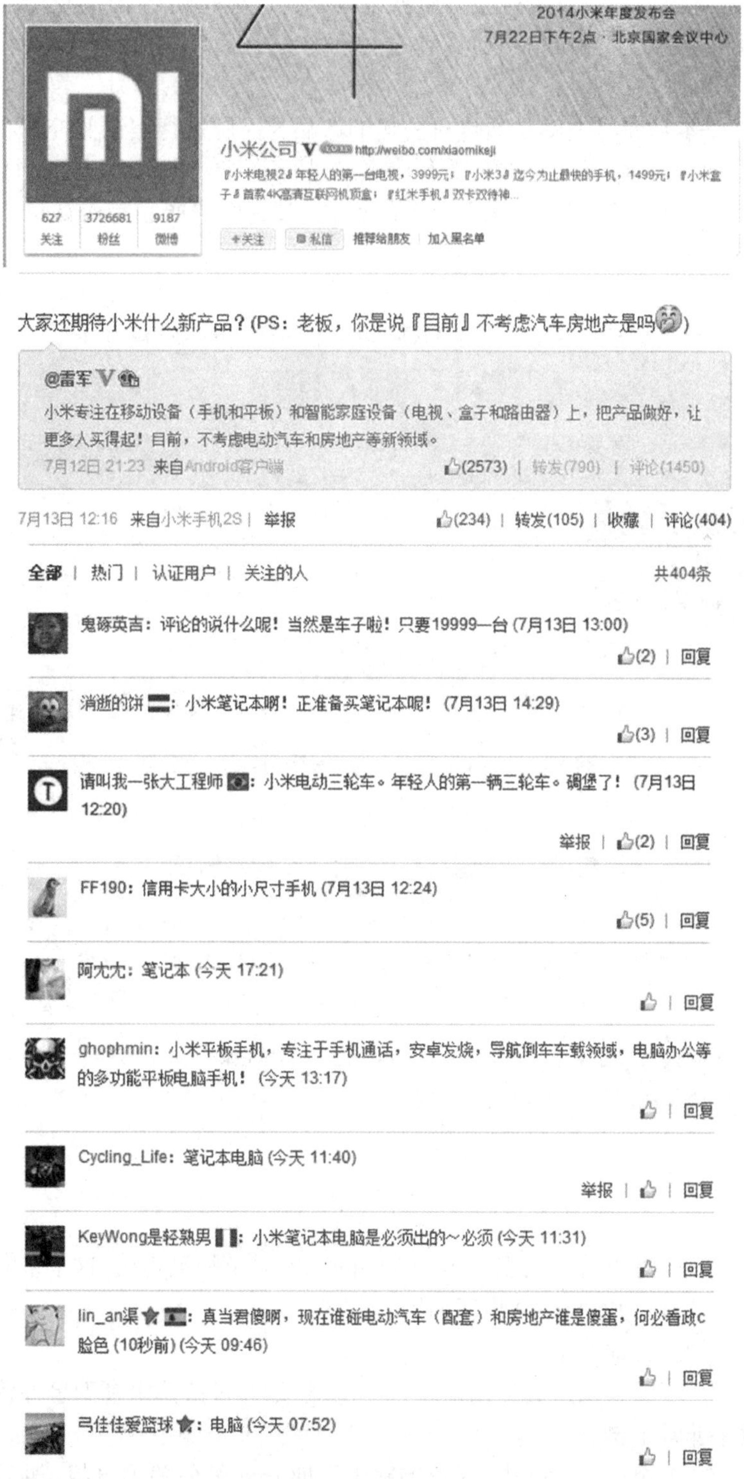

图 5.3.1

下，一个平日高高在上的大人物却用微博跟老百姓聊天互动，人们能不投他一票吗？而希拉里只是把微博作为发布消息的平台，从来不关注他人，也不回复用户的消息，更不会与用户互动。

她没有重视选民，选民也就没有重视她。应该说微博在这里起到一个桥梁作用，因为奥巴马已经很有知名度了，只是缺少与粉丝互动交流的平台。

(3)对产品与品牌进行监控

公关人员的基本功课之一就是通过对公司的产品与品牌进行舆论监控，及时发现问题、解决问题。而有了微博后，可以通过这个平台更好地进行监控。我们可以通过微博平台搜索内容的方式来了解客户在谈论哪些与我们有关的话题、对我们的产品是否认可。如图 5.3.2 小米在微博征询新品发布采购形式所示。

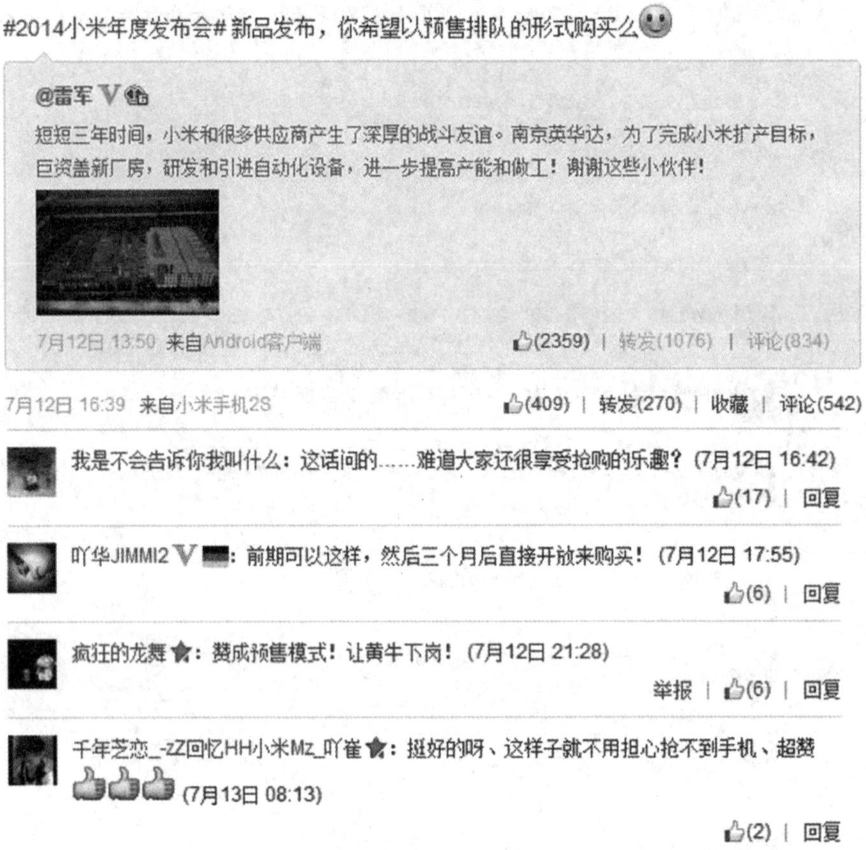

图 5.3.2

如图 5.3.2 所示，可以看出大家对排队采购的态度以及相关建议，这个采购行为也是因为之前大量粉丝对抢购行为的吐槽做出新的销售方式。

(4)引发或者辅助其他营销手段

随着微博的普及深入人心，其作用也越来越凸显，如通过微博来辅助事件营销、病毒营销、网络公关等，效果非常不错。

如 2012 年 360 与金山的大战中，周鸿祎利用微博开展了公关闪电战，甚至直接使金山市值跌了 6 亿元。

● **想一想**

传统企业微博营销思考：

假设小A是一个大型矿山机械制造企业的网络营销人员，企业看到微博营销的作用后，想建立一个企业微博，并把建立和维护微博的任务交给了小A。

小A发现微博上大多数人都不是企业的目标受众群体，在这样的情况下，小A该怎样传播消息给潜在的目标受众呢？如何通过企业微博，让不是目标受众群的人记住企业品牌呢？

二、企业微博营销运营

1. 企业微博营销定位

对于企业来说，要明确通过微博想做什么，达到什么效果，也即微博的功能定位。这一定位的确定限制了企业微博的发布内容，也就是说应该是功能定位决定微博的内容，如凡客的官方微博运营。凡客有两个官方微博账号：一个承担媒体的功能，公司有重大新闻公布，都会第一时间在这里发布，措辞风格相对中规中矩；另一个账号是凡客粉丝团，是一个互动平台，主要是组织各种有意思的活动，比如盖楼、打折促销、新品上市等，与粉丝互动，维系品牌忠诚度，提升产品销量。在语言上，粉丝团更加拟人化，以朋友的身份与粉丝沟通。这种划分，主要的原因在于：第一个账号的主要目标受众群体是本行业的媒体、竞争对手以及投资者；而后者则是消费者。这样就不会因为两个不同的定位，不断切换身份。

例如，星巴克官方微博的形象定位是一个有点小资、有亲和力、懂得生活的服务员。星巴克的微博思路是塑造亲和力，营造轻松融洽的氛围，让粉丝感觉自己正在一家咖啡馆里和服务员闲聊。一旦客户清晰，这样的调性和形象将深入人心，效果也会很好。如图5.3.3星巴克官方微博博文所示。

图5.3.3

● **想一想**

生硬的工业品、机械、五金、化工等企业如何来定位企业的微博形象？我们可以看到许多企业不知该如何为官方微博定位，导致微博文字干巴巴，毫无生气而言，如图5.3.4一家轴承公司的微博所示。请思考在这种情况下企业的官方微博该如何定位？

2. 企业微博营销架构

(1)企业微博成员的身份认定

①企业官方微博

企业官方微博是以企业在工商行政管理部门核准注册的字号为昵称关键词而建立的微博账号。它主要以企业名义向社会公众、消费者传递与企业的思想文化、经营理念、品牌、产品和服务等紧密相关的微博资讯。

②企业产品官方微博

当企业旗下品牌众多、各具特色，很难统一到一个微博上时，可以根据产品特色开设企业金峰轴承北京市场部已于2011年8月18日正式成立，北京市场部的工作任务是创建轴承企业文化论坛、进行企业品牌策划和推广、开展战略公关活动等，北京市场部的目标是：扎实工作，努力奋斗，力争在3-5年时间内促成金峰企业上市。

2011-8-29 09:14 来自 新浪微博 转发 (6) | 收藏 | 评论 (3)

公司主要生产调心滚子轴承、圆柱滚子轴承、圆锥滚子轴承、深沟球轴承、推力球轴承、角接触球轴承、推力圆柱滚子轴承、推力调心滚子轴承等。轴承（以内径计）的尺寸范围是Ø100mm~1500mm。精度分为P0、P6、P5。轴承的品牌是WBJF。产品广泛应用于冶金、矿山、石油、化工、机械、造纸、水泥等领域。

2011-8-29 09:06 来自 新浪微博 转发 | 收藏 | 评论

图 5.3.4

产品官方微博。

- **想一想**

小米为什么为所有产品开设不同的微博？

- **友情提示**

小米公司几乎为自己旗下的产品都开设了微博，小米手机、小米电视、小米盒子、小米平板、小米路由器、小米手环、小米耳机等都有微博。因为小米公司根据不同产品针对不同用户群体的特性，给每个产品都赋予了不同的个性。

③企业中高层管理人员个人微博

企业中高层管理人员个人微博表面上看是个人微博、名人微博，但实质上是企业重要的文化和品牌资产，不仅是中高层个人形象的展示窗口，更是企业整体形象的代言频道。企业中高层管理人员个人微博既有个人微博属性，又兼备组织官方微博属性。图 5.3.5 为奇虎 360 高管微博汇总。

图 5.3.5 奇虎 360 高管微博汇总

④员工微博

企业员工微博主要依靠员工的意愿，可以发布工作中的烦恼和生活中的所见所闻，并为用户互动创造条件，这样大量的员工微博形成了"众星拱卫"之势，在很大程度上弥补了官方微博的不足。如东方航空公司的员工微博营销，成功地将企业与个性化趣味结合在一起，推出了包括"凌燕"为名称内容的个人微博，其集中呈现的是东航空姐形象，而隐藏在背后的则是东方航空的企业整体形象，如图 5.3.6 所示。

东航凌燕召集了最能代表航空公司形象的空姐，每位空姐都姓名确凿，前面加上"凌燕"二字。微博的主要内容多是空姐们在世界各地拍摄的风景照片，或者平时旅客们看不到的飞机驾驶舱等。整体风格朴实，有亲和力，符合大多数人对于航空服务业的理解和定位，让人觉得是在和空姐对话，而不是公司。东航的形象立刻变得更加鲜活起来。

图 5.3.6

(2)企业微博矩阵营销

微博矩阵是指在一个大的企业品牌之下，开设多个不同功能定位的微博，与各个层次的网友进行沟通，达到 360 度塑造企业品牌的目的。

微博矩阵是指企业通过品牌微博和客户微博，与员工微博、产品微博、粉丝微博和活动微博形成“4＋2”模式下的矩阵分布。

企业开展微博矩阵营销可以根据企业规模、品牌及营销人员等架构。如大企业微博营销架构模式：企业官方微博、企业产品官方微博、企业中高层管理人员个人微博及若干企业员工微博（视员工意愿而定）；中小企业微博营销架构模式：企业官方微博、中高层管理人员个人微博及若干企业员工微博（视员工意愿而定）。

(3)微博装修

微博会提供一些装修模板，然后主页则要更加个性化一些，尤其企业微博。如小米公司的微博充分考虑头像、底部图片和轮播广告设计、基本信息的填写等，如图 5.3.7 所示。

● **想一想**

微博就是企业的新样板房，传播企业形象，那该怎么装修呢？如果是工业品、机械、五金、化工等企业该如何装修其微博呢？

(4)账号认证

账号认证即实名加 V，这是微博针对企业微博账号、企业中高层管理人员微博账号、行业内有影响力人物的账号及员工微博账号，要先获得新浪认证。获得认证的好处是形成较权威的良好形象，微博信息可被外部搜索引擎收录，更易于传播，也容易进入推荐微博名单、获得大量的粉丝、快速提高影响力和传播力；同时也可以预防假冒伪劣，尤其对于认证的企业，发布的产品或活动信息有了公信力，用户也敢于和乐于参与。

图 5.3.7

● **做一做**

请为自己的个人微博申请加 V。

3. 企业微博内容营销

在运营微博营销时撰写高质量的微博内容要注意以下几点。

(1)图文结合

微博的内容信息尽量多样化，最好每篇文字都带有图片、视频等多媒体信息，这样具有较好的浏览体验；微博内容尽量包含合适的话题或标签，以利于微博搜索；发布的内容要有实用价值。

(2)长微博营销

长微博是通过图片发布文字信息的一种形式，最主要的作用是突破 140 字限制，但后来通过附带相应文字版本的链接演变为博客和长文章的入口。

(3)头条文章

头条文章是微博于 2016 年全新打造的长文产品，相较于分享站外的文章链接，具有诸多的优势：首先，其呈现形式为信息流大卡片，正文页极速打开，拥有更好的用户体验；其次，头条文章的内容会在微博信息流内得到更多的推荐，会被更多用户看到，并形成二次传播；再次，依据此前媒体的使用效果，头条文章的阅读数、互动量明显提升，可以快速增加新粉丝；此外，头条文章还具有打赏功能、付费阅读功能，后期还支持微博橱窗商品的插入，可以让作者在内容获得网友认可的同时获得额外的收入。

(4)发布时机

企业官方微博每天发布条数为 5～10 条，发布者可以合理利用用户的空闲时间，如上班之前、午休时间、下班之后及晚上休息之前这几个时段。

(5)内容策划

微博营销中内容是非常重要的，只有内容吸引了用户，才能带来更多的转发和评论，最终影响微博营销的效果。微博内容要吸引人，在找准用户的基础上，“有用的内容/有趣的内容”

更容易让用户参与其中。“有用的内容”可以从与用户关联或从用户专业性角度策划；“有趣的内容”可以从趣味、幽默和易懂等角度策划。在内容策划方面也可紧跟热点话题，参与讨论，吸引粉丝和转发。

(6)话题营销

通过“＃＊＊＊＊＃”的格式来加入话题。企业可以通过插入话题，固定运营相关话题，如图 5.3.8 所示。

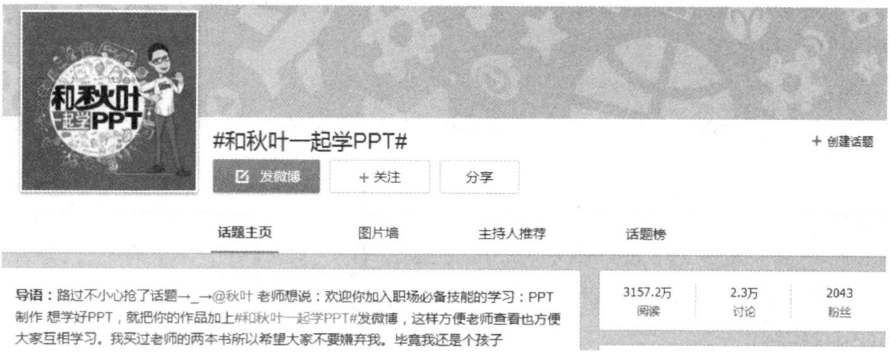

图 5.3.8

4. 企业微博的互动

(1)互动交流创造营销机会

很多企业微博上有大量的“僵尸粉”，也有大量的“僵尸博”。“僵尸粉”就是没有几条微博发布，也基本不对别人的微博做任何转发和回复，这样的微博没有任何影响力和生气。僵尸博则存在于名人和企业微博之上，几乎不关注任何人，形成一种完全单向的交流通道，完全没有发挥微博的推广作用，使微博成为通告器，这样的微博无人理睬也激发不了用户热情。

微博的价值在于粉丝圈子的存在，以及活跃粉丝的互动。为了形成良好的互动交流，企业微博应关注更多的用户，并积极参与回复讨论，将弱关系转化为强关系，在回复和转发中创造营销机会。

(2)微博的搜索功能实现精准互动营销

通过微博搜索功能，每天及时在微博上的搜索框中检索与企业相关的关键词，与微博用户互动起来，实现精准互动营销。如图 5.3.9 内联升微博精准营销所示，通过微博精准营销，内联升的微博转发率达到 89%。

图 5.3.9

内联升专心致志地和关注内联升品牌的用户交流，让用户“回头”，这种策略构成了内联升微博营销的核心，有效地和本身在微博用户中就是小众的内联升潜在客户群体建立了极有针对性地精准营销，通过微搜索实现微传播，并且将这种微传播做到极致。

5. 企业微博的传播

(1)优质内容置顶

发布的优质微博没有及时出现在订阅者和粉丝面前，可以通过其他的微博账号每隔一小时转发或者评论一次，微博就会重新出现在前列，会有更多的曝光机会。

(2)巧用“@”和私信

①“@”

“@”是告知粉丝，能够在打开微博的第一时间，被提示有微博@了他，无论这条微博发布了多久。

@的使用技巧：

选择@互粉的听众，这样回复率会提高。如果没有关注，尽可能不要@他。

选择@平时经常转发微博的朋友，可以进一步提高转发率。

@粉丝中被关注人数最多的几位，因为这些粉丝的转发，能够获得更大范围的辐射。

对于多次@没有任何转发的粉丝，从@名单中去掉。

②私信

私信只能由关注的人发给粉丝，并且只有发件人和收件人看到，通过私信可以做点对点地精准营销。

在以下两种情况下，私信比@更加有效，例如：

请人转发。

扩展功能。通过私信收集用户信息，寄送一些免费产品或私下交流感情，可以实现精准营销。

6. 微博精准营销

微博可以帮助企业实现精准营销，这种精准营销的实现，是基于对微博精准用户的提取。

微博精准营销的思路和流程：先通过技术手段，从微博海量用户中提取符合我们需求的用户 ID；然后通过发布活动或者内容，开展营销活动。

● **想一想**

微博怎么实现精准提地取用户呢?

● **友情提示**

1. 竞品粉丝提取。将竞品或者同类产品官方微博的粉丝提取出来，关注他们的人也是企业的目标用户。

2. 相关热门微博转发提取。可以针对一些热门内容，将转发过这些内容的用户提取出来。

3. 语义分析。通过搜索某类关键词相关的用户群体。

4. 地域标签提取。通过手机发布微博，可以显示地理位置。

7. 微博营销的其他技巧

微博是一个需要长期耕耘和积累的阵地，唯有用心才能让用户留下来。

(1)学习别的企业的做法

优衣库曾经在互动上有好的做法。一次优衣库在 Twitter 上陈列了 10 件衣服，规定“越多评论、价格越低”。如果有用户进入评论系统，网站就会告诉用户目前这件衣服有多少条评论，售价已经下降多少，距离最低价格还差多少评论。每写一段评论，系统都会提示“在你的努力下，价格又下降了。”

(2)每日坚持更新

每天坚持发布原创微博比较合适，如果很难有新鲜事情发布，平时也可以注意积累行业动态及趋势，分享一些对用户有价值的信息。

(3)主动互粉核心用户

企业微博要多关注经常转发自己微博的人，转发在五次以上，又积极参与讨论的就是企业的核心粉丝。这些核心粉丝的关注会让客户有荣誉感，为口碑营销奠定基础。

(4)随时做好微博营销

微博的引爆点几乎是随时的，很多来自网民的主动创意，出现的时间可能在下班之后。这就要求营销人员随时搜索，把和网民的沟通作为工作，及时做好与企业话题相关的回复。

● **做一做**

假设你有一个在二线城市的连锁超市，想做微博营销，问题是微博是面向全互联网的，而你主要是针对所在城市的市民，如何让你的微博在兴建之初就能精准针对本城人群？

【活动评价】

通过詹经理的介绍，李伶终于对微博营销有了基本认知，对企业微博运营定位、架构、内容营销、互动、传播、精准营销等有了基本了解。李伶发现微博运营过程中除了常规运营，还需要组织活动，并经常推广其微博，才能最终达到企业微博运营的目的。

项目总结

本项目包括三个任务：搜索系营销，阿里系营销，腾讯系营销。陈晓玲通过学习掌握了搜索系营销中的付费推广、百科推广、问答推广等的内涵和技巧；淘宝站内付费推广、站内免费推广的内涵和技巧，淘宝站内推广效果统计与分析；即时通信营销和微博营销的内涵和技巧。

通过这段时间的学习，她深刻了解到阿里的资源整合模式可以做到对阿里电商企业数据营销效果的提升；腾讯智能营销模式可以促使社交流量向品牌商有效转化；百度用户通过互联网、移动互联网所产生的搜索、LBS、APP、O2O、社交等多个领域的数据与百度的搜索引擎数据相结合，并通过 AI 的驱动，将让百度对整个互联网的用户兴趣、属性标签、流量走向、热点转移乃至产业发展方向洞若观火。过去那些让人不悦的广告，将转变成“内容与时机都能找到对的人的广告”，这或许是 AI 时代将要开启的新时代。

项目检测

一、单选题

1. 搜索营销效果转化漏洞，是指漏洞的五层对应了(　　)的各个环节，反映了从展现、点击、访问、咨询，直到生成订单过程中的客户数量及流失。

A. 企业搜索营销　　B. 个人搜索营销　　C. 搜索引擎　　D. 百度搜索营销

2. 百度文库的文档标题应尽量与(　　)已经收录的关键词相匹配,这样才能便于被人快速精准地搜索到。

A. 网络　　B. 百度　　C. 网站　　D. 搜索引擎

3. 淘宝直通车推广是用一个(　　),让买家进入你的店铺,产生一次甚至多次店铺内跳转流量,这种以点带面的关联效应可以降低整体推广的成本和提高整店的关联营销效果。

A. 点击　　B. 收藏　　C. 交易　　D. 浏览

4. 一个好的(　　)不仅是卖家和买家之间的桥梁,而且可以将宝贝信息传递给买家,也是吸引买家进店参观的重要工具。

A. 关键词　　B. 店名　　C. 图片　　D. 标题

5. (　　)可以突破时空界限,改变人与人交流的模式,使感情维系更加紧密。

A. QQ 电话　　B. 微博　　C. 实时沟通　　D. 网络社交平台

二、多选题

1. 在搜索引擎营销中,竞价排名的特点和主要作用有(　　)。

A. 按效果付费,费用相对较低

B. 出现在搜索结果页面,与用户检索内容高度相关,增加了推广的定位程度

C. 竞价结果出现在搜索结果靠前的位置,容易引起用户的关注和点击,因而效果比较显著

D. 搜索引擎自然搜索结果排名的推广效果是有限的,尤其对于自然排名效果不好的网站,采用竞价排名可以很好地弥补这种劣势

E. 企业可以自己控制点击价格和推广费用

2. 搜索引擎付费推广最终达成效果要经历(　　)三个阶段。

A. 搜索引擎推广阶段　　B. 企业网站阶段

C. 线下销售阶段　　D. 线上销售阶段

3. 搜索推广的账户结构由(　　)等层级构成。

A. 账户　　B. 推广计划　　C. 推广单元　　D. 关键词及创意

4. 人气宝贝排名的硬规则有(　　)。

A. 交易量　　B. 转化率　　C. 收藏量　　D. 回头客

5. 推广效果统计分析的作用是(　　)。

A. 及时发现问题　　B. 建立历史档案

C. 准确预测成交概率　　D. 自由对比分析

三、判断题

1. 宝贝标题一般包括 20 个字,关键词可以从搜索角度出发,具体的选词方法可参考直通车关键词选择,同时可以使用生意参谋进行选词。(　　)

2. 生意参谋诞生于 2011 年,最早是应用在阿里巴巴 B2C 市场的数据工具。(　　)

3. 市场行情是一款极其重要的行业数据分析工具,提供行业大盘、品牌分析、产品分析、属性分析、商品店铺榜、买卖家画像等功能,提供全方位的行业数据分析,帮助商家把握市场动态,发掘市场先机。(　　)

4. IM 营销是进行商机挖掘、在线客服、病毒营销的有效利器,是继电子邮件营销、搜索引擎营销后的又一重要营销方式,它实现了企业与客户无延迟沟通。(　　)

5. 微博可以分为个人微博、企业微博、官方微博三种。(　　)

四、简答题

1. 淘宝直通车推广的作用有哪些?

2. 企业微博在运营微博营销时撰写高质量的微博内容要注意哪些问题?

五、实训题

在网上申请一个免费域名和虚拟主机空间,制作一个简单的商务网站,并将网站收录到百度搜索引擎中,比较优化前后的网站在百度搜索引擎中的排名。

项目六

微营销试水

项目情景

陈晓玲的朋友李晓杰是当地的一位水果批发商，所经营的水果品种多，物美价廉，在当地的水果批发市场中一直有着很好的口碑。前几日，李晓杰在与一个朋友聊天的时候，听说他不仅有自己的实体门店，现在还同时在微信上卖东西。李晓杰听了之后十分感兴趣，也想尝试这种新型的销售手段，但是自己对这方面并不了解，于是想到了学习电子商务的朋友陈晓玲，想向陈晓玲请教一下如何进行微营销。

项目目标

【知识目标】

1. 理解什么是微营销。
2. 了解微营销有哪些不同的形式。
3. 微营销和传统营销有哪些区别与联系。
4. 理解并掌握微商城营销、微店营销、微信营销和微视频营销。

【技能目标】

1. 了解怎样进行微营销。
2. 能够根据企业的具体情况为企业选择适合的微营销模式。
3. 能够综合运用微营销的各种形式开展企业的微营销。
4. 了解微商城、微店的具体开设程序。

【情感目标】

1. 具有微营销的意识。
2. 具有勇于尝试新型营销形式的勇气。

任务一　微商城营销

情景设计

李晓杰在听取了朋友在微信上进行营销的成功事例后，十分心动。决定自己也要从线上这个途径销售自己的水果。于是李晓杰向陈晓玲进行了咨询，自己应该怎样进行微营销，有什么要求和条件。陈晓玲学习电子商务也有一段时间了，她最近刚刚听说了一种新型的营销形式叫作"微商城营销"，于是她建议李晓杰可以试一试微商城营销，但是由于陈晓玲自己对微商城这个新型的营销手段也不是很了解，于是就托朋友介绍了一位在微商城营销上十分有经验的王经理来指导李晓杰具体应该怎么做。

任务分解

王经理告诉李晓杰，想要建立属于自己的微商城，首先要清楚微商城到底是什么，微商城营销的依托是什么，重点还在于要弄清楚微商城营销的本质和特点，所以，现将本任务分解为以下几个活动：了解微商城营销；怎样开设微商城；如何进行微商城的营销与推广。

活动一：了解微商城营销

【活动背景】

王经理告诉李晓杰，"微商城乍一听十分的高大上，感觉离我们现在所处的营销世界相距甚远，其实只是你没有留心，现在在我们身边，很多消费者都在从微商城上购买物品，现在很多大型酒店都有外卖，还有电视购物，都有属于自己的微商城。"李晓杰一听觉得自己开设微商城可行，连一些饭店都有微商城来进行外卖活动，那自己的水果零售生意也可以这么来。

【活动实施】

一、认识微商城

微信商城（又名微商城）是在腾讯微信公众平台推出的一款基于移动互联网的商城应用服务产品。微商城是基于当前很受欢迎的微信的一种传媒方式中的一种商业运用，微信当前的火热是一个商机，基于微信的传播速度及其简便等优点，为商家提供一个平台，在这个更简便、方便的平台里进行更为现代的电子商务。同时利用微信的这个平台也可以为商家提供更有效的宣传方式，更有利于商品的推广，如图 6.1.1 所示。

"辣妈学院"是专为新时代时尚女性和超级奶爸打造、通过传播专业育婴资讯和时尚辣妈生活方式、帮助新时代父母尤其是时尚年轻女性，建立健康时尚的育婴观念及良好的两代、两性互动的电视节目。新时代育婴女性，不应只是妈咪，更应该是辣妈！节目汇聚国内顶尖育婴专家和时尚辣妈家庭样本，通过趣味亲子互动、多元化的电视表现方式将亲子内容更加细节化和贴近生活。辣妈学院商城是辣妈学院这档节目所开设的微信商城，最开始主要卖一些节目中推荐过的好用的产品，随着商城的知名度越来越大，现在商城上所卖的产品种类也越来越多，商城的主要消费者的范围也从开始的节目观看者慢慢辐射到更为广大的人群。

图 6.1.1 辣妈学院微商城

- **想一想**

微商城为商家提供了一种全新的网络销售模式吗?

- **友情提示**

微信商城是第三方开发者基于微信而研发的一款社会化电子商务系统,同时又是一款传统互联网、移动互联网、微信商城、易信商城、APP 商城、支付宝商城、微博商城七网一体化的企业购物系统。消费者只要通过微信商城平台,就可以体验商品查询、选购、体验、互动、订购与支付的线上线下一体化服务模式。

微信作为时下最热门的社交信息平台,也是移动端的一大入口,正在演变成为一大商业交易平台,其对营销行业带来的颠覆性变化开始显现。工业和信息化部上半年统计数据显示,中国微信用户已经超过 4 亿人次,电商规模达到 5.4 万亿元。消费者只要通过微信平台,就可以体验商品查询、选购、体验、互动、订购与支付的线上线下一体化服务模式。微商城营销是新媒体营销的一种,也是现在非常流行的一种新型销售模式。

二、了解微商城营销的特点与优势

1. 微商城营销的特点

(1)微信商城能利用碎片化时间

微信商城不像 PC 商城,企业只需要推送相关活动优惠信息,微信就会用谈话框的对话形式弹出,用户打开微信就能够看到微信商城的促销活动。快捷的打开入口方便用户购买,用户无论是在任何时间都能够随时随地的下单。如图 6.1.2 所示。

(2)微信商城能够与其他系统对接

微信商城的数据库能够与 APP、PC 电商平台等系统对接。实现同步化数据,并且微信还能够与企业内部系统(ERP,CRM,单一库存)对接。微信商城全面实现线下门店管理、订单管理、货品管理、界面个性化,打造独一无二的微信商城,如图 6.1.3 所示。

(3)微信商城的数据分析完善

微信商城能够实现对产品的数据分析,包括对商品的点击率、转化率、访问时间、销量等的

图 6.1.2　华为微商城

图 6.1.3　微商城后台设置

全面监控。并且微信还有多种促销方案，像大转盘、发红包、现金券、玩游戏抢现金。如图 6.1.4所示。

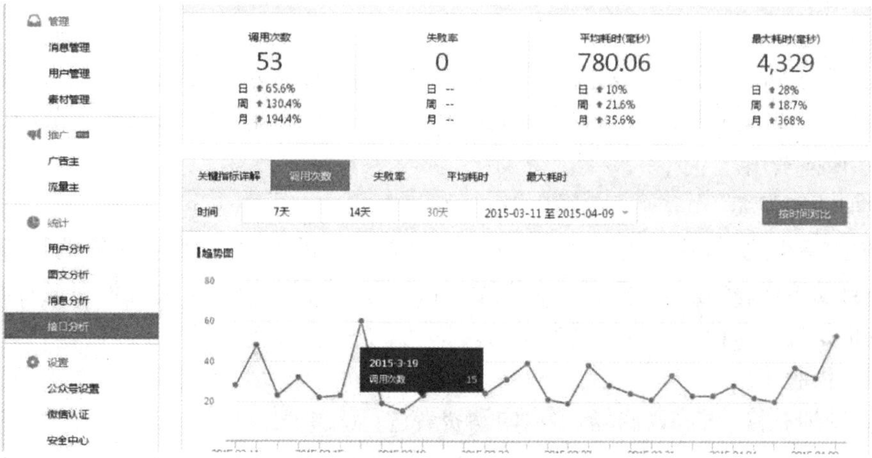

图 6.1.4　微信商城数据分析

(4)微信商城营销入口

微信商城相比于其他的营销方式，更具有优势性。强大的分销系统，能够让客户帮商家将商品链接分享到微信朋友圈等渠道。商家按推广效果付给用户佣金即可，并且可以通过会员制形式，让用户享受到更多的优惠，增加用户黏度，促使用户带来更多的新客户。如图 6.1.5 所示。

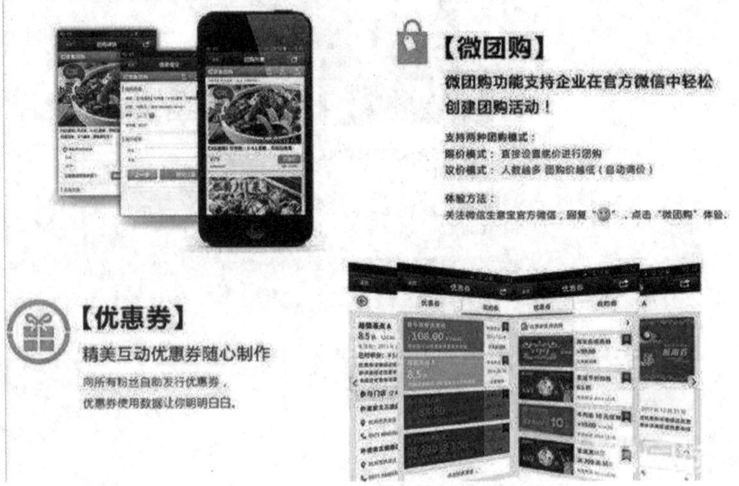

图 6.1.5　微信商城优惠信息

2. 微商城营销的优势

(1)覆盖范围广

微信商城的覆盖范围涵盖了线上与线下，集合了六大平台联动传播，这种覆盖范围的广度是传统媒体无法达到的。

(2)传播效果好

微信商城营销采用的是精准营销策略，这就保证了微商城的受众精准，微商城能够更快速地接受到来自消费者的反馈消息，与消费者的互动也更强，微信商城也拥有更为庞大的消费会员体系。

(3)营销成本低

与传统营销手段和传播手段相比较，微信商城的营销成本相对较低。相同的广告效果下，微信商城的投入成本只是传统广告投入的百分之一甚至更低，这样一来就大大节约了企业的营销成本和传播费用。

(4)附加功能强大

与传统的营销效果相比，微信商城无论是在日常广告的展示、消费者在线购物、消费自动定位、用户自动搜索、企业与消费者的在线互动，还是消费者在线娱乐的种种功能都是应有尽有的，这些也是传统营销无法带给消费者的。

(5)用户体验感好

微信商城拥有移动的 3D 商场，可以向消费者进行 360 度全方位的展示，让消费者产生身临其境的体验感，这样才能让用户使用商城时感到无穷乐趣，能够更加吸引消费者，增加消费者黏性，培养消费者忠诚度，有助于企业更好的留住老客户。

例：某购物广场开设自己的微商城（图 6.1.6），让消费者体验微商城购物。

图 6.1.6　星摩尔购物广场微商城

三、微商城传播平台

1. PC 端官方门户网站

微商城除了消费者的手机端，还有专属的 PC 端官方网站。PC 端官方网站集广告播放、商品展示、会员管理、交易管理等于一体，让消费者在购物的同时也可以获取旅游、美食、休闲娱乐以及各种生活服务的相关信息，各种附加娱乐功能应享尽享。同时，PC 端为商家提供了更加时尚的展示平台、为用户提供了更为便捷的购物环境，与手机端网站无缝连接，可覆盖更为广泛的消费群体。例：京东商城的手机端与 PC 端（图 6.1.7）。

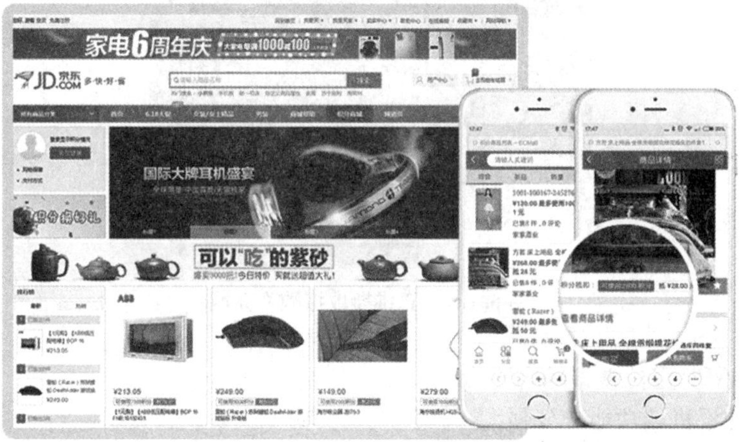

图 6.1.7　京东商城 PC 端与手机端

2. 手机端官方门户移动网站

用户的手机端可以与 PC 端官网无缝连接，这样更加方便商家把全方位的购物信息、消费娱乐活动实时地进行更新，有利于消费者在第一时间接收到商家发送的信息，这样也更加利于商家和消费者进行交流互动,在线交易也变得更加地方便与快捷。例:通过手机扫码即可登录PC端(图6.1.8)。

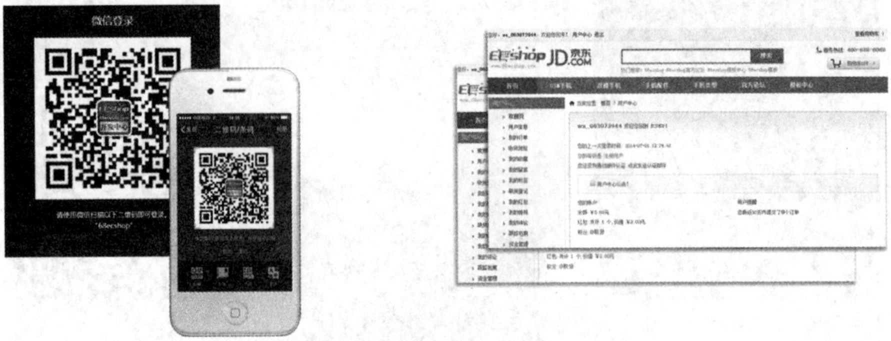

图 6.1.8 京东商城手机扫码登录

3. 移动3D虚拟购物中心

微信商城是全球唯一的手机端3D立体虚拟购物商城。让用户在使用中可以产生华丽、超酷、时尚、舒适的购物体验。同时360度自由旋转、360度产品展示的功能也可以使用户的购物体验更加有趣味性和新鲜感,从而让消费者体验前所未有的购物享受。微信商城同时具有自动定位、海量搜索的功能,用户利用手机端进入3D购物中心后,首先系统会自动定位用户所在的区域,然后带你进入所在地区域的3D购物大厦,用户可以随意走进每个楼层、每个商铺、每个展柜,直至让用户360度欣赏到每一款产品,当然用户还可以进入专属于自己的个人中心进行收藏、购买、支付等各种应用及操作,大大增加了虚拟消费的真实感。例:真维斯开始了专属自己的网上虚拟购物商城(图6.1.9)。

图 6.1.9 真维斯虚拟购物商城

4. 手机端APP定位搜索综合平台

微信商城的手机端功能十分强大,是集合了吃、喝、玩、乐、衣、食、住、行于一体的全方位消费导航与搜索功能的APP,并与PC端官网、手机官网、3D立体购物中心、会员管理系统等融为一体,既是时尚的广告平台,又是便捷的购物中心。同时与强大的移动互联网应用功能相结合,如此一来,手机端APP必然成为移动网络时代的超级应用大平台。手机端APP定位搜索综合平台将是企业未来进行营销推广所采用的主要平台。例:某洗衣店为了方便顾客送洗衣物,可以利用微商城APP来定位附近的门店(图6.1.10)。

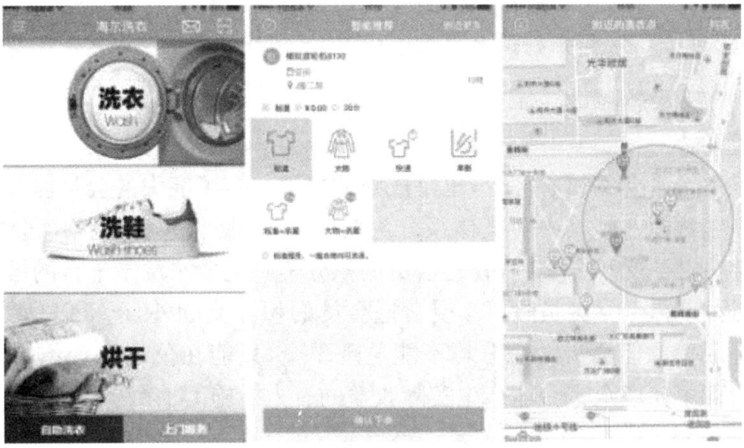

图 6.1.10　洗衣店 APP 定位功能

5. 微信公众平台(图 6.1.11)

微营销之所以能够战胜传统的营销手段,成为未来企业的主要营销渠道,主要是由于在当下的"互联网+"时代,微博、微信庞大的终端资源会为企业覆盖更为广大的客户群,同时相较于传统营销,微信商城相对低廉的成本投入和更加精准高效的广告效果,会让企业的营销事半功倍。

图 6.1.11　上海外国语大学微信公众平台

6. 店面框架动态广告联动平台

时尚、动感的框架视屏广告是微信商城较为流行的传媒载体之一。区别于其他的网络传播平台,微信商城更多的是以加盟商的店面为平台,广告内容以宣传加盟商的产品或服务为主,联动周边不同行业商家的广告一起滚动播出,这样一来就避免了同行业之间的竞争。店面框架动态广告联动平台与网上广告平台的相辅相成,也让微商城的推广达到了空中开花、地面结果的广告效应。

● **知识窗**

腾讯公司于 2011 年 1 月 21 日推出一个为智能手机提供即时通信服务的免费应用程序——微信,自微信公众平台诞生起短短三年时间微信就突破了 7 亿用户,这样惊人的数据吸引无数商家的眼球,庞大的人群后面隐含着巨大的商机。微信异样的火爆起来,成为许多商家的一种营销平台,许多商家就开始试水微信。

四、微商城管理系统(图 6.1.12)

1. 会员管理系统

会员系统是整个平台的核心部分,也是成败的关键。有了庞大的会员体系,才会有随之而来的广告收益及销售收益。其中会员体系分为两种会员身份,一种是 VIP 会员,另一种是普通会员。所有会员都享受积分奖励,普通会员的积分奖励主要来源于平台的推广链接、有奖型互动游戏、购物返利等,VIP 会员除了享受普通会员的积分奖励外,还可以享受公司业绩分红奖励以及业务提成等。但会员的积分均不能兑现现金,只能在公司平台作为消费券来消费。这也是保障加盟商家在微众平台能产生实际收益的有力措施。

2. 广告管理系统

广告是真正产生效益的主要来源。广告管理系统主要是负责广告审核、制作、上传、更新等业务。广告业务中分为两个板块,一是纯广告型商户,另一种是分账型广告商户。纯广告商户只负责为其展示、推广或链接,如果有会员消费也只能在商家自己的购物系统进行交易。分账型广告商户,除了一次性收取进场费之后,广告推广费用将来自会员在其商家平台产生消费后按商议好的分成比例收取所得,分账型加盟商家协议推广及销售商品必须进入交易系统,按相关程序进行结算。

3. 购物管理系统

购物管理系统是一个多功能的 O2O 交易系统,既可以在线上交易结算,又可以在地面实体店进行交易结算。会员在地面实体店进行消费时,会员只需从他的手机端进入微众平台会员中心积分转账页面后,再由商家输入自己的编号和密码,会员的消费积分就会自动转入商家的后台,商家后台积累的积分是与微商城结算的唯一凭证。为了保证商家的资金正常运转,所有会员在消费时只能按 50%现金、50%积分的比例结算。

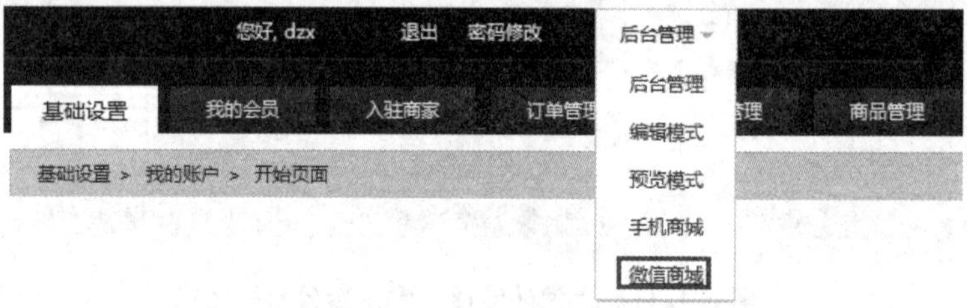

图 6.1.12 微商城管理系统

● **做一做**

如今微商城作为一种新型的网络购物形式进入到消费者的日常生活中,与消费者以往都非常熟悉的淘宝网相比,在微商城购物与在淘宝上购物有什么区别?

● **友情提示**

共同点:

(1)以互联网为平台。

(2)在线支付都是其核心。无论 B2C 还是 C2C,均是在消费者能够在线支付后,才形成了完整的商业形态。

不同点：

平台不同

微商城，基于微信打造的微商城；

淘宝，独立的C2C平台。

● **知识窗**

中国南方航空公司总信息师胡臣杰曾表明："对今日的南航而言，微信的重要程度等同于15年前南航做网站！"也正是因为对微信的重视，如今微信已与网站、短信、手机app、呼叫终端同时变成南航五大服务途径。关于微信的观点，胡臣杰表明"在南航看来，微信承载着交流的任务，而非推广。"早在2013年1月30日，南航微信发布第一个版本就在国内首创推出微信值机效劳。随着功用的不断开发与完善，机票预定、处理登机牌、航班动态查询、路程查询与兑换、出行攻略、城市气候查询、机票验真等通过其他途径可以享受到的效劳，用户都可通过与南航微信互动来完成。

【活动评价】

听了王经理对于微商城的介绍后，李晓杰终于对微商城有了一个初步的认识，同时也对微商城产生了浓厚的兴趣，他对于自己想要开设微商城的想法也越来越坚定和明确，认为在"互联网+"时代就是要与时俱进，尝试新型的销售手段和全新的营销手段，这样才能让自己的水果生意走得更远、开展得更好。

活动二：怎样开设微商城

【活动背景】

李晓杰听完王经理介绍微商城后，对如何建立属于自己的微商城充满了疑问与好奇，于是非常虚心地咨询王经理："如果我想要开设一个属于自己的微商城，应该怎样做？开设微商城需要怎样的条件？有怎样的流程？前期需要做什么准备工作？"听了李晓杰的问题后，王经理十分耐心地告诉了李晓杰开设一家微商城需要怎样做，以及开设微商城的流程大致分为哪些步骤。

【活动实施】

王经理告诉李晓杰，开通微信商城并不复杂，只需要简单的几个步骤(图6.1.13)，就可以拥有属于自己的微商城了。王经理以如何利用唯购这个电商系统开通微商城为演示，向李晓杰展示了如何开通微商城。

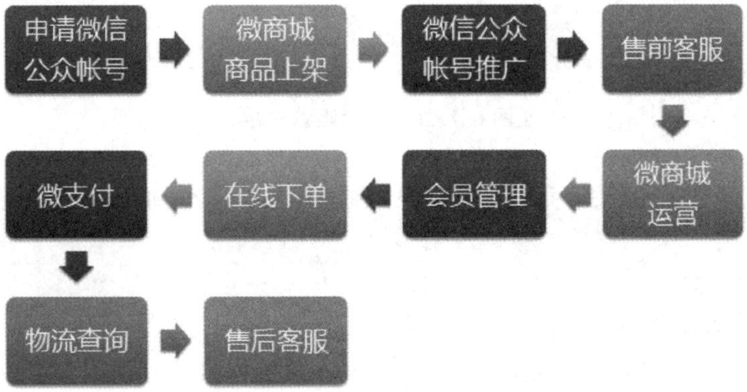

图6.1.13　微信商城开通流程

一、申请微信公众号，开通微商城

第一步，申请微信公众号，如图 6.1.14 所示；

图 6.1.14 微信公众号申请

第二步，进入唯购微电商系统点击注册；

第三步，实现商城系统与微信系统的对接，如图 6.1.15 所示；

图 6.1.15 绑定微信公众号

第四步，与唯购系统开发模式连接，如图 6.1.16 所示。

图 6.1.16 微信唯购对接

到这一步，一个完整的微信商城系统就已经成功开通了。下面就是对开通的微商城进行细化的管理。

二、店铺商品管理

第一步，商品类别管理，如图 6.1.17 所示；

【功能说明】展示微信商城的商品类别信息，发布后消费者即可根据分类快速购买，可以添加多种商品分类。

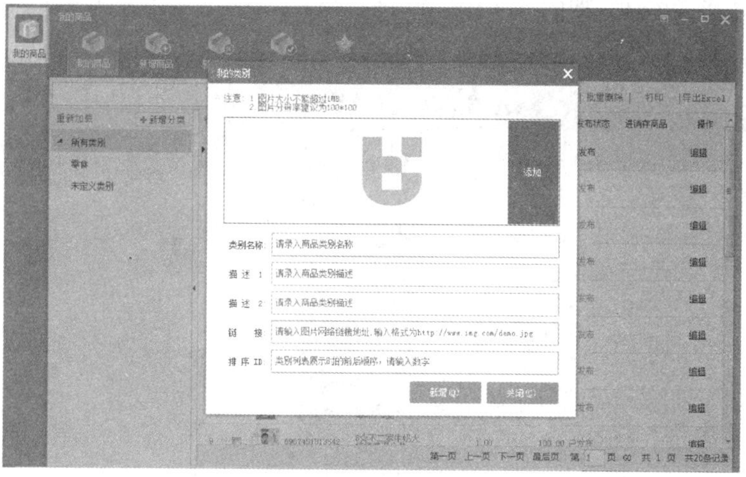

图 6.1.17　商品分类

【操作说明】商家可在该界面添加分类，多种分类方便消费者查找商品，也可以批量修改、批量发布、批量下架、批量删除商品，还可以打印与导出当前页面的商品信息。(注：发布的商品一定要有商品类别，未定义类别的商品发布后在微信端看不到)

第二步，商品信息管理，如图 6.1.18 所示；

图 6.1.18　商品信息

【功能说明】展示微信商城的商品信息，信息发布后消费者才可以购买。

【操作说明】商家添加商品的方式有多种：导入标准商品、导入在线商品、导入进销存商品、导入 Excel 商品、复制在线店铺商品等，还可以批量修改、批量发布、批量下架、批量删除、打印与导出当前商品。可以设置该商品为热销商品，启用进销存软件的数据接口后“进销存商品”绑定商品条码与商品名称可以实现与线下进销存系统对接此商品信息。如果消费者已下单此商品，在到货后可以通知消费者，消费者手机端可以接收到货通知信息。

第三步，商品促销管理，如图 6.1.19 所示；

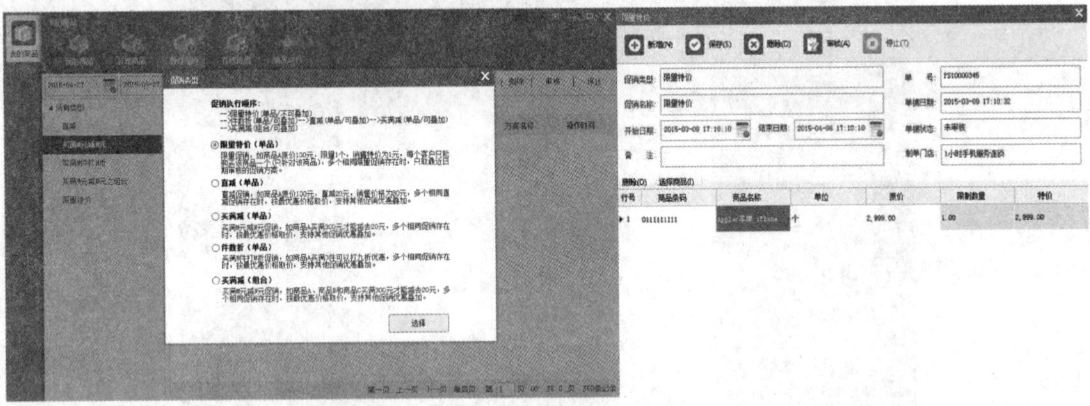

图 6.1.19　商品促销

【功能说明】针对各门店设置促销折扣信息，促销类别多样化。

【操作说明】选择促销类型，可根据当前店铺的经营方式选择合适的促销类型。以“限量特价”为例：选择需要设定特价的商品，进行特价设定，审核后在促销时间内生效。

第四步，查看商品评价。

图 6.1.20

【功能说明】消费者对已购买成功订单商品的评价。

【操作说明】可以按分类查看当前分类下的商品评价总数，对已评价的订单可以进行回复操作，如图 6.1.20 所示。

三、店铺管理

第一步，设置基本信息，如图 6.1.21 所示；

【功能说明】当前门店的基础信息。

【操作说明】包括当前门店的 LOGO 图、所属行业类型、店铺名称（不可更改）、店铺编码、联系人、联系方式、营业时间与店铺说明等。

第二步，店铺地址信息编辑，如图 6.1.22 所示；

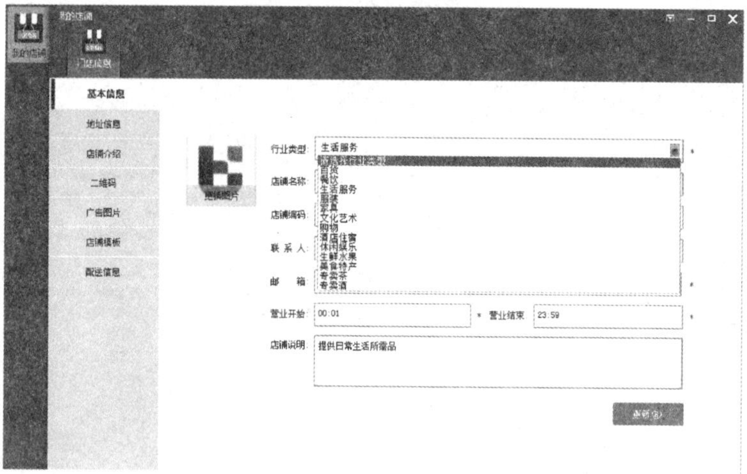

图 6.1.21

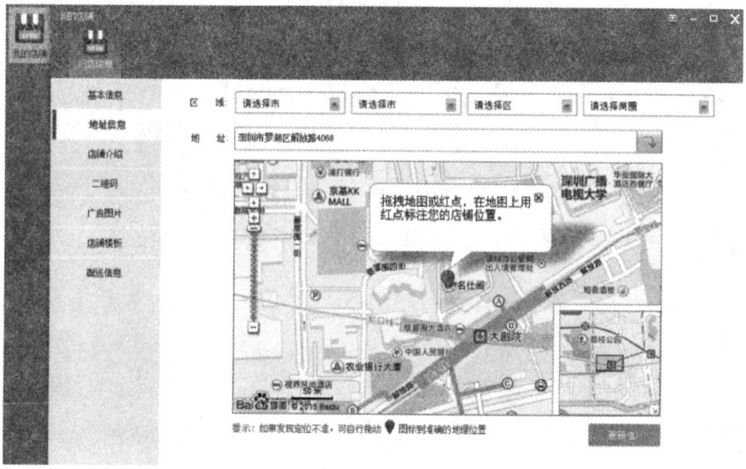

图 6.1.22

【功能说明】商家可以把微信店铺定位在地图的某一点，方便消费者在微信商城中搜索周边商店。

【操作说明】此方法是通过 LBS(基于位置的服务)拖拽地图或红点，在地图上用红点标注店铺位置。

第三步，店铺简介编辑，如图 6.1.23 所示。

【功能说明】描述当前店铺的经营理念与优势等。

【操作说明】此处可以用文字或图片的方式描述当前店铺的各种信息，比如经营理念、优势、发展历程等。

第四步，广告图片设置，如图 6.1.24 所示。

【功能说明】显示在搜周边公众号上的店铺主题图片。

【操作说明】可以添加、修改图片，按尺寸修改显示效果更好。可以输入图片标题，此图片的上传方式为本地上传或输入网络链接地址。

第五步，店铺模板，如图 6.1.25 所示。

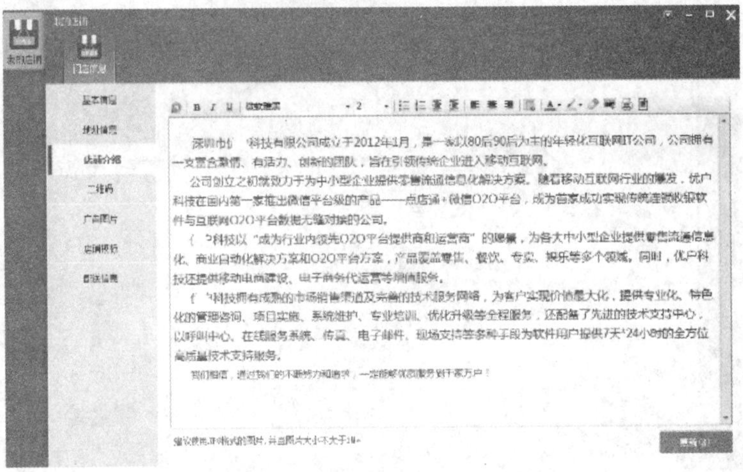

图 6.1.23

图 6.1.24

【功能说明】微信前端店铺模板，根据不同的行业有多种模板可以切换、选择使用，目前为止已有的行业为服装、生鲜水果、百货、酒、餐饮。

【操作说明】根据各行业选择对应的、符合当前门店商品的模板，更换模板不影响数据、库存和商品信息。

第六步，设置专属于店铺的二维码，如图 6.1.26 所示。

【功能说明】店铺二维码，扫二维码可以立即进入店铺。

【操作说明】可以输入二维码的名称，添加、修改、删除二维码的 LOGO，还可以导出二维码。

第七步，编辑配送信息，如图 6.1.27 所示。

【功能说明】设置配送与送货上门时间。

【操作说明】可以在此处设置最低多少元起送，低于多少价格收运费多少元，也可以设置送货上门的时间段，选中则表示支持该操作。

图 6.1.25

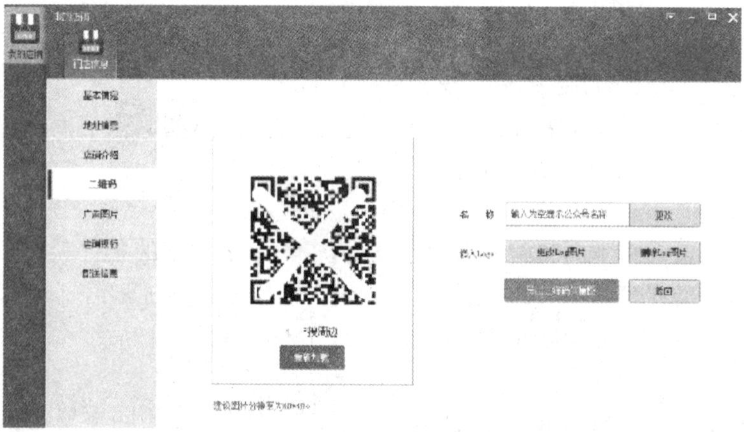

图 6.1.26

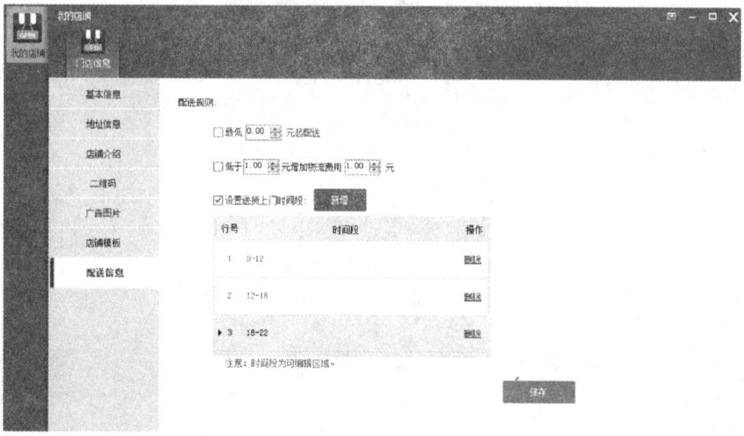

图 6.1.27

【活动评价】

看完了王经理是怎样用唯购这个电商系统开通了一个微商城之后，李晓杰也对如何开通微商城有了一个系统的认识。觉得开通微商城不像之前自己所想象的那样困难，也不需要大量的前期准备工作，只要找对了开通的平台，就连自己这种不怎么懂电商的人也可以开通一个微商城。

活动三：如何进行微商城的营销与推广

【活动背景】

在王经理的指导和帮助下，李晓杰终于成功开通了属于自己的微商城——阿杰果行，但是微商城开通之后该怎么办，李晓杰毫无头绪。以前做水果批发商的销售经验，在微商城的这种网络销售渠道中好像完全派不上用场，于是，李晓杰又找到了王经理，向他进一步咨询，微商城应该如何进行营销和推广，才能将自己的阿杰果行推广出去，让更多的消费者关注到自己的微商城。王经理听了李晓杰的困惑后，非常耐心地解答了李晓杰的疑问。微商城营销与传统营销有相同的地方也有不同的地方，首先第一点是要让李晓杰自己懂得微商城系统所附带的一些功能进行基本的营销与推广。

【活动实施】

想要更好地利用微信商城展开营销和推广活动，首先要先明确微信商城的具体受众是哪些，针对目标客户才能更加精准地进行宣传。

一、微商城营销

【功能说明】商家发布不同的营销活动方案，消费者满足一定的条件就可以参与不同的活动。拥有丰富多样的促销、吸粉方式也是该平台的一大优势。通过微信可以实现病毒式营销，达到快速推广、聚拢人气、累积忠实用户的目的，且无须太大成本。后续会有多种营销活动方式上新。

【操作说明】商家可以根据自己的需要，任意选择搭配活动的不同类型，如图 6.1.28 所示。

图 6.1.28 营销活动

1. 微信红包

商家可以通过微信发红包的形式，给微商城的用户相应的优惠，这样能够快速地聚拢消费者、积攒商城的人气，如图 6.1.29 所示。有利于在较短的时间内实现微商城的快速推广。

图 6.1.29

2. 抽奖活动

微商城成立的初期，很难在短时间拥有大量的消费者，通过老客户带来新客户的这种形式，可以迅速地扩大微商城的覆盖范围，一般较为常用的手段是鼓励老客户进行微商城信息的转发，让老客户来帮助微商城更好地推广。例如转发给朋友即可获得抽奖一次，如图 6.1.30 所示。

图 6.1.30

3. 各类礼券

为了更好地刺激消费者前来微商城进行购物，商家可以有选择性地发放礼券。消费者可以领取商家发布的各类礼券，比如商家发布 10 元现金券，消费者领取现金券在有效期内到店消费满 50 元即可抵用 10 元，如图 6.1.31 所示。

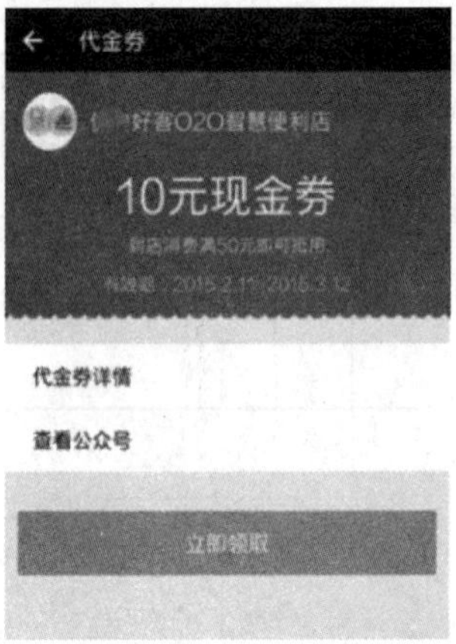

图 6.1.31

4. 抢购秒杀

大多消费者都有喜欢占便宜的心理，所以抢购和秒杀一般是商家比较喜欢的营销手段，这样可以更好地刺激消费者前来购买，如图 6.1.32 所示。只要商家发布了某商品为抢购或秒杀商品，发布活动信息后，在有效时间内消费者即可参与活动。

图 6.1.32

二、微商城推广

众所周知，由于无法在手机上登录微信公众平台，也无法主动添加好友，所以在微信推广起来比较困难。只能通过其他不同的推广方式来增加微信的曝光度，但对于不同类型的微商城，推广的方法都不相同，这里介绍几个微商城常用的推广方法。

1. 微信广告式

商家的营销人员可以通过点击“发现”→“查看附近的人”后，可以根据自己的地理位置查找到周围的微信用户。在这些附近的微信用户中，除了显示用户姓名等基本信息外，还会显示用户签名档的内容。所以营销人员可以利用这个免费的广告位为自己的产品打广告。

营销人员在人流最旺盛的地方可以在后台 24 小时运行微信，如果“查看附近的人”使用者足够多，这个广告效果也会不错。随着微信用户数量的上升，可能这个简单的签名栏会变成移动的“黄金广告位”。

2. 推送广告式

通过每天推送优惠促销、新品上架、水果养生百科、美容养颜、热卖活动等来吸引微信用户关注微商城并持续关注，同时推送内容中添加微商城的产品销售链接进行销售，引导用户进入微商城下订单、买产品，如图 6.1.33 所示。

图 6.1.33

3. 线上推广式

商家可以把微商城的二维码图片、微信公众号宣传图片放置在网络平台，以供访客扫描、关注。同时通过多渠道的广告投放引入目标粉丝，例如微博转发推广、贴吧发帖推广、社交网站推广、社区论坛推广、陌陌、IM 工具、EDM、博客、互推、付费广告推广等，整合全网资源是线上推广的基本思路，将二维码和公众号发布在能接触到目标用户群体的网络平台。

4. 线下推广式

在名片、传单、菜单、说明书、产品包装、店内海报、户外广告、活动、传统媒体、店内标志牌、广告牌、易拉宝、方便袋、包装盒、礼盒等上附上二维码图片、微信公众号宣传图片放置在杰记水果的实体门店，以供顾客扫描、关注。

- **想一想**

李晓杰的水果微商城开通之后，推广工作对李晓杰来说到底重不重要？推广工作是不是应该利用老顾客展开？

- **友情提示**

微信商城营销是一种新型的营销模式，由于微信更重视用户之间的互动，故而这种营销推广不能盲目地套用微博营销的单纯的大量广告推送方式。这种方式在微信营销中的效果非常差，会令用户反感，继而将取消对企业或商家的微信公众账号关注。对于企业来说，做微信推广重要的一个方面就是提高用户和公众账号之间的黏度，而微信大转盘、微信刮刮乐就是其中最为常见的活动。另外，微商城 CRM 客户管理系统能将客户分组，进行针对性营销，根据客户的具体情况推送个性化的信息，这比直接打广告要更容易被客户接受。

微商城最重要的推客功能，一级到三级推客返利，三级是最高级别，店员、公众号粉丝、合作商、老客户等都可以发展为推客，通过微信转发微商城、商品或活动资讯的链接，引导消费者点击链接进入商城。推客们从消费者的购买中获得返利，这一级的消费者仍然可以申请为下一级的推客，推广链接获取返利，以此类推，推客是重要的移动端引流手段，将店员、老客户发展成为品牌的推客，开展社交化的“口碑营销”。

- **做一做**

根据李晓杰目前所掌握的关于微商城开设的一些信息，你认为在李晓杰的微商城开设初期使用哪种推广和营销手段更加有效？为什么？

【活动评价】

通过微商城的初步开通，前期的商品发布、营销推广工作都有序地展开，李晓杰觉得自己的微商城算是开设成功了，这也意味着自己的“阿杰果行”成功地从线下销售模式走向了线上——线下相结合的新型销售模式。李晓杰觉得自己的微营销试水算是迈出了第一步。

任务二　微店营销

情景设计

李晓杰在王经理的帮助下，微商城现在经营地已经初具规模了，拥有了固定的客户群体，现在线下——线上相结合的销售模式也使得李晓杰的盈利比之前更多。李晓杰的一个朋友张静最近一直想要创业，看到李晓杰现在用新型的销售方式取得成功后，也来向李晓杰取经，希望也能够利用这些新型的销售手段帮助自己的水果店铺在未来发展得更好。李晓杰听了张静的需求后，表示自己也是刚刚涉足微营销的领域，自己也不十分精通，于是李晓杰将王经理推荐给了张静，希望张静可以从王经理那里得到自己想要知道的信息。张静见了王经理后，向王经理表达了自己的需求，希望自己可以使用这种新型的营销形式进行自己的创业之路，王经理在充分了解了张静的需求后，给张静指出了另一条微营销之路。

任务分解

王经理告诉张静，由于张静和李晓杰的店铺情况有所不同，张静想要创业，目前处于创业初期，没有过多的资金。所以微商城这个模式不是特别适合张静，王经理建议张静可以开设一家属于自己的微店，微店也是微营销的一种形式，并且十分适合张静的这种情况。开设微店的前提，要了解微店营销到底是什么，所以，现将本任务分解为以下几个活动：了解微店的相关知识；如何创建微店；如何利用多种渠道推广微店。

活动一：了解微店的相关知识

【活动背景】

王经理告诉张静，“你可能不太明白到底什么是微店，微店可以干什么，感觉要在微店上进行买卖有些不可思议，但是，在网络发展越来越发达的今天，其实在我们的身边微店随处可见。

打开你的手机，你会发现现在很多商家都有自己的微店，还有现在很流行的菜篮网，都是微店的形式，所以，开一家属于你的微店，其实没有你想的那么困难。”张静本来对于用微店这种形式进行创业抱着怀疑的态度，但是听王经理说现在很多大学生在最初创业起步的时候都使用微店这种途径，就觉得自己使用微店进行创业还是可以试一试的。

【活动实施】

一、认识微店

微店是全球第一个云销售类型的电子商务，是零成本开设的商城，是计算机云技术和传统电子商务相结合的创新模式。微店的营销模式近些年来受到许多商家和创业人群的青睐与追捧，这是因为它颠覆了传统网商既要找货源，又要做推广的高门槛要求，很好地解决了货源与推广的分工问题。这是互联网分工进一步细化的体现。

微店并不是利用手机开网店，这个“微”是指无须资金、无须成本、无须处理货源、物流和客服，就可以赚取推广佣金。

传统的利用网络渠道销售产品的商家一方面要有货源，还要有丰富的互联网推广经验才能取得成效。微店网的供应商只需做好产品，把产品价格和属性定义好，推广的工作交给千千万万的微店去做，在这个过程中，商家的产品卖出去了，微店主也获得了丰厚的佣金，如图 6.2.1所示。

图 6.2.1　微店网

微店网由深圳市云商微店网络技术有限公司运营。微店网是全球第一个云销售电子商务平台，是计算机云技术和传统电子商务相结合的变革性创新模式，颠覆了传统网商既要找货源又要顾推广的做法，把企业主从烦琐的网络推广中解放出来，个人网民也省去了找货源之苦，是继阿里巴巴、淘宝之后最先进的电子商务模式。微店网独特的商业模式，引起了大批网民的参与。微店的爆发式增长，得益于其独特先进的商业模式。

微博改变媒体，微信改变社交，微店改变网商。“云端产品库＋微店分销”模式，颠覆传统电子商务，帮助中国企业建立可持续、可扩展、可积累的网上销售渠道，是微店网的核心使命。让上千万的网民销售产品，让企业老板从烦琐的网络营销中解放出来。

● **想一想**

哪些人适合开微店？

- **友情提示**

开微店很简单,微店网与腾讯QQ达成了合作,用QQ号就能申请免费微店,省去了采购、交流、发货、退货、赔偿、押金的各个流程,只需用QQ号登录一下,就拥有了自己的微店。每个人的微店就是一座在线商城,都有自己独特的网址,只要把自己的微店网址发出去,有人进入微店购买了商品,就能获得推广佣金,发货与售后均由云商(微店背后的供应商)处理,过程非常轻松。开微店没有资金的压力、没有库存的风险、没有物流的烦恼,只需利用碎片时间和个人社交圈就可进行营销推广,轻轻松松地开始在家兼职或专职创业,坐收佣金。

微店适合大学生、兼职白领、上班族、全职妈妈等人群,管理轻松、操作简单;且随时随地管理微店,订单通知实时获悉。

二、了解微店的特点与优势

1. 微店的特点

(1)简单易用

微店管理简单易用,可以一键同步淘宝商品,随时随地地对商品进行分类、下架等功能管理商品,还可以随意置顶商品让用户快速浏览到你的主推商品,如图6.2.2所示。

图6.2.2

(2)搜索快捷准确

用户可以直接在微信搜索栏搜索你的商品,让用户可以快速找到你的微店,同时你也可以利用自动回复功能,这样用户就能快速收到你的答复,不会为此流失比较没有耐心等待的用户。还可以用自己独特的方式跟用户进行有趣的互动,这样用户在进行聊天的时候不会感觉枯燥乏味,如图6.2.3所示。

(3)页面设置自定义,容易个性化

微店页面设置也是自定义的,可以选择自己心仪的装饰来装扮你的微店,给用户留下深刻的印象,如图6.2.4所示。当然,微店装修也不能太过华丽而掩盖了商品。要以店铺设计来衬托你的商品,让用户聚焦在商品上从而提高购买概率。

(4)微店带来许多人流量

微店能给你带来更多的流量,它能让你的商品展示在最热门的互联网内容上,可以更快地进行网络推广、扩散传播,而且微店也能展示在微店官方公众号上,通过官方推荐,能有更多的用户可以直接进入店铺,如图6.2.5所示。

(5)微店数据统计清楚

微店的数据统计全面翔实,它可以实时关注到增减粉丝的数据以及每天有多少点击率、有多少人通过微店进入淘宝购买页面,一切都尽在掌握之中,从而可以推理分析大部分用户的爱好,因此可以帮助微店提高销售量,如图6.2.6所示。

图 6.2.3

图 6.2.4　个性化微店页面

2. 微店的优势

(1)无须额外费用

微店是真正的免费店铺,不需要收取任何的注册费用、开店费用,是一个连穷人都开得起的店铺。如果你已拥有一家实体店铺或者是淘宝小店,完全可以再开一家属于自己的微店,将自己的产品放到微店上,将 O2O 营销模式运用在微店上也同样适合。这样一来,你可以同时经营线上线下两个店铺,不但拓展了自己的销路,而且还可以收到全国各地的微信用户所下的订单,这样的话,还怕生意难做吗？用户在微店购买产品后,如果使用效果非常不错,肯定会在朋友圈帮忙宣传,不但可以免费为微店做广告,而且客源会通过口碑传播的方式源源不断地多起来。

(2)操作简单易学

图 6.2.5　何炅微店官方公众号

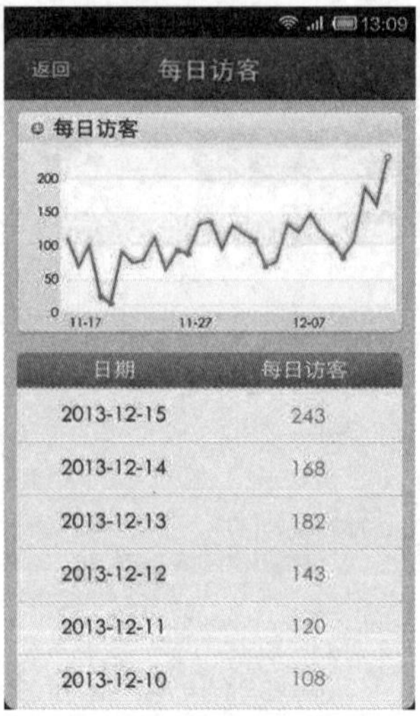

图 6.2.6　微店后台数据统计

只要一提到“开店”,很多人潜意识里就觉得开一家店铺是一件很烦琐的事情。其实开一家“微店”非常简单。举个例子,“金元宝”就是一个帮助用户开设微店的 APP,可以帮助用户轻松掌控店铺,如图 6.2.7 所示。“金元宝”是一个手机软件,它是众多微店店主不可缺少的开店帮手,具有免费、方便、高效、丰富、安全等特点。微店店主可以通过“金元宝”与客户进行在线沟通、轻松管理订单、商品管理等,这些功能都是为了方便微店店主进行店面管理而开设的。

对于上班族的微店店主来说,即使白天工作非常忙碌,根本无暇关注自己的微店,也能通过“金元宝”来了解微店的情况,比如店铺经营趋势、销售概况、宝贝排行等。对于微店的老顾客,“金元宝”有一项“会员管理”功能,当会员再次光临微店时,微店店只要使用“金元宝”就可以完成打折优惠、积分兑换等,极大地减轻了微店店主的管理压力。因此。即使毫无经验的微店店主,也可以轻松开店,享受赚钱的乐趣。

(3)拥有良好客源,经营便捷

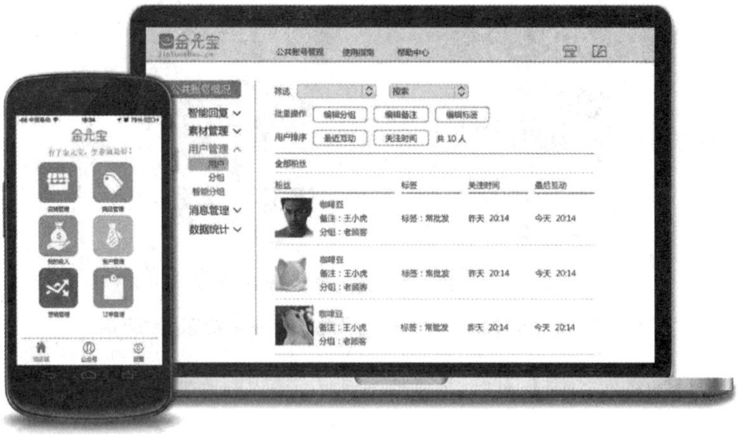

图 6.2.7　金元宝微店 APP

当博客被微博替代时，微信又一次超越了微博，大有一种“你方唱罢我登场”的架势。微信作为一个聊天的工具，刚推出没多久，就有不少人嗅到了商机，微店顺势而生。微店是一种虚拟店铺，它不同于微博、博客等聊天工具，也不同于淘宝、阿里巴巴等网络商城，它是聊天与网购的结合体，摆脱了只能在电脑上进行网购的传统购物方式，用户可以享受聊天和网购的双重体验。目前有不少的用户都在使用微信交流，这是一个庞大的人群，店主可以在朋友圈中发布自己微店的产品，通常都能获得意想不到的效果。

(4)盈利渠道多

和传统店铺的单一盈利模式不同，微店目前有三种盈利渠道：

a. 卖别人的产品，赚自己的佣金，即注册一家微店就相当于拥有一个座网上商城，设置一定的佣金比例并从中盈利；

b. 介绍别人开店，发展自己的分销商，拿取一定的推广佣金，分销商越多，佣金越多；

c. 申请见习认证员，分销商发展到 30 个以后便有资格申请见习认证员，招收供应商入驻，从中拿取提成。

微店独特的电商模式大胆地向传统网商发起挑战，再次创造了电商奇迹。从微店的四大特色不难看出，微店的规模日后必然是可喜的。

微店的经营模式可谓是一箭双雕，充分体现了其优越性。不管是产品的生产厂家还是想要创业的微店店主，通过微店实现双方合作后，都能够从中获取巨大利润，实现双赢目标。微店的兴起和发展趋势完全符合“共赢能长久”的经济发展规律。它能够在众多竞争对象中杀出重围、成功崛起，是市场发展的必然结果。

三、微店的商业模式

微店的商业模式，概括为一句话：供应商把产品发到微店网，由无数的网民开设微店帮他去销售产品。这个商业模式里面，供应商获得了订单，微店主获得了交易佣金。

公司开微店使用微店供应商把每个产品设置佣金后发到云端，为微店主提供商品的同时，让无数年轻网民(微店主)为其推销商品，如图 6.2.8 所示。这样就把推广费变成了佣金，降低了推广成本，让公司产品快速曝光并推送到客户终端。

四、微店的三种盈利方式

1. 卖别人的产品，赚自己的佣金(图 6.2.9)

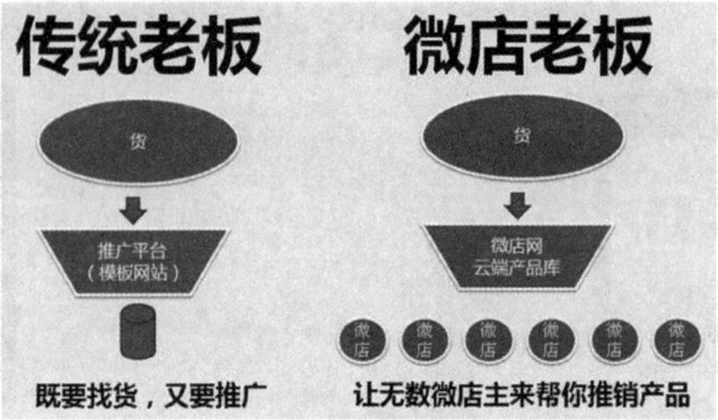

图 6.2.8　传统老板与微店老板的区别

图 6.2.9

2. 介绍别人来开微店，赚取佣金

经过你的介绍别人也来开微店，那么他们就成了你的分销商，消费者在你分销商的微店产生了购买，你可以获得推广佣金的 30%，如图 6.2.10 所示。例如，你的微店开起来了，通过你注册的微店 B 产生了消费，佣金为 100 元，那么你能拿到 100 元中的 30 元。分销商越多，你得到的奖励越多。

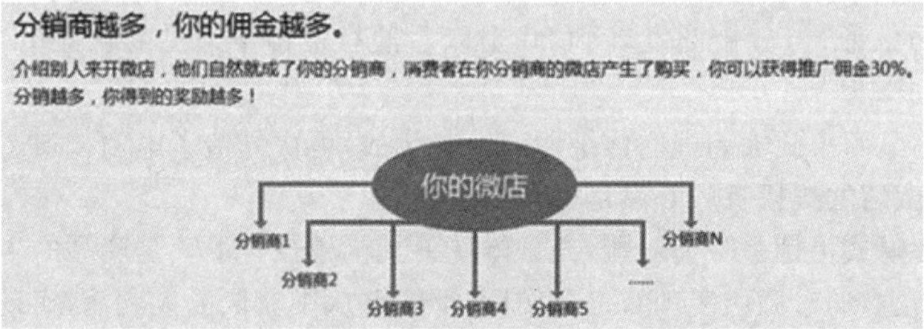

图 6.2.10

3. 招收供应商入驻，赚取提成

当你的分销商有 30 个以后，你可以申请成为见习认证员，每个见习认证员可以招收供应商入驻，供应商入驻以后即可获得相应的奖励。

五、微店的作用

微店网为供应商做的是有积累的网络渠道推广，分销商的传播体系为供应商做的是双通道的信息传播：

一方面，供应商的产品能在海量的微店被消费者找到，微店主既是推广者，也是消费者，他们与微店网建立的强链接，不断为供应商带来利好；另一方面，在供应商自身的分销体系内，其直接、间接分销商都会优先展示该供应商的商品，分销商发展分销商，无限多级，传播体系很庞大，供应商只需把链接发出去就拥有了这种永久绑定的强链接。

这样的模式，决定了供应商传播的广度和深度。真正做到了砍掉中间环节，提升了传播效率，它是有生命力的！这样既可以节省推广成本，又可以拓宽销售渠道、提高销售量。

● **做一做**

如果想要利用网络渠道销售，开设微店与开设网店有什么区别与联系？

● **友情提示**

共同点：

1. 微店、淘宝都是免费开店的，都是一个创业的平台。
2. 微店、淘宝都是需要承担风险的。
3. 都是靠人气以及人脉去带动。

不同点：

1. 开店成本。
2. 进货货源。

● **知识窗**

2014 悄然兴起的微店成了淘宝和阿里巴巴等各大网络商铺密切留意的对象，在之前淘宝、阿里巴巴垄断市场的激烈竞争中，微店以高姿态生存了下来，并且从 2013 年 8 月至今大量地招收不少新人，来势之凶猛、前途之宽广不可忽视。微店是在移动互联网大潮下，中国第一个实现所有网民“手机开店”的零成本创业项目。

专家是这样评价微店的：互联网资深专家、广东省电子商务协会副会长向隽说，微店网的模式是电子商务分工进一步细化的表现。它把老板从不擅长的网络推广中解放出来，把推广交给懂互联网的年轻人；反过来，也为年轻人从事电商解决了头痛的货源问题，是一种革命性的创新，应该得到行业以及政府的支持。

【活动评价】

听了王经理对于微店的简单介绍后，张静觉得微店不像自己想象中的那样遥远，对于自己想要开设微商城的想法也越来越坚定和明确，认为微店这种营销手段确实适合自己这种事业刚起步、没有很多资本积累的年轻人进行尝试。

活动二：如何创建微店

【活动背景】

在听完王经理介绍微店后，张静对如何创建属于自己的微商城充满了疑问与好奇，于是又来请教王经理关于创建微店的相关事宜：“如果我想要创建微店，应该怎样做？申请微店需要什么样的条件？有怎样的流程？前期需要做什么准备工作？”听了张静的问题后，王经理十分耐心指导了张静怎样创建一家微店。

【活动实施】

王经理告诉张静，创建微店其实特别轻松，只需要简单的几个步骤就可以拥有属于自己的微店了。王经理向张静展示了如何利用两种不同的方法创建微店。

一、利用微店 APP(图 6.2.11)

软件功能介绍：

(1)商品管理:轻松添加、编辑商品,并能一键分享至微信好友、微信朋友圈、新浪微博、QQ空间。

(2)微信收款:不用事先添加商品,和客户谈妥价钱后,即可快速向客户发起收款,促成交易。

(3)订单管理:新订单自动推送、免费短信通知、扫描条形码输入快递单号,助你管理订单事半功倍。

(4)销售管理:支持查看最近30天的销售数据,包括每日订单统计、每日成交额统计、每日访客统计。

(5)客户管理:支持查看客户的收货信息、历史购买数据等,助你分析客户喜好,有针对性地进行营销。

(6)我的收入:支持查看每一笔收入和提现记录,让你对账目清清楚楚!

微店APP的特点:

(1)0手续费:微店完全免费,所有交易不收取任何手续费。

(2)账期极短:微店每天会自动将前一天货款全部提现至你的银行卡,让你及时回款(一般1~2个工作日到账)。

(3)支付快捷方便:支持信用卡、储蓄卡、支付宝、百度钱包等多种方式付款,且无须开通网银,快捷又方便。

图6.2.11 微店APP

第一步,在自己的智能手机中下载微店APP,进行安装;安装完成之后,点击打开微店,选择注册,如图6.2.12所示。

图6.2.12 注册微店

第二步，填写自己的手机号码、设置密码，输入相关注册信息，进行实名认证，这样以后才能提现，如图 6.2.13 所示。

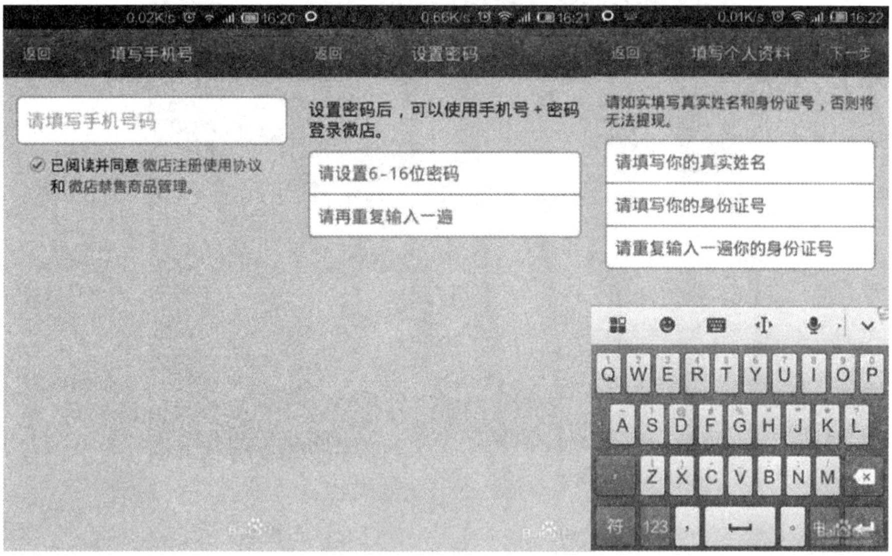

图 6.2.13 填写个人资料

第三步，输入店铺名称，店铺图标，也可以绑定微信号。完成创建店铺，如图 6.2.14 所示。

图 6.2.14 创建店铺

到这一步，一个微店就已经成功开通了。下面登录自己的微店。

第四步，登录微店之后，就可以对自己的微店进行管理，出售物品、收款、绑定银行卡提现等，如图 6.2.15 所示。

第五步，打开我的微店，进行商品添加、依次输入商品信息，完成后可以预览商品信息，发现错误可编辑修改，如图 6.2.16 所示。

图 6.2.15 微店界面

图 6.2.16 商品信息

二、微信公众平台+服务器

注册前需要做的准备：

(1)一个没有注册过微信的邮箱；

(2)手持身份证照片(不能有过任何软件处理)；

(3)身份证号码(一个身份证可以注册两个微信公众账号)；

(4)手机号码(一个手机号只限两个公众账号的验证)；

(5)清晰、彩色的营业执照原件扫描件或数码照；

(6)授权运营书,按要求填写表格后,上传加盖公章的扫描件或数码照。

第一步,进入微信公众平台登录界面：https://mp.weixin.qq.com,点击立即注册,如图 6.2.17所示。

图 6.2.17　公众号注册页面

第二步，激活邮箱后进入信息登记页面：五种身份注册方式（政府、媒体、企业、其他组织、个人），一般注册选择企业，图 6.2.18 为企业注册所需填写的内容。

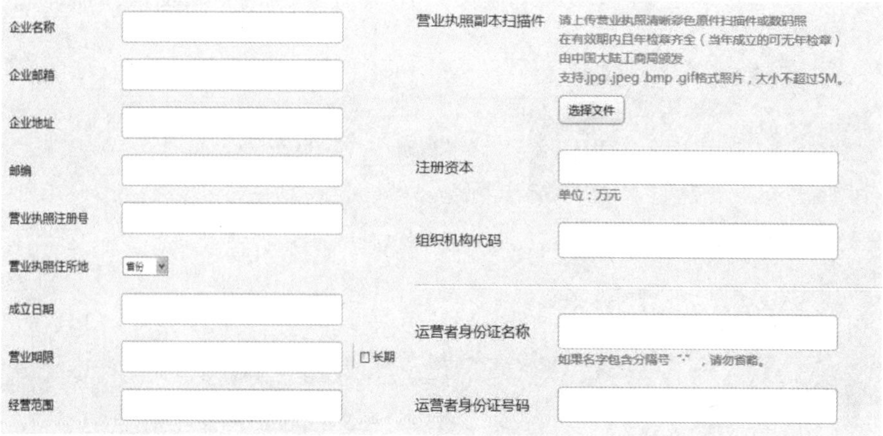

图 6.2.18　企业注册填写内容

第三步，公众号的信息登记，如图 6.2.19 所示。

第四步，微信的基本设置，如图 6.2.20 所示。

至此，一个基于微信公众号的微店就已经开设成功了，打开电脑就可以登录微信公众号对企业的微店进行管理，如图 6.2.21 所示。

【活动评价】

看完了王经理是如何用两种不同的方法开设微店之后，张静也对如何开通微店有了一个系统的认识。综合比较之后，张静觉得利用微信公众号来开设微店的方式更加适合自己，也感觉这种方式相较于手机 APP 开设微店更加的正规。虽然前期需要做一些准备工作，但是这些也都是自己创业所必需的，张静觉得开设微店这件事情变得越来越靠谱了。

活动三：如何利用多种渠道推广微店

【活动背景】

在王经理的帮助下，张静创建了属于自己的微店，但是微店建立之后该怎么办，张静一头雾水，毫无头绪。于是，在王经理的推荐下，张静加入了本地的一个微店创业群，群里都是一些

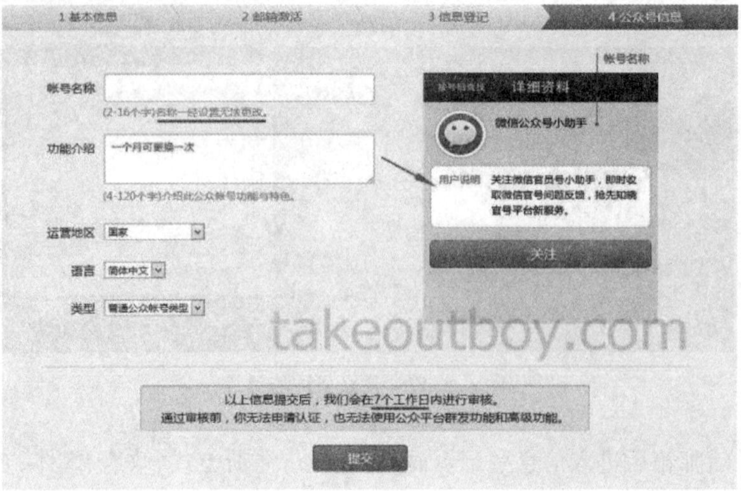

图 6.2.19

图 6.2.20　账号信息

像他一样的利用微店进行创业的青年。在群里，张静作为一个刚刚尝试微店的菜鸟，认真地向群里有经验的前辈们咨询，前辈们非常热心，他们告诉张静，建立微店只是第一步，更重要的是之后对微店的推广，这才是关系微店开设是否成功的关键所在。张静听了之后觉得受益匪浅，

图 6.2.21　微店管理页面

认真地向群里的前辈们咨询应该如何推广自己的微店。

【活动实施】

想要更好地推广自己的微店，首先要先明有哪些渠道可以帮助微店更好地推广，选对了推广的方法，才能事半功倍，推广方式如图 6.2.22 所示。

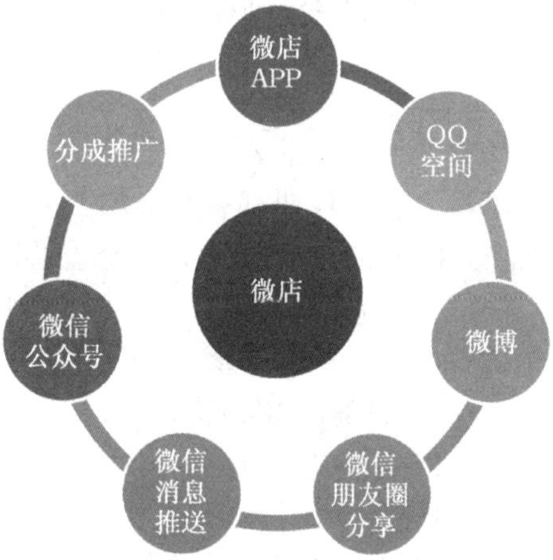

图 6.2.22　推广方式

一、微信推广

众所周知，微信是移动 app 的行业老大，几乎有购买力的用户都有自己的微信，而微店作为移动端的购物 app，势必要搭上微信的顺风车。目前微信推广包括两个方面：朋友圈推广和公众账号推广。

1. 朋友圈推广（图 6.2.23）

朋友圈推广的基础是有足够多的微信好友，首先，根据自己的店铺点位设置一个有吸引力的头像，通过附近的人、漂流瓶、摇一摇等功能每天有针对性地加够足量的好友。比如我卖的是女装就设置成自然帅哥的头像加女性朋友。

注意：上来就发广告是非常让人反感的，可以适当与好友聊天，建立相互信任的关系，利用朋友圈的点赞和评论，让你的好友知道你在关注她。然后就是每天分享一下你的宝贝，让大家都知道你开店了。记住，次数不要太过于频繁，你刷屏带来的只有好友的屏蔽，而且广告最好是带点文案，只要太直接。建议一天三次，早晨一次、中午一次、晚上一次。

图 6.2.23　朋友圈推广

2. 公众号推广(图 6.2.24)

公众账号推广的基础是应该有一个自己的公众账号(可以是订阅号，可以是服务号)，然后就是各种方法吸引粉丝。现在基本上各行各业都有对应的公众号，现在起步有点晚了。还是分享下方法：上公众号官网申请订阅号，通过后就是增加粉丝了，分享对用户有用的资料和经验，利用粉丝的分享达到滚雪球式增加粉丝的作用。公众号的推广方法有很多，线上把二维码和微信号粘贴到各个允许的地方(如 QQ 空间、微博、贴吧、论坛、豆瓣等)，还有和别人交换资源互推、花钱让大号帮忙推、线下把二维码打印到传单上，在人比较聚集的地方放置二维码。有实体店的放到店门口，鼓励顾客关注公众号。

二、论坛、贴吧等站外推广(图 6.2.25)

微店是随着移动互联网的大趋势而生，但是目前的一些网购用户大部分还是习惯用电脑的，因为 PC 端获取信息的来源多，PC 端的广告也最有效果。大家都知道，微店的引流基本在熟人圈里打转(朋友圈、qq、微博)，且大家天天被这样的广告刷屏，不少人已经对此免疫，所以站外推广(尤其是电脑端)对流量的吸引很重要。

但是站外推广除了店铺网址就是二维码，而微店的网址在电脑上访问是不健全的(因为只适配手机)，这样会给站外推广的效果大打折扣。这里微店主可以把自己的微店提交到微店圈，微店圈是一个收录优质微店的平台，这样做最大的好处一是可以借助微店圈本身的流量展示自己的优秀店铺；二是提交到微店圈的微店就会有一个展示的介绍页面，可以是图文并茂的描述，而且会提供一个供店主查询的流量统计功能，你可以知道自己哪块的广告(甚至是论坛和贴吧里哪一个帖子)有效果，从而调整推广方案让你有针对性的推广。

三、微店自身渠道(图 6.2.26)

随着微店的完善，一些自身的推广也有些许效果。友情店铺之前被称为微店联盟，找到相

图 6.2.24　关联公众号

图 6.2.25　网站推广

似店铺并交换店铺链接，最好是经营互补产品的店铺，不会有竞争关系，利用这些微店给你的店铺带来流量和人气。在统计中可以看到友情微店给你带来的用户数量，动态中显示其他微店加你的请求等。总之友情微店就是利用微店与微店之间相互推广的方式进行。

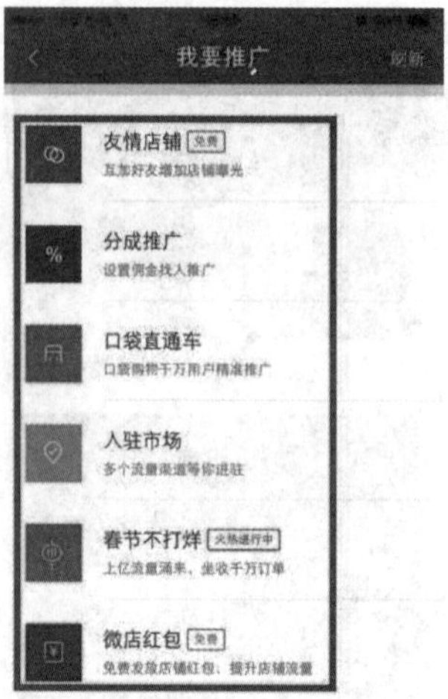

图 6.2.26　微店推广页面

分成推广就是店主设置一定比例的佣金给帮你推广的朋友，如果佣金合适，帮你推广的朋友越多、效果越好。在设置佣金的时候一定要计算好自己店铺宝贝的利润率，建议一般设置5%。

直通车开通需要一定的门槛，类似于淘宝的直通车，开通后可以在一些黄金位置展现自己的店铺。这个就像微店的付费广告推广，按点击计费，一般效果挺好但是费用也相对较高。

四、利用 QQ 群进行推广（图 6.2.27）

对于受众人群集中，且喜欢在 QQ 群中交流的人群，使用 QQ 推广是一个非常不错的选择，比如地方性网站、行业性网站，这类网站的目标用户特别喜欢在 QQ 群中讨论和交流，再如减肥、时尚、IT、汽车等产品，也非常适合于 QQ 推广，因为这类产品的用户也非常热衷于 QQ 群。

图 6.2.27

● **想一想**

微店创业和一般网上创业有何区别与联系？

● **友情提示**

微店创业 VS 一般网上开店创业

	微店创业	一般网上开店创业
成本	无需押金、无需加盟费，完全0成本	需要缴纳1000元的保证金
找货源	所有品类的现货由厂家发上来，微店主无需找货源	需要自己找货源，品类还不丰富，很难齐全
装修网店	现成的正品商城，无需装修网店	要很专业才能搞得像样，要折腾很久
发货	厂家直接给消费者发货，省时省力	需要自己打单发货，零零碎碎的快递单，烦！
售后	售后由厂家直接服务，无需微店主折腾	做掌柜很辛苦，天天亲来亲去，讨好顾客，一不小心就得差评，心累！
推广	让无数人的加盟你，逐个成为你的分销商，终身绑定，客户有积累	天天是自己推广，缺乏延续性，很难带来流量

图 6.2.28　微店和网上开店创业的区别

● **做一做**

根据任务一已经学习过的微商城营销，请你来分析一下微商城营销和微店营销的利弊各是什么？企业在进行微营销时应该如何选择？

【活动评价】

通过微店的开设，张静拥有了属于自己的微店，开设了自己的创业历程。在微店的推广上，张静发现推广的技巧和手段有很多，目前他还不能掌握所有的推广手段，而且针对不同的产品所采用的推广手段也不相同。

任务三　微信营销

情景设计

王经理看李晓杰的微商城现在开展得还算成功，可以说现在阿杰果行在线上线下都有销售，李晓杰的微营销试水还是成功的。于是王经理向李晓杰建议试一试微信营销。李晓杰因为初次尝试新型的销售渠道，目前兴趣正浓，听到王经理的建议后，立即表示对微信营销也很有兴趣，如果不是很复杂，那么自己也愿意尝试。

任务分解

王经理告诉李晓杰，虽然李晓杰的微商城目前运营得不错，但是微信营销和微商城营销毕竟不一样，想要开展微信营销，还要对微信营销有一定的了解，所以，现将本任务分解为以下几个活动：了解微信营销的相关知识；了解微信营销的发展；如何开展微信营销。

活动一：了解微信营销的相关知识

【活动背景】

王经理告诉李晓杰，“微信你肯定十分熟悉了，但是怎样利用微信展开营销活动你可能还不太了解，而且对于微信的了解大多数人都是停留在聊天和语音视频这些基本的功能上面，很多其他的功能都知道的不多。”李晓杰听后觉得确实是这样，自己的对微信的了解都是停留在它是一款聊天工具，其他的功能知道的还真的不多，于是更加认真地听王经理对微信的介绍。

【活动实施】

一、认识微信

微信（WeChat）是腾讯公司于 2011 年 1 月 21 日推出的一个为智能终端提供即时通信服务的免费应用程序，由张小龙所带领的腾讯广州产品研发中心团队打造，如图 6.3.1 所示。微信支持跨通信运营商、跨操作系统平台，通过网络快速发送免费（需消耗少量网络流量）语音短信、视频、图片和文字，同时，也可以使用通过共享流媒体内容的资料和基于位置的社交插件“摇一摇”“漂流瓶”“朋友圈”“公众平台”“语音记事本”等服务插件。

截至 2016 年第二季度，微信已经覆盖中国 94%以上的智能手机，月活跃用户达到 8.06 亿人，户覆盖 200 多个国家、超过 20 种语言。此外，各品牌的微信公众账号总数已经超过 800 万个，移动应用对接数量超过85 000个，广告收入增至 36.79 亿元人民币，微信支付用户则达到了 4 亿人左右。

图 6.3.1　微信

● **想一想**

微信营销是一种全新的营销互动方式吗？

● **友情提示**

微信营销是网络经济时代企业或个人营销模式的一种。是伴随着微信的火热而兴起的一种网络营销方式。微信不存在距离的限制，用户注册微信后，可与周围同样注册的“朋友”形成一种联系，订阅自己所需的信息，商家通过提供用户需要的信息，推广自己的产品，从而实现点对点的营销。

微信营销主要体现在以安卓系统、苹果系统的手机或者平板电脑中的移动客户端进行的区域定位营销，商家通过微信公众平台，结合转介率微信会员管理系统展示商家微官网、微会员、微推送、微支付、微活动，已经形成了一种主流的线上线下微信互动营销方式。

微信的信息交流的互动性更加突出，虽然前些年火热的博客营销也有和粉丝的互动，但是并不及时，除非你能天天守在电脑面前，而微信就不一样了，微信具有很强的互动及时性，无论你在哪里，只要你带着手机，就能够很轻松地同你的未来客户很好地进行互动。能够获取更加真实的客户群，博客的粉丝中存在着太多的无关粉丝，并不能够有效地为你带来几个客户，但是微信就不一样了，微信的用户一定是真实的、私密的、有价值的。

二、了解微信营销的特点

1. 实时推送(图 6.3.2)

在微信营销出现之前，比较热门的网络营销方式还有微博营销、人人营销，但相比前两种形式的营销活动，微信营销具有更强的实时性。在微博和人人上发布宣传信息是被动的，用户不是实时在线的。而用户很可能因为不能及时地浏览微博、人人页面而失去了第一时间获取信息的机会，而那些过时的信息也将淹没在茫茫的信息海洋中。微信可以实时在线，通过微信推送的消息到达手机后，用户会在第一时间得到手机的提醒，这就保证了信息的时效性。

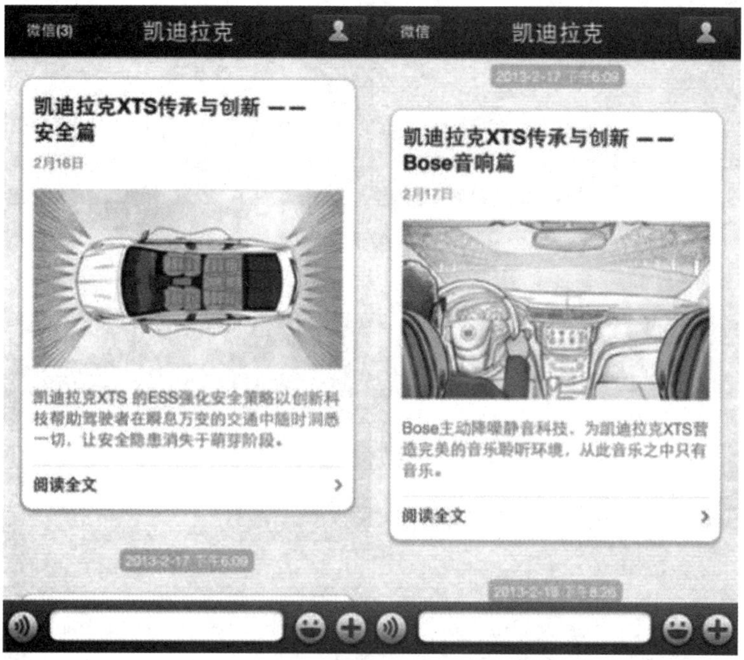

图 6.3.2　凯迪拉克微信号推送

2. 精准营销(图 6.3.3)

微信营销与传统营销模式不同的是，微信营销是一对一的营销，这种营销形式的定位更加精准，受众范围更为准确。微信营销在精准定位的基础上，依托现代信息技术手段建立个性化的顾客沟通服务体系，实现了企业可度量的低成本扩张之路，是有态度的网络营销理念。

3. 信息接收率高(图 6.3.4)

微博营销和人人营销虽然受众广泛，但是到达率不高，信息很容易淹没在茫茫的信息的海洋中，而微信这种一对一的营销方式便可以保证每个用户都能看到他的信息，从而实现百分百的到达率。

4. 营销形式的多样性(图 6.3.5)

微信丰富的社交功能为企业的营销提供了灵活多变的营销渠道，商家企业可以根据自己的企业特点和财力情况选择适合自己的营销方式。

(1)漂流瓶：用户可以发布语音或者文字然后投入大海中，如果有其他用户“捞”到则可以展开对话。

(2)位置签名：商家可以利用“用户签名档”这个免费的广告位为自己做宣传，附近的微信用户就能看到商家的信息。

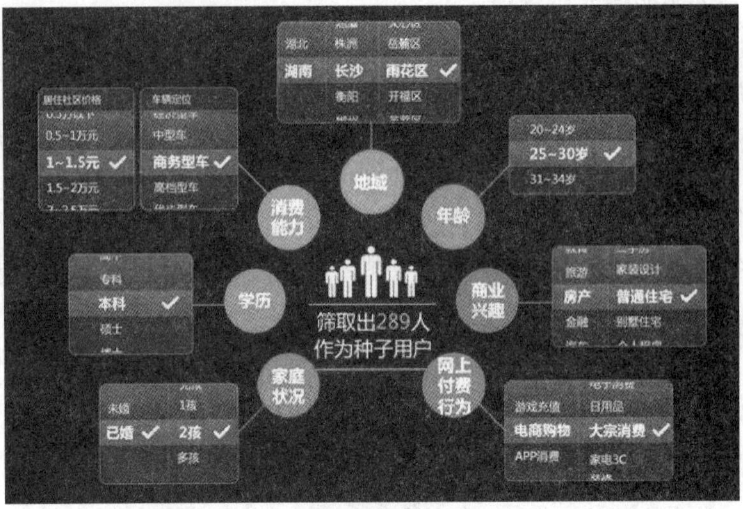

图 6.3.3 微信精准定位

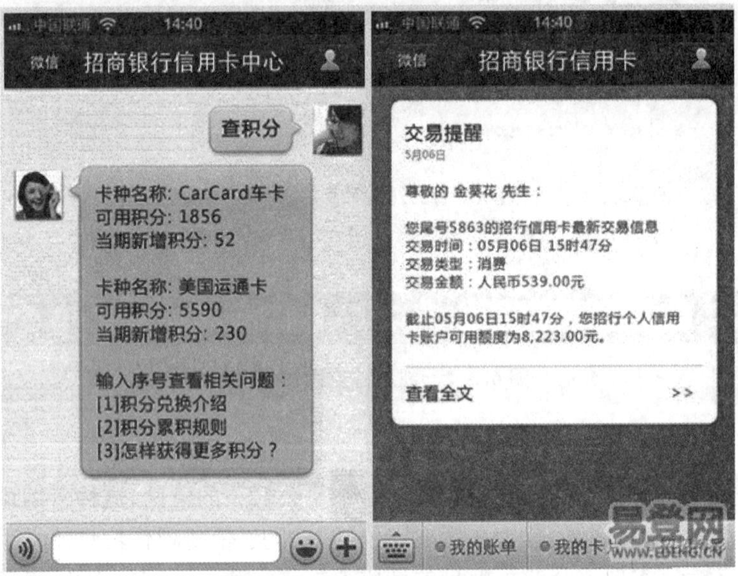

图 6.3.4 招商银行信息推送

(3)二维码:用户可以通过扫描、识别二维码身份来添加朋友、关注企业账号;企业则可以设定自己品牌的二维码,用折扣和优惠来吸引用户关注,开拓 O2O 的营销模式。

(4)开放平台:通过微信开放平台,应用开发者可以接入第三方应用,还可以将应用的 LOGO 放入微信附件栏,使用户可以方便地在会话中调用第三方应用进行内容选择与分享。

(5)公众平台:在微信公众平台上,每个人都可以用一个 QQ 号码,打造自己的微信公众账号,并在微信平台上实现和特定群体的文字、图片、语音的全方位沟通和互动。

5. 口碑营销(图 6.3.6)

微信营销的一个主要推广途径就是依靠口碑,如果你朋友圈的很多朋友都关注并且转发了某个品牌信息,那么你自然而然会产生好奇心理,这是口碑营销的第一步。很多企业都采用

图 6.3.5　微信营销方式

朋友圈分享的形式来推送产品，这主要是由于除了点对点的营销模式外，一对多也容易形成口碑营销的效果。

图 6.3.6　朋友圈分享

三、微信营销的优势

1. 用户主导(图 6.3.7)

有别于其他的营销形式，微信的营销是基于用户许可的。用户在这种营销形势下占据着主动地位，除非主动通过扫描二维码或者输入账号的方式添加品牌的官方微信，否则绝不可能收到来自这个品牌的微信消息。粉丝的质量远高于微博，只要发送频次不要太高、发送的内容得当，较有可能获得忠诚的客户。

2. 营销成本低廉

低成本绝对算得上是微信一个巨大的优势，与传统的营销相比，无论是注册微信账号还是获得腾讯官方认证都是免费的，这对于自营微信的个人业主来说意味着微信营销这条渠道的成本几乎为 0。而对于大型品牌来说，进行微信营销的投入也无非是雇佣维护人员的工资。

3. 庞大的潜在客户数量

从 2011 年 1 月 21 日腾讯公司推出手机聊天软件微信，在距其推出仅仅 400 余天的 2012 年 3 月 29 日就突破了一亿的用户量，到 2012 年 9 月 17 日，腾讯 CEO 马化腾在微信上宣布腾

图 6.3.7 扫描二维码

讯旗下移动互联网产品微信用户数突破 2 亿人，用户从 0 到突破 2 亿用户只用了 14 个月的时间。也许在几年之后，中国智能手机软件市场上微信屹然成了霸主，就类似于如今电脑聊天工具中 QQ 的地位一样无法撼动。有人的地方就绝对有市场，何况是面对如此巨大且人数在不断攀升的市场，所以微信营销的潜在市场是巨大的。

4. 信息的高曝光率(图 6.3.8)

我们要知道，信息的到达率和曝光率不完全是一回事。比如之前的邮件群发，用户能接收到信息并打开邮件，这个推广信息才算是曝光在用户面前了。可我们都知道，很多邮件是直接进了垃圾箱或者收件人未打开阅读就直接删除了。然而，由于大多数人的微信好友数都比较少，且具有很强的提醒力度，如铃声、通知中心、角标等等，这样通过微信所推送的信息就有了高曝光率。所推送的信息经过优化之后，基本可以达到百分之百的高曝光率。

图 6.3.8 公众号信息推送

5. 用户的高精准度(图 6.3.9)

微信在沟通上具有便利性，加上所耗流量较小，现在已经成为或者超过类似手机短信和电子邮件的主流信息接收工具。商家为增加粉丝数量，会放出很多诱饵，诱导用户主动订阅，这样所增加的粉丝精准度非常高。此外，微信公众账号可以通过后台对用户进行分组，这样在推送信息时可以有针对性地实现精准消息推送。

图 6.3.9　微信后台用户管理

- **知识窗**

2011 年 1 月 21 日，腾讯推出即时通信应用微信，支持发送语音短信、视频、图片和文字，可以群聊。2012 年 3 月 29 日，时隔一年多，马化腾通过腾讯微博宣布微信用户突破一亿大关，也就是新浪微博注册用户的三分之一。在腾讯 QQ 邮箱、各种户外广告和旗下产品的不断宣传和推广下，微信的用户也在逐月增加。

四、微信营销的商业价值要素(图 6.3.10)

微信的商业化进程一直被业内人士广泛关注。微信被称为“移动互联网第一张船票”，其商业化之所以得到了如此多的关注，是因为其具有非常大的商业化价值。而微信的商业化对于整个移动互联网来说，也是流量变现的积极探索。微信 5.0 推出之后，微信的商业化进程已经开始推进，它的商业化价值主要体现在以下四个要素：

(1)用户：海量用户是微信商业化的坚实基础，也是任何一款产品商业化的价值基础；

(2)行业：微信所处的行业——移动互联网以及移动即时通信领域火热；

(3)公司：腾讯强大的技术能力和资源背景；

(4)产品：一款移动端的优秀产品。

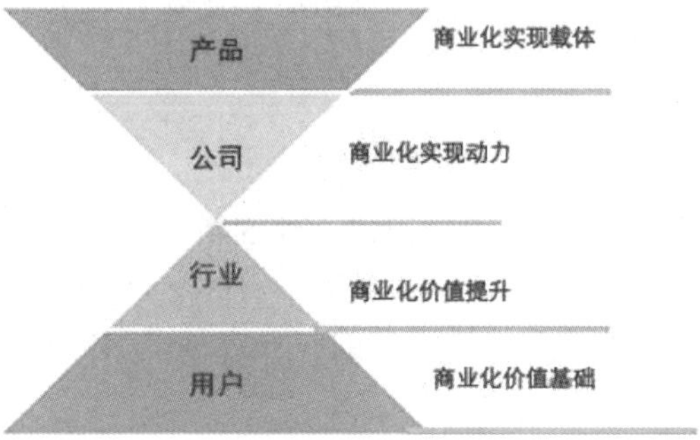

图 6.3.10　微信营销的商业价值要素

- **做一做**

试比较微信营销与微博营销有什么不同。

- **友情提示**

1. 属性不同

虽然微博和微信都是社会化媒体，但微博更倾向于社会化信息网络，对于信息的传播速度极快，同时微博属于自由媒体平台，发布信息无论是好友还是陌生人都是可以看得到的，更像是新闻媒体平台，而微信则倾向于社会化关系网络，平台注重用户圈子的维系，用户在圈子当中可以相互交流、相互分享。

2. 用户的使用习惯不同

微博平台用户更倾向于PC客户端，也就是我们所使用的电脑，而微信则是移动互联网上客户端的软件，移动客户端主要是指智能手机以及平板电脑。

3. 信息内容的传播范围不同

微博的特性是我们既可以看到我们关注的朋友的微博，也可以看到我们没有关注的陌生人的微博，微博内容是无限制的。微信是一个私密闭环传播，用户发布的信息只能在自己关注的圈子或被关注的圈子当中传播，没有成为好友的陌生人根本看不到我们的信息，传播更具有隐蔽性。

4. 传播特性不同

微博的传播没有限制，所以比较适合社会热点的实时传播，这同时也是媒体的传播特性，微博具备这一媒体传播特性，而微信信息传播更加精准，用户之间的关系更加密切，对信息了解更加深入，所以微信是一个深度信息精确到达的平台。

【活动评价】

通过王经理的讲述，李晓杰对微信营销有了一个初步的印象，因为之前微商城的成功开设，让他对微营销的这种形式充满了好奇，李晓杰觉得在网络时代，就是要学习新的营销理念和新的销售形式，不断地更新自己的知识系统，这样才能在市场上占有一席之地。

活动二：了解微信营销的发展历程

【活动背景】

李晓杰听完王经理的讲述，对微信营销的发展历史和发展前景都十分感兴趣，王经理告诉李晓杰，虽然微信兴起的时间并不久，但是用户群体十分庞大，所以微信营销的前景还是十分广阔的。所以晓杰决定好好学习一下微信的发展历程以及微信未来的发展前景，这样对自己水果店的微信营销的开展也会有所帮助。

【活动实施】

一、微信发展历史(图 6.3.11)

微信营销是网络经济时代企业营销模式的一种创新，是伴随着微信的火热而兴起的一种网络营销方式。微信营销诞生于 2012 年，2012 年 3 月 29 日，马化腾通过腾讯微博宣布微信用户突破一亿大关，也就是新浪微博注册用户的三分之一，“微信营销”这个词汇开始出现在人们的视线之中。

由于微信不存在距离的限制，用户注册微信后即可与周围同样注册的“朋友”形成一种联系，用户订阅自己所需的信息，商家通过提供用户需要的信息，推广自己的产品，从而实现点对点的营销。微信营销主要体现在以安卓系统、苹果系统的手机或者平板电脑中的移动客户端进行的区域定位营销。商家通过微信公众平台，结合转介率、微信会员卡管理系统展示商家的微官网、微会员、微推送、微支付、微活动，这已经形成了一种主流的线上线下微信互动营销方式。

2011 年 1 月 21 日，微信发布针对 iPhone 用户的 1.0 测试版。

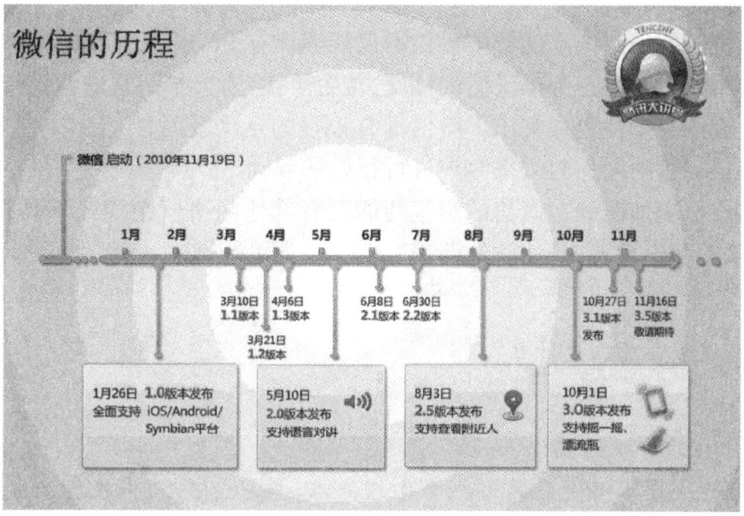

图 6.3.11　微信发展历程

2012 年 3 月，微信用户数突破 1 亿大关，如图 6.3.12 所示。

2013 年 1 月 15 日，微信用户数量突破 3 亿。

2013 年 8 月 15 日，微信国际版的注册用户突破 1 亿。

2013 年 10 月 24 日，微信的注册用户数量突破 6 亿，每日活跃用户 1 亿以上。

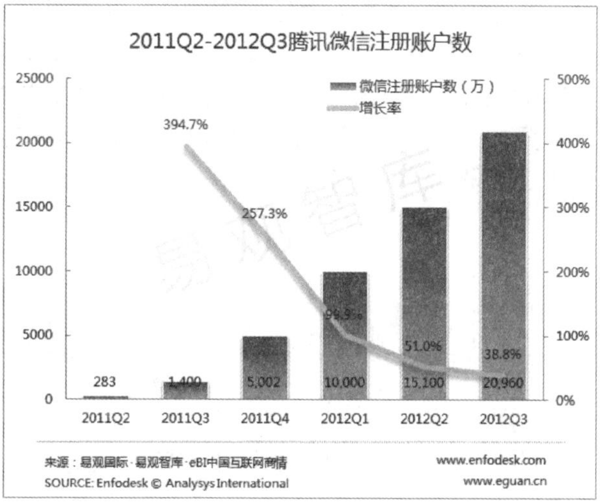

图 6.3.12　微信用户增长幅度

众所周知，近几年国内互联网用户数量高速增长，各种互联网营销模式也随之兴起，B2C（京东）、B2B（阿里巴巴）、C2C（淘宝）等营销模式的成功，让更多的商家将营销模式转向互联网。微信营销也发展得越来越快。

微信这种营销形式的发展具有以下几个特点：

（1）国内通信运营商对数据业务的发展。根据报道，2013 年第一季度中国手机搜索网民规模达到了30 750万人，同比增长 29.73%，环比增长 5.53%，手机软件的供不应求。

（2）庞大的腾讯用户基数。2012 底年腾讯即时通信服务活跃账户数达到 7.210 亿，微信营销发展空间非常广阔。

(3)智能手机的发展。未来的智能手机不仅能够拥有PC电脑所能拥有的任何功能,而且携带方便。借助移动端优势,微信天然的社交、位置等优势,会给商家的营销带来很大的方便。

(4)信息交流的互动性更加突出。微信具有很强的互动及时性,无论你在哪里,只要你带着手机,就能够很轻松的同你的未来客户进行很好的互动。

(5)目标用户群更加明确。微信的定位功能具有其他网络营销模式不具有的区域性营销功能。这在未来的营销发展中,使微信营销有了更多的可能性。

● **想一想**

微信的快速发展的原因是什么?

● **友情提示**

1. 人群对手机客户端的偏爱

对于手机来说一个不可置疑的大机会已经来临,与PC相比,手机已经成为人的一部分,对于用户来说不仅是工具,还具有更高的黏性。

2. 智能手机的普及

微信的用户主要集中在安卓系统和苹果系统,这些都属于智能系统,智能手机用户数将超过9.3亿。在中国,智能手机普及率超过35%,中国智能手机用户数年增长率为8%。

二、微信发展前景

从微信推出至今,零资费、跨平台、拍照发给好友、发手机图片、移动即时通信等功能的研发一直是微信比较具有优势的特点。到今天微信发展到了5.0的版本,腾讯在微信业务上的布局越来越广。微信正在从单纯的聊天工具变成移动社交平台。微信开始走向开放平台,希望通过服务用户生活,实现产品的真实价值,以期长远发展。通过微信进行营销更大程度地推动了电子商务的发展,使电子商务更加地深入生活,目前微信的发展正处于快速成长的阶段,还有很大的发展空间和潜力,如图6.3.13所示。

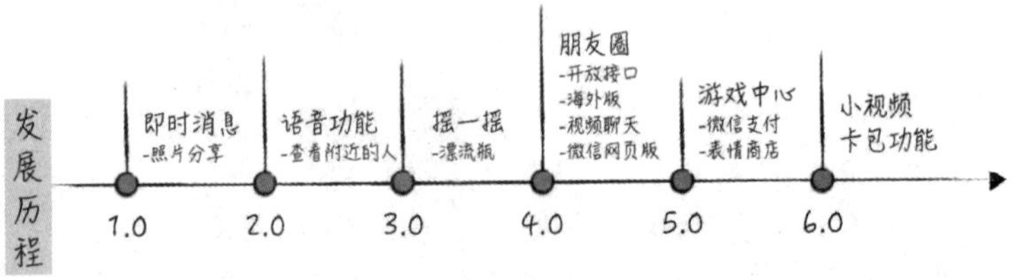

图6.3.13　微信功能的发展完善

1. 微生活服务的发展

微信用户可以切身地体会到,微信营销为我们的生活带来了极大的便利,除了微信本身所具有的社交功能外,我们可以利用微信获取新闻资讯、杂志、微博、关联账号的信息推送以及我们所关注的品牌商家推送的产品信息、优惠活动、精美内容等,并可以通过微信支付中的扫码支付、微信内支付、公众账号内直接支付的方式以微信价格购买商品,在购买商品后,我们也可以利用公众号在线查询物流情况,在货物送到后,我们可以利用微信直接将我们购买的产品分享至朋友圈,推荐给更多朋友,鼓励更多朋友购买。

2. 微信SEO是未来移动搜索的新趋势

近日，微信自带搜索引擎已经开始对接外网，用户可以通过手机移动端的搜索引擎搜索到今日头条、一点资讯、搜狐、知乎、博客、58 同城等平台的信息资讯，这对于想在移动端做微信 SEO 的企业来讲，无疑是一个巨大的机会。正如百度 SEO 刚刚出来的时候，很多中小企业利用百度 SEO 都获得了成功。而从移动端的发展之势也可以看出，未来，微信 SEO 一定会成为众多企业竞相争夺的阵地。

3. 企业在移动端的官网展现(图 6.3.14)

互联网时代，移动智能设备的更新迭代促进了移动互联网呈井喷式发展，中国的手机用户数量也不断增加。如果说在以前，PC 端官网可以代表一个企业的品牌形象，是企业的标配。那么，在如今，移动端也是企业需要进行布局的重要阵地，而微信公众号的出现，正是企业进军移动端的一个大好机会，根据用户的使用习惯，以及自媒体与企业的匹配程度来看，微信公众号就是适合大众企业的手机官网，可以使用户通过手机端能够更加快捷地了解企业以及品牌信息，相对于 PC 端特定的使用场景，移动端突显出的随时随地的使用习惯优势，可以将用户与企业之间的沟通距离拉得更近了。

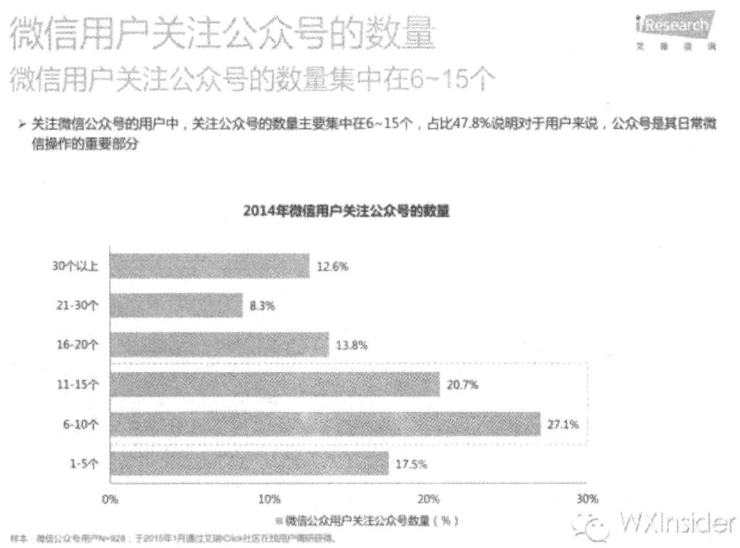

图 6.3.14　微信用户公众号关注数量百分比

4. 传播方式与内容的多元化

微信作为数据化时代的靓丽产物，扩大了广告的发展空间，加快了信息的传播，也给广告发展带来了新的挑战。信息的无序化现象更为严重，危机突发性越来越强，传播速度越来越快。微信的多途径、多方式、多内容的传播方式，也使得微信的未来发展具有很多可能性。微信可以发送文字、照片、声音、视频、多图文等多种内容，完全满足商户的需求。通讯方式上不仅可以点对点单人聊天，还可以点对面群发，还可以病毒式传播转发朋友圈，这些使微信更具时效性、互动性。

微信平台开发。现今微官网、微商城的推出进一步加强了微信营销，线上线下均可成交。微信会员卡、智能客服、微活动(刮刮乐、签到、大转盘、一战到底)、微房产、微餐饮、微医疗、微酒店等一系列的开发让微信营销更具力量。

● **想一想**

微信用户的发展有哪些特点?

● **友情提示**

图 6.3.15 微信用户分析

活动三:如何开展微信营销

【活动背景】

李晓杰在听完王经理对微信营销的发展介绍后,对微信营销已经有了很全面的认识和了解,接下来,就是李晓杰最为关心的部分,应该怎样开展微信营销,有怎样的方式可以更好地在微信上营销自己的水果店。

【活动实施】

作为时下最热门的社交平台,微信在潜移默化中改变了许多人的生活方式。它不但为用户带来了生活上的便捷,更为商家带来了机遇,微信营销以其强有力的优势和多样的模式,为网络营销开启了一扇崭新的大门。随着微信活跃用户数量的不断激增,越来越多的商家瞄准了其中的商机,将微信营销视作一个全新的营销选择。目前一些商家或者企业逐渐认识到微信营销的广阔发展前景,并且建立了系统的互联网营销平台,以此促进企业营销水平的提高。

一、微信营销模式

商家进行微信营销的形式多种多样,微信几乎所有功能都被适当地用于产品和服务的营销之中,在此主要探究其中较具有代表性的几种模式。

1.“O2O 模式”二维码扫描折扣

“O2O”即 Online To Offline,是指将互联网宣传与线下交易相结合。这种商务模式的实质是通过互联网线上寻找消费者,然后将他们带到现实的商店中消费,实现线上宣传,线下购买。微信的二维码扫描折扣功能便是一种“O2O 模式”的应用,商家将含有品牌折扣信息的二维码印在宣传单上,消费者在获得二维码后使用微信进行扫描,便可以获得折扣信息,去店铺消费时只需要展示手机上的折扣信息就可以获得折扣,如图 6.3.16 所示。

2. 微信公众平台“体验式服务”

微信公众平台是一个自媒体平台,商家可以通过在微信上建立公众平台与消费者进行互动,从而实现对产品或服务的营销。公众账号建立后,商家可以在公众平台上发布品牌相关信息,例如优惠信息、新品信息、活动信息等等。消费者使用微信对商家的公众账号进行关注,便可以收到商家所发布的这些信息,从中选择自己所需要的信息进行使用。

图 6.3.16　扫码折扣

随着微信营销的逐步发展，商家的公众账号不仅仅只发布与产品或服务相关的信息，而是越来越重视品牌形象的树立，越来越注重消费者的“体验式服务”。例如，在公众账号中发布一些有趣的小幽默、品牌背后的故事或者温馨小贴士等等，在让消费者感到温馨的同时，也增加了公众平台的趣味性，加深消费者对品牌的熟悉度和认同感。

3. 朋友圈的“熟人交易”

朋友圈是一个由熟人关系链构建而成的小众、私密的圈子，用户可以在朋友圈中分享自己的心情和经历，同时也可以看见其他用户发布的状态。商家将商品信息发布在朋友圈中，微信好友便可以看到这些信息。如果在其中看到中意的商品，便可以联系卖家进行交易。

这其实是一种“熟人交易”，利用朋友圈中的人脉关系，在朋友或者熟人之间进行营销。由于微信好友之间存在一定的社交关系，有一定的信任基础，因此这种营销方式比较可靠。另外，由于这种社交关系的存在，消费者往往可以享受到产品价格的较大折扣。但是，由于交易缺乏安全的支付平台，这种交易存在一定风险。而过度泛滥的营销信息也会破坏朋友圈用户情感交流目的的初衷。

4. 漂流瓶的品牌式活动

漂流瓶是微信的一种娱乐功能，用户将写有信息的漂流瓶扔向大海，该漂流瓶会被其他陌生人捡到并读到漂流瓶中的信息，实现用户和陌生人之间简单的匿名互动，如图 6.3.17 所示。商家通过漂流瓶中的“扔一个”功能，将商品信息发布出去，用户便可以通过“捡一个”功能捡到商家发出的漂流瓶，以获取产品信息。

漂流瓶的营销方式多用于宣传，而非实际交易。例如招商银行就曾经举办过“爱心漂流瓶”活动。微信用户可以通过“漂流瓶”功能捡到招商银行的漂流瓶，只要进行简单互动，招商银行便会通过“小积分，微慈善”平台为自闭症儿童提供帮助。这样的慈善活动不仅吸引了大量的微信用户参与其中，也提升了招商银行的形象，达到营销的目的。

5.“LBS”查看附近的人

“查看附近的人”是一种基于 LBS(Location Based Service)功能插件的微信服务。微信用户使用“查看附近的人”这一功能，可以查看到附近的微信用户以及其签名档，如图 6.3.18 所

图 6.3.17　微信漂流瓶

示。利用这一功能，一些实体店商家可以注册自己品牌的微信，并在签名档中提供相应的产品信息。当微信用户使用“查看附近的人”这一功能时，便可以搜索到附近的商家。这对商家来说是一种免费并且方便快捷的移动广告，不仅起到宣传作用，而且有需要的用户也可以联系卖家进行交易。

图 6.3.18　查找附近的人

6. 朋友圈点赞活动

在最近一段时间内，很多商家都加入朋友圈点赞的活动中。活动规则是要求用户在朋友圈中转发含有品牌商品信息的链接，并规定在指定的时间内集齐一定数量的“赞”就可以获得相应的服务或商品。这种营销方式以游戏的形式对品牌进行宣传，并为完成任务的用户提供奖励，深受广大微信用户的喜爱和追捧。

二、微信营销策略

1. “意见领袖型”营销推广策略

微信用户中活跃着一群“意见领袖”，比如一些企业家或者影视名人等，这些“意见领袖”比较重视来自公众平台的商业信息，在信息的分享方面也十分活跃。他们的观点具有相当强的辐射力和渗透力，对大众言辞有着重大的影响作用，潜移默化地改变人们的消费观念，影响人们的消费行为。企业应积极关注这群特殊用户，通过公众平台与这些用户保持密切联系，邀请他们参加品牌体验活动，鼓励他们将体验心得分享给其他用户。利用“意见领袖”的影响力，刺激大众的消费需求，激发购买欲望，最终达到增强传播效果、提升企业效益的目标。

2. 病毒式推广策略

病毒性营销是一种利用用户口碑传播的原理，进行品牌推广的常用的网络营销方法，其特点是高效迅捷。微信即时性和互动性强，可见度、影响力以及无边界传播等特质特别适合病毒式营销策略的应用。微信庞大的用户群，为病毒式营销锁定了目标客户；微信与手机通讯录和QQ实现绑定，利用“熟人传播”的模式来达到推广的目的。企业通过微信平台的群发功能可以将图文信息群发给微信好友，也可以利用二维码的形式发送优惠信息。利用公众的积极性和人际网络，充分发挥口碑效应，让企业或商品信息得到迅速传播和扩散，如图6.3.19所示。

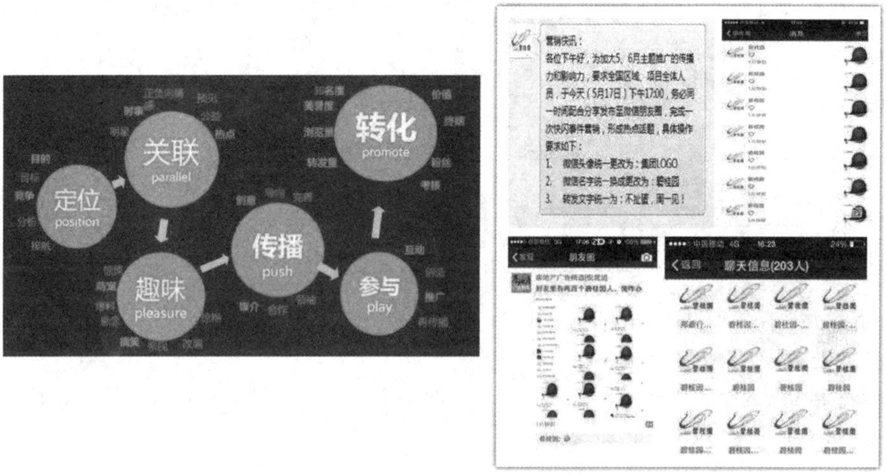

图6.3.19　微信病毒式营销

3. 视频、图片营销策略

运用“视频图片”营销策略开展微信营销，首先要在与微信好友的互动和对话中寻找和发现可利用市场，为特定市场和潜在客户提供个性化、差异化的服务；其次，要将企业的品牌、产品和服务的信息传送给潜在客户，需要注意的是传送内容应该具体化和形象化，易于被目标客户接受，这样才能为企业赢得竞争优势，打造出优质的品牌服务。

4. 利用微信导航策略

某些微信导航类的账号，已经拥有了20多万粉丝。企业若想快速推广自己的品牌，可以通过这种渠道迅速占领入口。目前随着微信的广泛使用，越来越多的企业和商家开始注重微信营销，一些企业微信营销工具或者是微信营销工具开始出现，这些软件主要是能够将你定位到任何地点，只要是你选择定位的区域，无论在任何地点都可以搜索到你的消息，这样就扩大了地理区域范围，让任何人都能够了解到你的信息和产品，而且还可以自动添加好友、发信息等，如图6.3.20所示。

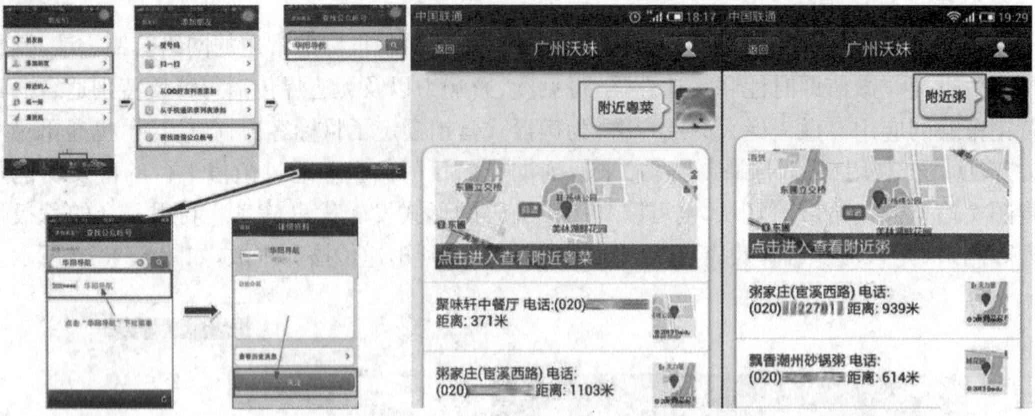

图 6.3.20 微信导航功能

● **想一想**

微信营销模式有哪些局限性?

● **友情提示**

一是微信营销平台不够完善;

二是微信营销品牌推广不足;

三是微信营销缺乏粉丝感知;

四是微信营销安全隐患较大。

● **做一做**

招商银行发起了一个微信"爱心漂流瓶的活动":微信用户用"漂流瓶"功能捡到招商银行漂流瓶,回复之后招商银行便会通过"小积分,微慈善"平台为自闭症儿童提供帮助。在此活动期间,有媒体统计,用户每捡十次漂流瓶便基本上有一次会捡到招行的爱心漂流瓶。试分析招商银行的微信营销模式,如图 6.3.21 所示。

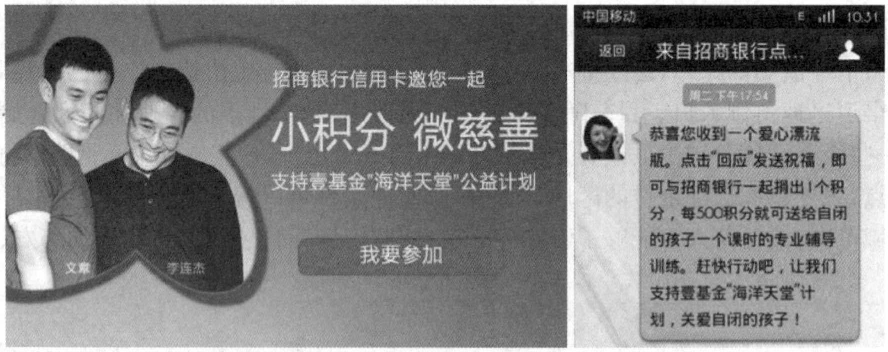

图 6.3.21 招商银行爱心漂流瓶活动

【活动评价】

通过对比分析,李晓杰认为微信营销这个方式是可行的,并且可能会比微商城营销更容易积攒人气和客户,于是在王经理的又一次帮助下,李晓杰决定继续自己的微营销之路,为"阿杰果行"的微营销之路开拓新的道路。

任务四 微视频营销

情景设计

李晓杰在微营销的路上走得越来越顺利，也结识了很多新的朋友，上次在聊天时，听一个朋友说最近十分流行视频营销，李晓杰很感兴趣，想要了解视频营销是怎样的一种新型营销形式。

任务分解

朋友告诉李晓杰，想要弄清楚视频营销到底什么，首先要先明确几个概念，所以，本任务主要分为以下几个活动：了解视频营销；如何开展视频营销。

活动一：了解视频营销

【活动背景】

朋友告诉李晓杰，微视频营销听起来好像距离我们十分的遥远，其实电视广告就是最早形式的微视频营销，现在我们经常听到的微电影、网络广告、视频直播这类名词，其实都是微视频营销。李晓杰一听就觉得很有意思，原来大家老说的微电影、网络直播也属于微视频营销。

【活动实施】

一、视频营销概述

网络视频营销指的是企业将各种视频短片以各种形式放到互联网上，达到一定宣传目的的营销手段。网络视频广告的形式类似于电视视频短片，平台却在互联网上。"视频"与"互联网"的结合，让这种创新营销形式具备了两者的优点：它具有电视短片的种种特征，例如感染力强、形式内容多样、肆意创意等等，又具有互联网营销的优势，例如互动性、主动传播性、传播速度快、成本低廉等等。可以说，网络视频营销，是将电视广告与互联网营销两者"宠爱"集于一身。

2012 年底，由陈欧担任 CEO 并亲自代言的聚美优品广告在湖南卫视投放后引起了巨大的反响，如图 6.4.1 所示。该广告在优酷网的播放次数已经达到 400 多万，并得到无数微博博主的转发和评价，很多网友根据其广告的文案形式自发改编创作的"聚美体"文字流行一时。广大消费者纷纷聚焦聚美优品，使该公司的品牌效应得到了极大提升，并由此卷起一股聚美优品热潮。

当前中国的营销市场，电视的龙头地位依然没有被动摇。然而，电视作为视频媒体却有两大难以消除的局限性：

第一，受众只能单向接受电视信息，很难深度参与；

第二，电视都有着一定的严肃性和品位，受众很难按照自己的偏好来创造内容，因此电视的广告价值大，但是互动营销价值小。

而网络视频却可以突破这些局限，从而带来互动营销的新平台，而随着互联网的发展和视频网站的兴起，视频营销也越来越被很多品牌企业所重视，成为网络营销中的利器。

随着网络成为很多人生活中不可或缺的一部分，视频营销又上升到一个新的高度。各种

图 6.4.1 聚美优品广告

手段和手法层出不穷。连比尔·盖茨都在世界经济论坛上预言，五年内互联网将“颠覆”电视的地位。这话在一定程度上表明了互联网视频的势头。

视频营销的形式又涵括影视广告、网络视频、宣传片、微电影等多种方式，并把产品或品牌信息植入到视频中，产生一种视觉冲击力和表现张力，通过网民的力量实现自传播，达到营销产品或品牌的目的。

● **想一想**

网络视频为什么发展迅速？

● **友情提示**

“视频”与“互联网”的结合，让这种创新营销形式具备了两者的优点：它具有电视短片的种种特征，例如感染力强、形式内容多样、肆意创意等等，又具有互联网营销的优势。很多互联网营销公司都重视视频营销，纷纷推出这一服务项目，并以其创新的形式受到客户的关注。如优拓视频整合行销，用视频来进行媒介传递，包括视频策划、视频制作、视频传播的整个过程。

二、视频营销的特点

1. 精准

与其他营销方式的一个最大不同，网络营销能够比较精确地找到潜在消费群体。作为网络营销最新兴的方式，网络视频营销则更精准地发挥了这一特性。在用户看完之后，如果加了你的 QQ 就相当于已经转化了一次了，相对于其他的推广方式来说，视频的流量是最精准的。

2. 快速

在这个网络飞速发展的时期，必须限随网络热点及时推出更吸引用户眼球的标题，当然你也可以想一下，如果说在用户自然搜索的时候，他为什么会在那么多的视频中点击你的视频，请你给你的用户一个点击的理由。视频要做到最新、最快。你的视频首先要新，其次要快。相对于新来说，就是热点的体现，你的视频内容必须要有当前本行业或与课程相关的社会热点。然而相对于快来说的话，你必须做到让你最新的东西以最快的速度传到网上，让你的用户看到你的视频。

3. 视频的长期流量

视频课程具有长时间的营销作用，一段或者一系列视频在网络上的传播存在一个周期，单个的视频随着时间的流转，他的效果会像抛物线的趋势一样下降。然而当你的视频在视频网站上有一定量的时候，视频就会产生连锁反应。

4. 视频的病毒式传播

网友会把他们认为有价值的课程转贴在自己的博客或者其他论坛中。设定一系列的赠品策略刺激准顾客主动帮你宣传，如：转载截图送独家资料等，让视频课程广告进行主动性的“病毒式传播”，让视频课程大范围传播出去，而不是每天机械式的传视频。在这一点上，我们应该化被动为主动，让更多的人看到你的视频。

三、视频营销的优势

1. 成本低廉

在国外，许多公司开始尝试网络视频广告的一个重要原因，就是网络视频营销投入的成本与传统的广告价格差太大了。一支电视广告，投入几十万甚至上千万都是很正常的事情，而几千块钱就可以搞定一支网络视频短片。甚至，一个好创意、几个员工，就可以做一个好短片，免费放到视频网站上进行传播。

与此同时，低廉的价格却带来非常高的性价比。根据 Burst Media 公司完成的研究结果表明，56.3%的在线视频观众可以记起视频里的广告内容。一支流传甚广的视频可以让公司以极小的成本获得极大的曝光。也正因为如此，虽然互联网视频广告的影响力越来越大，但是公司为此付出的资金却不会有多大增长。“在线视频广告的支出对于电视广告而言可以算是九牛之一毛，而且这种情况起码会持续十年。”根据 e－Marketer 调研机构在去年 11 月份发布的调研数据，2006 年互联网广告支出仅仅是电视广告的 0.6%，而在 2010 年，这个数字有望上升到 3.3%。

毫无疑问，在这种情况下，那些准备削减广告预算的公司必定会向视频营销求援。例：英国饮料制造商 Britvic 公司削减了百维可(Tango)牌果味饮料的电视广告预算，转而投奔了互联网。他们设计了一个恶搞索尼公司最新液晶电视广告的视频，其中巧妙地放入了自己的产品，如图 6.4.2 所示。在投放互联网后，这个恶搞视频被大肆转载，宣传效果出人意料，Tango 饮料也成了青年们的潮流饮品。

图 6.4.2　Tango 广告

2. 目标精准

一个与传统营销方式的最大不同，是网络营销能够比较精确地找到企业想找的那群潜在消费者。作为网络营销最新兴的方式，网络视频营销则是更精准地发挥了这一特性。

例如 YouTube 上有“群(Group)”的设置。这是在网络上有着相同视频兴趣倾向的网民的集合。YouTube 通过目标锁定(Targeting)识别特定受众群,并通过有效的可行途径影响他们,发掘、培养他们的兴趣点。令人感兴趣的内容能吸引受众,而受众的不断支持、回复、上传又能产生良好的内容。一传一受的交互方式,促进了群组织的形成。那么,广告商在特定的群投放产品,例如广告商在汽车群投放视频广告,或者在这个群征集作品,就能取得不错的效果。

从这个角度来讲,在企业选择过程中,网络视频公司平台价值的测定就与传统媒体不同。在电视媒体中,更多的观众、更高的收视率意味着更多的广告收入、更多的利润,视频网站则不然,观众的数量并不一定意味着更多的广告收入,有时候小数量的观众要比数量众多的观众更有价值——如果这些小数量的观众做一些广告主更喜欢的事情(比如点击广告,购买产品并访问其他的相关网页等等)。总而言之,衡量一家视频网站价值高低的因素比衡量一家传统媒体要丰富广泛得多,许多因素共同发挥作用来决定网络视频公司的价值高低。例如前几年星巴克公司向 Video Egg 投资了1 200万美元,Video Egg 之所以获得投资者的青睐是因为观众对 Video Egg 网站(图 6.4.3)上赞助商广告的高点击率。据统计,Video Egg 上广告的“点击通过”率超过了 1%,而同行业竞争对手的点击率只有千分之几。

图 6.4.3 Video Egg 视频网站

3. 互动+主动

互联网营销具有互动性,这一点也被视频营销所继承。YouTube 编者和读者之间的回复便很好地证明了这一点:用户利用文字视频可新建对发布者的回复,也可以就回复进行回复,另外,观看者的回复也为该节目造势,有较高争议率的节目点击率也往往高调飙升。与此同时,网友还会把他们认为有趣的节目转贴在自己博客或者其他论坛中,让视频广告进行主动性的“病毒式传播”,让宣传片大范围传播出去,而不费企业任何推广费用和精力。这一优势是电视广告不具备的。

与此同时,与其他互联网营销形式不同,视频感染力更强,因此引起网友的主动传播性也更强。

2006 年 11 月,一支叫作“如何在 YouTube 上现眼”的视频在两天内吸引了 40 万的观看次数。视频中,顶着鸟窝头的年轻人在镜头前完成了各种各样悲剧性的演出,似乎命运在任何时候都与他作对。在看热闹的心态趋势下,网民们把这段视频“点”上了排行榜的第一名,并且传播到各大网站中。虽然这段视频看起来简单而粗糙，像极了“家庭滑稽录像”里的作品。不过，在视频结束后，观众会在页面上发现这其实是松下“不可否认的电视”(Undeniable TV)的活动广告。这个活动让人们用视频“描述某件不可否认的事情”，获胜者将会获得一台液晶电视和手持摄像机。最终，这个活动吸引了十几万人参与其中，取得了非常好的效果。

4. 传播神速

视频营销的这个特性已经在诸多案例中显露无遗。例如：在2006年8月，美国弗吉尼亚州的共和党参议员候选人乔治艾伦在一次演讲中发现台下有一名印度裔的听众，结果他无意之间称呼这位听众为“非洲短尾猿”，这种说法带有很强的种族歧视色彩，这段视频被传到YouTube上，在非常短的时间被愤怒的网民们复制粘贴、快速传播，导致艾伦的名声在几个月的时间快速下降，最终落选。

5. 效果可测

在种种叙述在线视频营销的语句中，可以看到大量的数据：网络搜索集团评出几大视频网站——YouTube、MSN Video、YahooVideo、AOL Video、iFilm，这些网站的访问量是美国五大广播电视网网站访问量的两倍，且用户在前者的停留时间达12分钟/次，长于后者的8分钟/次；这段视频短片，被点击3 000万次，转载5 000次并附有2 400条评论。种种数据显示了企业视频营销的“每一笔费用都可以找出花在了哪里”。收集网友的评论，也可以总结这次视频广告的得失，大大提高效果监测率。

四、视频营销的发展

1. 发展趋势

视频营销的发展有三个趋势：(1)品牌视频化；(2)视频网络化；(3)广告内容化。这三个是整个视频营销的发展趋势。我们接触很多广告主，很多广告主都开始将品牌广告通过视频展现出来，这个趋势非常明显。我们做视频营销感触很多，大的广告客户都希望通过视频营销方式，把自己品牌展现出来。

其次就是视频网络化，这个发展已经成为一种趋势了，我们可以看到网络视频已经成为一个非常焦点的热题，视频网络化的趋势会愈演愈烈。

广告内容化，我们看电视的时候，一发现广告，手里拿遥控器就调台了，不想看了，因为大家知道这是广告，如果我们发现一个广告成为一个电视节目或电视节目的一个重要组成元素的时候，或者成为一个剧情纽带的时候，大家就愿意去看了。我们经常看到一些大片例如《变形金刚》，包括冯小刚导演的很多片里面，会有一些广告穿插在里面，这就是广告的内容化。广告内容化已经成为一种新的营销趋势了。湖南卫视曾经播出的《丑女无敌》，里面有很多移植广告，例如多芬等等。这种形式叫作UGA，就是用户产生的广告。基于视频网站广大的用户，让他们制作出来这种广告，所以叫作用户产生的广告。

2. 发展前景

网页产生初期，普遍流行的就是文字和图片(2013年这两种元素仍是互联网的主流宣传)，随着互联网技术的发展，出现了flash，使页面动起来，增加了美观与视觉感受。但是当这三者出现以后，至今很长一段时间内都没有出现第四种宣传元素。

网站视频客服系统的到来，标志着互联网视频营销时代的到来。尽管在视频客服系统之前，在线文字系统，在线会议系统已经有七八年的历史了，但他们都不是真正的视频营销。网站视频客服系统，真正地让网站产品视频展示。其转化率是文字与图片远远不能比拟的。

● **做一做**

视频营销该做什么、不该做什么?

● **友情提示**

1. 正确的方式

(1)巧妙叙事:不管是用于“病毒营销”的网络视频还是面向用户的感谢信,优秀的视频一定要学会讲故事,以此留住观众的注意力。

(2)言简意赅:效果最好的在线视频长度介于30秒至几分钟之间。如果你有长达一小时的话要说,那么就分成几个小段,这样观众会觉得更有趣一些,而且容易找到主题。

(3)处变不惊:在市场营销活动中,如果你举办比赛让顾客们发挥想象制作视频短片,那么你最好有点思想准备,因为参赛作品中可能会出现不少负面的东西。

2. 需避免的错误

(1)弄虚作假:如果有大公司想要假扮成普通网民的话,那么必须冒真相大白之后被唾沫星子淹没的风险。最好老实交代自己是谁,因为诚信在网上显得更为重要。

(2)处心积虑:最好的推广视频一定要让员工用自己的话讲述自己的故事。费力不讨好地准备一大堆演讲稿让人照本宣科只能弄巧成拙。

(3)极度润色:公司如果打算建立一个视频推广网站的话,未必非得让上面的作品都保证极高的质量。实际上,过高的视频质量容易被人误解为传统的电视广告。

(4)年轻过头:根据最新的调查结果,相比于18至24岁的年轻人,35到54岁的中年观众对于网络视频的热情也不低。如果你只把目标受众定为年轻人,那么就会丢掉大块市场。

(5)忘记品牌:独一无二的滑稽视频在互联网上能够取得极佳的传播效果。但是如果这个视频不能强化你的品牌形象,那么结果将变成——观众人山人海、买家寥寥无几、用户大惑不解。

【活动评价】

通过朋友的讲述,李晓杰终于对于视频营销有了一个初步的印象,也对视频营销产生了浓厚的兴趣,他觉得利用视频营销这种形式可以更好地宣传自己刚刚建立起来的微商城。

活动二:如何开展视频营销

【活动背景】

李晓杰听完朋友对微视频营销的介绍,很好奇地问朋友:“微视频营销也有相关的策略吗?还是只要录制了相关的视频后上传就可以了?”朋友告诉李晓杰,虽然视频营销的核心是在视频的录制上,但是视频营销的开展和推广也是需要策略的。

【活动实施】

随着互联网的不断发展,如今的营销人员正采用视频手段,把重心放在了让人观看上。视频是快速吸引观众注意力的最佳方式,它以简单的表现形式、有力的故事陈述,给人留下深刻印象,不仅让观众得到享受,而且便于营销人员对效果加以量化,如图6.4.4所示。

现在,买方在与卖家联系之前,都会在网上做些调研。因此,如何吸引潜在客户的注意力,变得前所未有的重要。我们必须排除各种干扰,通过内容来吸引客户,给他们带来欢乐和启迪,让他们了解我们的业务和企业的文化。

有人说,数据陈述事实,故事兜售产品。在讲故事方面,再没有比视频更好的媒介了。近

图 6.4.4　视频营销的形式

来，大多数营销人员都开始尝试用视频来增强网站的影响力，将视频作为一项战略性投资，以此来提升营销方案的效果。

一、互联网视频营销的思路

1. 思路一：贴片

(1)代表：乐视、56、爱奇艺、优酷、土豆等；

(2)形式：贴片插播；

(3)效果：覆盖面广、到达率高、成本较低；

(4)劣势：用户体验感较差。

贴片广告是位于视频片头、插片或片尾，以及视频背景中的广告，是最原始的视频营销形式，被戏称为视频中的“硬广”，所依据的理念是传媒的“二次销售”理论，如图 6.4.5 所示。

由于贴片的强制性显示和广泛性存在，从目前效果来看，也是成本较低、成效较高的一种方式。同样，由于贴片一般会在视频播放前或播放过程中自动播放，给用户观赏视频内容造成打扰，所以用户体验较差，不受用户喜欢，接受程度也较低。

为了改善用户体验，目前有些视频广告已经增加“跳过”(优酷)、“角标”(搜狐)选项，将广告的点播权下放给用户，不过却降低了广告效度。

2. 思路二：原生

(1)代表：雅虎、Sharethrough、凤凰、腾讯、搜狐、优酷等；

(2)形式：融合植入；

(3)效果：形式创新、用户体验好、接受程度高；

(4)劣势：营销创意难度较大。

相对于传统的广告来说，原生内容让广告与网站融合为一体，与用户之间的接触更为精准、传播效果更具冲击力、与受众之间的关系更为融洽。

具体到视频营销中的原生广告，则不再借助于贴片、横幅等广告“框”来呈现，曾经风行全

图 6.4.5　贴片广告

球互联网的《江南 Style》，就被认为是一种典型的原生广告。在客户来看，它比贴片更具价值。

在视频原生广告中，Sharethrough 可以算是开山鼻祖，它将不同的品牌视频内容进行重新包装，并通过与创意机构进行合作，力图让视频的趣味性和个性化达到极致。其他具有代表性的原生广告形式，主要包括福布斯的"BrandVoice"、YouTube 的"推荐视频流"、凤凰网的话题植入、腾讯的品牌原创节目、搜狐的自制剧、优酷的主题微电影等。

3. 思路三：交互

(1)代表：互动广告局、谷歌、微软、三星等；

(2)形式：互动推广；

(3)效果：用户体验好、互动性强、拓展性强；

(4)劣势：相关技术尚不成熟。

在数字营销形态越来越多元化的今天，如何增强产品与受众之间的互动性，成为营销服务商及媒体平台创新的热点。

美国的互动广告局曾将网络视频互动广告分为以下几种：交互广告、覆盖广告、邀请广告及伴随广告等。

不同于互动广告局，谷歌的互动视频广告，以移动端为突破口，在手机上提供包括互动视频和互动插入式广告单元。谷歌不仅提供投放服务，还提供相应开发工具，帮助第三方广告商动态识别屏幕分辨率、大小以及网速，支持其产生最佳的广告体验。此外，苹果在游戏中提供的互动广告已经很完善。

4. 思路四：UGC

(1)代表：Youtube、腾讯、优酷、爱奇艺、PPS 等；

(2)形式：自制内容；

(3)效果：发挥用户主体智慧、鼓励即时创作；

(4)劣势：未形成明晰的营销闭环。

UGC，即 User Generated Content，是网友或客户将即时的自制内容上传至互联网平台进行展示和传播，如图 6.4.6 所示。为了实践 UGC 营销，各大视频平台服务商相继推出了一些工具及平台服务，腾讯的"V+"、优酷的"拍客"、爱奇艺的"啪啪奇"、PPS 的"爱频道"、酷 6 的"白金播客"等，不一而足。这些工具和服务，既让用户和企业的 UGC 内容分享变得更容易，也使得移动 UGC 成为视频营销新的增长点。

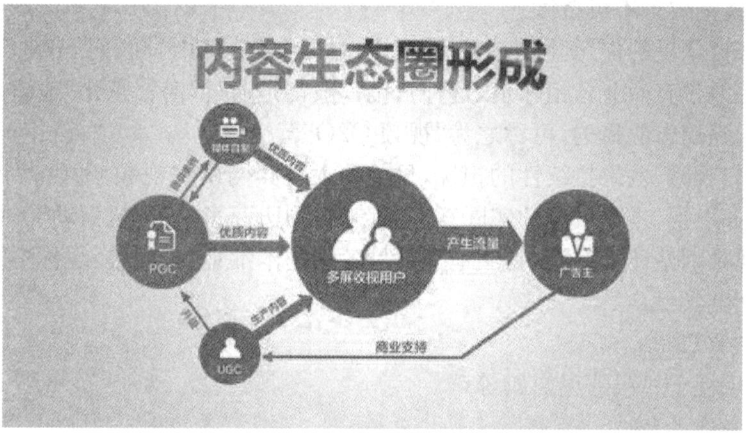

图 6.4.6　UCG 模式

5. 思路五:大数据

(1)代表:腾讯、爱奇艺、百度、PPS 等;

(2)形式:用户“画像”;

(3)效果:精准对接用户、跨平台运营、多终端覆盖;

(4)劣势:数据整合标准缺失。

在大数据时代的今天,视频网站优质的内容资源为品牌广告营销提供丰富的可能性及传播机会,品牌元素与视频内容的精准结合更催生了更具价值的营销方式。

据悉目前各大视频网站,包括百度旗下的爱奇艺、PPS 以及腾讯视频等,都在极力建构各自的大数据分析平台,力图通过大数据分析,对用户进行精准“画像”,以便实时掌握多维度、动态的受众行为取向,支持视频端广告的投放策略,为广告主提供更丰富的视频营销服务。

6. 思路六:社交

(1)代表:新浪、腾讯、盛大等;

(2)形式:分享扩散;

(3)效果:视频营销的价值得到极大释放;

(4)劣势:对平台依赖程度高。

社交视频营销,是指生产和创造流行的视频内容,在社交媒体上进行传播、推广的营销活动。对于视频营销来说,社交运作思路仍是一片蓝海。

在视频营销广告主中,存在两种主流诉求。大品牌希望通过社交视频营销巩固其在消费者心中的地位;普通电商企业,则希望利用社交视频营销起到“内外配合”作用,实现一站式触达销售。

为了满足广告主需要,一些营销平台企业也展开相应动作。如腾讯,就以客户需求为核心,通过“立体触达”“享受型体验”“二次传播”,构建视频营销闭环,形成以视频为源头、以微博和 QQ 空间为主要载体的关系链营销,让视频成倍曝光,将营销价值最大化。

7. 思路七:O2O

(1)代表:乐视、土豆等;

(2)形式:重复植入、活动配合;

(3)效果:线上线下联动、明星效应明显;

(4)劣势:营销效果不可持续。

不论是《来自星星的你》等网络热门影视剧,还是《最美和声》和《妈妈咪呀》等热门点播节目,都不可避免地带有商业营销味道,这种营销一般都是通过"潜移默化"地植入产品形象来影响受众,进而达到销售的目的,可称之为"视频 O2O"营销。

出于对用户观感、效果持续性的担忧,目前几大视频网站在视频 O2O 营销方面仍然没有具体产品和服务出现,零星可见的实际案例,都来自周边商家的"伺机而动"。目前,从 O2O 营销规模来看,视频网站还处在"跑马圈地"阶段,各家基本都是"广积粮、缓称王"的思路,谨慎地进行 O2O 方面的尝试。

8. 思路八:RTB

(1)代表:乐视、土豆、阿里妈妈等;

(2)形式:竞价平台;

(3)效果:数据准确、定位精准、实时投放;

(4)劣势:体系标准尚不成熟。

RTB(RealTime Bidding),即实时竞价,是代表未来的一种营销方式,如图 6.4.7 所示。视频营销作为数字营销的一部分,纳入 RTB 体系也是必然趋势。由于网络视频一线城市的用户流量相对饱和,大量的品牌广告主集中在北上广深,而二三线城市的资源没有被充分利用,如何利用好这些剩余资源,RTB 的引入会是一个解决出口。

坐拥海量的电商数据,阿里妈妈日前推出了以 DMP(数据管理平台)为核心的 RTB 营销体系,试图通过与视频网站合作,打通流量及数据接口,为电商广告主提供多定向、低成本、精准化的竞价视频营销服务。除阿里以外,优酷、乐视等网站也已计划推出自主的私有化交易平台,试图借助视频网络剩余流量优势介入 RTB 领域。

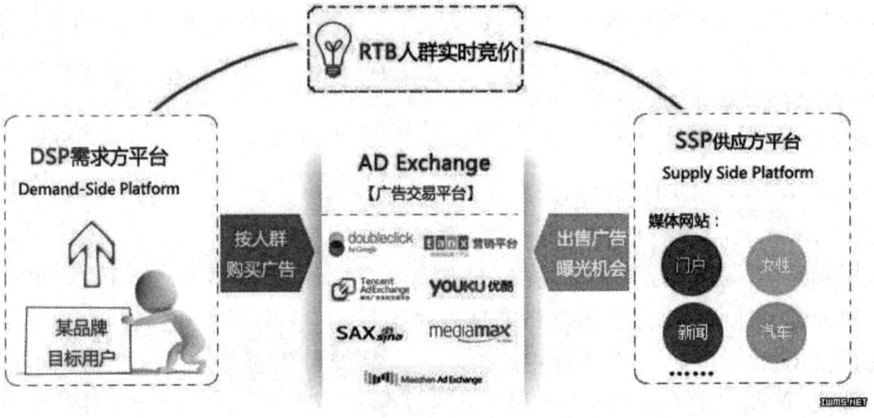

图 6.4.7 RTB 竞价模式

以上 8 种互联网视频营销思路,可以发现其中很多都处在逐渐完善的过程中,其实,这也符合互联网视频营销的当下状况。不过,可以预见的是,随着传播方式、营销体系、市场效果等方面的一步步完善,未来的互联网视频营销终将会获得数字广告客户和数字营销市场的认可。

二、视频营销策略

1. 网民自创策略

中国网民的创造性是无穷的,而且在视频网站,网民们不再被动接收各类信息,而是能自制短片，喜欢上传并和别人分享。除浏览和上传之外，网民还可以通过回帖就某个视频发表己见，并给它评分。因此，企业完全可以把广告片以及一些有关品牌的元素、新产品信息等放到视频平台上来吸引网民的参与，例如向网友征集视频广告短片，对一些新产品进行评价等等，这样不仅可以让网友有收入，同时也是非常好的宣传机会。

2. 病毒营销策略

网民看到一些经典的、有趣的、轻松的视频总是愿意主动去传播，通过受众主动自发地传播企业品牌信息，视频就会带着企业的信息像病毒一样在互联网上扩散。病毒营销的关键在于企业需要有好的、有价值的视频内容，然后寻找到一些易感人群或者意见领袖帮助传播。

3. 事件营销策略

事件营销一直是线下活动的热点，国内很多品牌都依靠事件营销取得了成功，其实，策划有影响力的事件，编制一个有意思的故事，将这个事件拍摄成视频，也是一种非常好的方式，而且，有事件内容的视频更容易被网民传播，将事件营销思路放到视频营销上将会开辟出新的营销价值。

4. 整合传播策略

由于每一个用户的媒介和互联网接触行为习惯不同，这使得单一的视频传播很难有好的效果。因此，视频营销首先需要在公司的网站上开辟专区，吸引目标客户的关注，其次，也应该跟主流的门户、视频网站合作，提升视频的影响力，而且，对于互联网的用户来说，线下活动和线下参与也是重要的一部分，因此通过互联网上的视频营销，整合线下的活动、线下的媒体等进行品牌传播，将会更加有效。

三、视频营销的应用

1. 高

基本上是用高人进行高超技艺表演。因为是高人由不得你不信。但表演的动作难度太高，太神了，又不自主地怀疑它的真假。这由高人带来的高特技表演势必会让你高兴地观赏，并且乐意与他人分享和谈论。举例，小罗连续 4 次击中门柱的神奇视频就是 2005 年其为赞助商 NIKE 拍摄的一段广告，结果在全世界范围内引发了一场激烈的讨论。尽管耐克事后承认该视频是经过处理的，但是并不妨碍这支广告在互联网上的病毒性传播。

2. 热

借用热点新闻吸引大家的眼球。专挑最热门的侃，专拣最火爆的说。视频靠的绝对是内容。言之有物，满足人们好奇和捕猎的心理，用热门新闻冲击人性最隐藏的东西，借由对视频的热度来谋求关注、获得经济效益。举例：搜狐的娱乐播报就是一个很好的例子，娱乐信息最抢眼的热点新闻肯定逃不过他们的法眼。“大鹏嘚吧嘚”节目更是日益火爆，借势为搜狐博客、各种宣传活动做广告。

3. 炒

古永锵离开搜狐进军视频领域，建立优酷网，靠张钰视频一举成名，还获得了1 200万美元的融资。其中的关键就是借用张钰对潜规则的炒作。后来古永锵和他的优酷网又靠张德托夫的《流血的黄色录像》这个很有争议的短片赚了大把的眼球和人气。仅仅预告片，已经有了几十万的浏览量，而且各种由片中导演和演员的访谈不断出炉，越炒越火。

4. 情

大家熟悉的是恶搞，但是还有一种就是以情系人、用情动人。传递一种真情，用祝福游戏的方式快速病毒性传播。有这样的 flash，把一些图片捏合在一起，配有个姓的语言设计，用搞笑另类的祝福方式进行传播。如“新年将至众男星用尽心思与×××共度新年”等。只要你填上你朋友的名字，一个漂亮、个性化且具有新意的网络祝福就轻松搞定。这种方式可穿插某种产品宣传，效果也不错。比如：电影《满城尽带黄金甲》首映时，就是采用与 QQ 和 MSN 进行合作，为电影中的人物配了十分搞笑和有圣诞祝福的文字借由 MSN 和 QQ 大规模传播，一时间黄金甲在网络上泛滥。达到很好的宣传造势的目的。

5. 笑

搞笑的视频广告带给人很多欢乐，带给人欢乐的视频人们就更加愿意去传播。

耐克公司的很多广告也不乏搞笑经典之作，例如葡萄牙和巴西两支球队在入场前对决的广告当初更是风靡一时。因为这两支世界劲旅都是 NIKE 旗下的重要赞助球队，两支球队进行一场友谊赛，在入场仪式开始之前两队在通道内等候，菲戈从主裁判手中拿过皮球将球从罗纳尔多两脚之间运过，挑衅地喊出了“Ole”，双方随即开始了一场比赛开始之前的争夺战。随着轻快优美的《Mama loves mambo》的歌声，两支球队的巨星开始展现自己出众的个人技术。小罗最后时刻登场带球进入球场连续晃过葡萄牙球员，在用最经典的“牛尾巴”过人后，他被主裁判飞铲放倒，比赛才恢复正常秩序。在奏国歌的仪式上，巴西和葡萄牙球员一个个脸上伤痕累累，让人印象深刻。这个广告当时十分流行，NIKE 再次完成了一次成功的广告宣传。

6. 恶

使用最普遍的有三个手法：恶俗、恶心、恶搞。

(1)恶俗：因为俗所以招人鄙视，但因为恶俗所以让人关注。电视视频广告常常会出现经典的俗广告，甚至被众多观众扣上了恶俗的标签，以至于各种民方的恶俗广告评比讨论层出不穷。但对于一些产品，广告的恶俗会造成销量的增长，有些专家道貌岸然地狂批人家没水准，说损害品牌的美誉度。例如：脑白金广告谁见谁骂，俗不可耐。但是中国就是有送礼这个国情，购买者和使用者分离这个产品特性加上这个恶俗的广告使得其销量一直不错。否则没有效果谁会傻到一播就是这么多年。当完成历史使命时史玉柱急流勇退，可谓大智。

(2)恶心：典型例子非芙蓉姐姐莫属，这个我就不多说了，借用大话西游的一句话，相信大家吐啊吐啊就习惯了。

(3)恶搞：这个很典型，目前已经泛滥了。最经典的例子要属胡戈的“馒头”，电影《无极》上亿元投入获得的效应，胡戈几乎没花钱就获得相同的影响力，足以让世人见证恶搞的实力。同样“大鹏嘚吧嘚”节目的恶搞歪唱也是备受网友追捧。

● **做一做**

试举例说明哪些企业更适合采用视频营销这种微营销方式。

【活动评价】

通过对比分析，李晓杰认为视频营销这种营销方式成本较低同时也十分有趣，可以尝试制作一些视频上传到网上对自己的“阿杰果行”进行宣传。

项目总结

微营销是以营销战略转型为基础，通过企业的营销策划、品牌策划、运营策划、销售方法与策略，注重每一个细节的实现，通过传统方式与互联网思维实现营销新突破。微营销是传统营销与现代网络营销的结合体。微营销不是微信营销，微信营销是微营销的一个组成部分。微博、微信、微信公众平台、微网站、APP 同时组合在一起也不是微营销，他们都是实现微营销的一个工具和方法的一部分。

在如今以市场需求为主导的经济时代，消费者的需求呈现出精细化和多样化的特点，细分市场日渐成熟，同时在互联网技术快速进步和应用的刺激下，整体市场的发展节奏也在不断加快。在这种大环境中，“微营销”的概念应运而生。随着整个互联网经济的快速发展，以网络为传播平台的营销行业如雨后春笋般迅速壮大，其整体服务水平也呈现出阶梯式的增长，并诞生了以网络技术为基础的精准营销模式。

项目检测

一、单选题

1. 微商城的开通主要分(　　)步。

A. 3 步　　B. 4 步　　C. 5 步　　D. 6 步

2. 以下哪个不是微店的特点？(　　)

A. 简单易用　　B. 搜索快捷　　C. 成本较高　　D. 个性化设置

3. 开设微店的方法有几种？(　　)

A. 1 种　　B. 2 种　　C. 3 种　　D. 4 种

4. 以下哪些是微信营销的特点？(　　)

A. 实时推送　　B. 一对一营销　　C. 成本低　　D. 以上都是

5. 借用热点新闻吸引大家的眼球，是视频营销的哪一种模式？(　　)

A. 炒　　B. 高　　C. 热　　D. 妙

二、多选题

1. 微商城营销的主要手段有哪些？(　　)

A. 微信红包　　B. 抽奖活动　　C. 礼券　　D. 抢购秒杀

2. 以下哪些是微店的推广方式？(　　)

A. 朋友圈推广　　B. 公众号推广　　C. 站外推广　　D. 广告推广

3. 微视频营销应用中“恶”使用最普遍的三个手法是(　　)。

A. 恶心　　B. 恶俗　　C. 恶趣味　　D. 恶搞

4. 以下哪些是微信营销常用的模式？(　　)

A. 漂流瓶营销　　B. 查找附近的人　　C. 朋友圈推广　　D. 微信红包

三、判断题

1. 微信广告是微商城推广的主要方式之一。(　　)

2. 微店就是指在微信上开设的网络店铺。(　　)

3. 病毒营销策略是一种常用的视频营销策略。(　　)

4. 网络营销的常用思路主要有 4 种。(　　)

5. 微信营销指的是在朋友圈进行的广告分享。(　　)

四、简答题

1. 简述微商城的开设步骤。

2. 微店营销的优势有哪些?

3. 微视频营销策略是什么?

4. 简述微信营销和微博营销的区别。

五、实训题

根据本项目所介绍的四种不同的微营销方式,试举例说明这些不同的微营销方式适合的企业。试通过比较微营销和传统营销方式,以一个现实中存在的企业为例,进行分析。

项　目　七

网络营销效果评估

项目情景

实习生李玲已经参与了公司一次完整的网络营销活动，在整个网络营销活动中，李玲表现得非常认真、负责，也很积极努力，具备良好的团队合作精神和沟通能力。公司为了锻炼李玲，决定让她协助网络营销经理对本次网络营销的效果进行合理的评估。在参与这么多次重大任务后，李玲意识到这又是一次挑战，她马上找来很多资料先进行自主学习，希望通过自己的努力能够圆满完成任务。

任务分解

李玲想起在学校学习网络营销效果评估这一节时，老师重点强调了，网络营销效果评估主要是完成以下几项任务：网络营销效果评估基础；网络营销效果评估。

任务一　网络营销效果评估基础

情景设计

李玲的公司进行了一次网络营销活动，公司要求对这次网络营销活动的效果进行评估，她的领导要求她根据公司预设的营销目标，设置营销效果评估指标。接到任务的李玲陷入了思考：究竟要设置哪些评估指标呢？

任务分解

活动一，网站访问统计常用指标类型；
活动二，网站访问统计主要指标分析；

活动一:网站访问统计常用指标类型

【活动背景】

由于李玲对网络营销评估不太懂,李玲请教了在网络推广公司上班的表姐,表姐告诉她为了保证网络营销评估效果真实可靠,首先需要了解网站访问统计常用指标,为此李玲决心努力学习相关知识。

【活动实施】

网络营销效果评估就是对各种网络营销活动进行及时跟踪控制,以保证各种网络营销方法可以达到预期的效果,同时对网络营销方案的正确性和网络营销人员的工作成效进行检验,因此网络营销评估显得非常重要,但这却是不少企业往往容易忽视的地方。

网站访问统计分析是网络营销的重要组成部分,也是网络营销效果评估的基础,它为网络营销优化和网络营销策略研究提供了参考依据。归纳起来,网站访问统计分析的作用主要表现在以下几个方面:及时掌握网站推广总的效果,减少盲目性;评估各种网络营销手段的效果。为制定和修正网络营销策略提供依据;通过网站访问数据分析进行网络营销诊断,包括对各项网站推广活动的效果分析、网站优化状况诊断等;了解用户访问网站的行为,为更好地满足用户需求提供支持。

一、网站流量统计指标

网站访问量指标可根据网站流量统计报告获得,网站流量分析报告是网站访问日志的汇总,包括详细的数据分析和预测。使用流量分析工具有两种方法:一种是在网站服务器端安装统计分析软件;另一种是采用第三方提供的网站流量分析服务。百度网站流量分析系统及服务如图 7.1.1 所示。

图 7.1.1　百度网站流量分析服务

网站访问量统计指标见表 7.1.1。

表 7.1.1　　网站流量统计指标体系

项　目	评估内容/代表含义
访问量	Traffic 指网站的访问量，是用来描述访问一个网站的用户数量及用户所浏览的网页数量等指标。常用的统计指标包括网站的独立访问者数量、总访问者数量（含重复访问者）、页面浏览量、每个访问者的页面浏览量、用户在网站的平均停留时间等。如果一天内 10 个人分别访问一个网站 2 次，那么访问量是 20。独立访问者越多，说明网站推广越有成效，营销效果有成效。
独立 IP 访问量（UV）	UniqueVisitor 指在一定时期内访问网站的人数，每个固定的访问者只代表一个唯一的用户。访问者越多，说明网站推广越有成效。这个数值通常低于访问量。
页面浏览量（PV）	PageView 是指在一定时期内所有访问者浏览的页面数量，说明了网站受到关注的程度，是评估一个网站受欢迎程度的主要指标之一。如果一天内 10 个人分别访问一个网站 2 次，每次访问 5 个页面，那么访问页面数就是 100。
平均页面访问数	是访问页面数除以访问人数，用户访问网站时平均看了多少个页面。平均访问数代表了网站黏度，一般而言，网站质量越高，用户看的页面越多，平均页面访问数也越高。本指标表明了访问者对网站内容或者产品信息感兴趣的程度。
页面停留时间（VL）	VisitLength 是用户访问网页时的页面停留时间。
某些具体文件/页面的统计指标	通过网站访问量统计，可能获得某些具体页面被访问和下载的信息。本指标通常被用来评价某些推广活动的局部效果，将网站统计资料与所采取的网站推广手段相结合分析，可提出网站访问量和营销策略之间的联系。

有些活动的效果并不表现为访问量的增加而直接达到销售促进的效果，便无法用网站访问量指标来进行评价。如在企业进行促销时，采用电子邮件方式发送优惠券，用户下载之后可以直接在传统商场消费时使用，用户无须登录网站，这时网络促销活动的效果对网站流量就不会产生明显增加。网络广告效果评价中，点击率通常比较低，但网络广告对于那些浏览而没有点击广告的用户同样产生影响，因此采用网络广告对网站流量增加的评价方式会低估网络广告的价值。

二、网络广告评价指标

网络广告常用评价指标有展现数（Impressions）、点击数/点击率（CTR）、CPC（Cost Per Click），这些通常可以从广告投放的目标媒体获得，除此之外，还有一些重要指标：CPA（Cost Per Acquisition）、转化率（CVR）、ROAS（Return On Advertising Spend），这些则要结合广告主的网站分析数据来计算。这些指标含义和计算方法是进行营销效果评估和优化的重要前提，下面分别介绍各个指标的定义及分析注意事项，见表 7.1.2。

表 7.1.2　　网站点击率及转化率指标解析

指标名称	定　义	注意事项
展现数	广告在媒体网站上的显示次数。普通的横幅广告会随着网页被访问而展现，其展现数为所在网页的访问次数，对于交替显示的图片广告则要看轮换的间隔时间，即交替频率。	展现数是支付费用的依据，广告投放的位置不同，取得的效果也不同。

续表

指标名称	定　义	注意事项
点击数	广告在媒体网站上被点击的次数。PPC广告就是按照点击数支付费用的。	点击数一般会大于点击广告进入网站的访问次数,原因就是广告主网站的网页完全显示前就关闭浏览器,这无法被分析工具统计。
点击率	特定广告的点击数÷展现数。	点击率太低可能是广告的诉求力或劝诱力不够,也可能是因为所在网页的主题内容与广告的主题不符。若点击率高,而转化率不高,则这网站的登录页有问题,或是广告有过度宣传的成分,如"免费"。
CPC	广告费用÷点击数,CPC相当于1次点击的成本。	若能把握点击与收益之间的大概比例的话,这个指标就会成为计算损益分界线的依据。
CPA	广告费用÷转化数(或获得的顾客数),相当于一个顾客的成本,也可以看作是促成一次商品购买要耗费的广告成本。	这个值越低说明广告效率越高。若每次转化所带来的收益基本相同,这个指标也可以用来评价不同广告的投资回报。
转化率	转化数÷点击数,转化是指访问者点击广告进入网站,并完成了会员注册、商品购买或资料请求等任务的访问。	转化率可以评价和比较相同促销活动中不同广告的转化诱导力。
ROAS	通过广告获得的销售额÷广告费用×100%,ROAS是成果和费用的比率。	ROAS从费用的角度衡量广告的价值,超过100%就不挣钱了。

● **做一做**

比较同一行业两家企业网站的网络活动,并分析其活动的优点、缺点。

● **友情提示**

独立IP访问量,指独立的用户访问某个网站或信息内容不同IP地址的人数。同一天的0:00～24:00内,独立IP只记录第一次进入网站的具有独立IP的访问者,如果电脑关机重启,则在同一天内再访问该网站的不计数。

● **知识窗**

网站的UV(UV,是unique visitor的简写,指通过互联网访问的自然人)和IP值:一般情况下,UV和IP是接近的,一台电脑一人用,并且直接接入公用广域网。但实际上,局域网在国内普遍存在,例如社区网、教育楼网、单位用网络,局域网上的所有电脑在广域网上看到一个地址,这时,UV值大于IP址。通过不断换IP的方式上网,这种情况使IP值大于UV值。常见于移动笔记本换IP,或有些特殊操作需要不断拨号换IP,使得IP与UV不等值。

【活动评价】

李玲通过自主学习终于弄懂了网站访问统计常用指标及其含义,下一步她需要对网站访问统计主要指标进行分析。

活动二:网站访问统计主要指标分析

【活动背景】

除了要分析自己网站的访问情况外,专业的网站访问分析还应该包括对竞争者网站的分析评估等内容。李玲为了对网站进行一个比较专业的分析评估,决心要好好学习一下网站访问统计主要指标的具体含义。

【活动实施】

一、页面浏览量分析

在网站流量统计分析报告中，给出的网站的页面浏览量，一般是在一个统计时期内的网页浏览总数以及每天平均网页浏览量。这个数字表明了网站的访问量情况，可以用作网站推广运营效果的评估指标之一。

页面浏览量对网络营销效果评估主要有以下四个方面的应用。

1. 分析页面浏览量历史数据与网站发展阶段的相关性。可以对 3 个月以来网站每天的页面浏览量进行分析，从中分析出网站流量的发展趋势，并将这些数据与网站所处阶段特点结合起来分析。对于新发布的网站，如果网站页面浏览量呈现上升趋势，那么与网站发展阶段的特征是基本吻合的；否则就要反思，为什么这期间网站访问量没有明显上升。如果网站处于稳定阶段，网页浏览量应该相对稳定或有一定波动，但如果数据表明页面浏览量在持续下滑，则表明网站出现了某种问题，如网站内容和服务存在问题，或者出现了新竞争者造成用户转移，或者在保持老客户方面存在缺失致使用户流失等。

2. 分析网页浏览量变化周期。当网站运营一段时间之后，网站处于相对稳定阶段，这期间网站访问量会呈现一定的周期性变化规律。如某个网站，每个星期一到星期四，访问量明显高于星期五到星期天；而在同一天中，上午 10 点和下午 3 点可能是网站访问的高峰。掌握了这些规律后，就可以充分利用用户的访问特点，在访问高峰到来之前推出最新的内容，尽可能提高网站信息传播效果。

3. 分析单个访问者的页面浏览量变化趋势，判断网站访问量的实际增长情况。用户页面浏览量的变化，反映了用户从网站获取信息的多少。一般来说，平均页面浏览量越高，说明用户获取的信息量越大(一个例外情况是，网站提供的信息对用户有价值，但因用户获得信息不方便而造成平均页面浏览量过大，如需要多次点击、查找信息不方便、每个页面的信息量过小等)。在分析每个访问者的页面浏览量变化趋势时，如果发现这一数据基本保持稳定，那么与网站页面浏览量进行对比分析时，页面浏览量的变化趋势就反映了网站总体访问量的变化。如果平均页面浏览量有较大变化，则需要对网站独立访问者数量、页面浏览量等指标进行比较分析，才能发现网站访问量变化的真正趋势。如果每个访问者平均页面浏览量增加，即使独立访问者数量没有增长，同样会使得总的页面浏览量增加，反之，如果独立访问者数量保持稳定，但平均页面浏览量下降了，就会造成页面浏览量的减少。

4. 通过各个栏目(频道)页面浏览量的比例，分析网站的重要信息是否被用户关注。在 Alexa 全球网站排名系统，可以看到一些网站各个栏目首页访问量占网站总访问量的比例，这一信息对于选择网络广告投放在哪个频道具有一定的参考价值。这种数据主要来自第三方的统计，并且对于大多数访问量较低的网站，信息的准确性较差。但这种分析思路可以推广到任何一个网站，通过对各个栏目页面浏览量比例分析，可以看出企业用户对哪些信息比较关注。例如，可根据自己的期望，决定采用搜索引擎关键词广告推广时应链接到哪个页面、注册快捷网址时直接到达哪些页面等。

二、独立访问者数量分析

独立访问者数量，有时也称为用户数量，是网站流量统计分析中另一个重要的数据，并且与网页浏览量分析之间有密切关系。独立访问者越多，说明网站推广越有成效，也意味着网络营销卓有成效，因此它是最有说服力的评估指标之一。相对于页面浏览量指标，网站独立访问者数量更能体现出网站推广的效果。

一些机构的网站流量排名，通常都是依据独立访问者数量指标。不过，由于不同调查机构对统计指标的定义和调查方法不同，各个机构对同一网站检测得出的具体数字并不一致。

目前对独立访问者数量的定义，通常是按照访问者的独立 IP 来进行统计的，实际上和真正的独立用户也有一定差别。例如，多个用户共用一台服务器上网，使用的是同一个 IP，因此通过这个 IP 访问一个网站的实际用户数可以有多个，但在网站流量统计中都算作一个用户；对于采用拨号上网方式的动态用户，在同一天内的不同时段可能使用多个 IP 来访问同一个网站，这样就会被记录为多个独立访问者。因此，可采用更精确的方式来记录独立访问者数量，如用户网卡的物理地址等，或者多种方式综合应用。但由于这些统计方式可能会影响到对访问者其他信息的统计，如用户所在地区、用户使用的 ISP 名称等，因此在网站流量统计中，这种“精确统计”方式并不常用。因此尽管独立 IP 数量与真正的用户数量之间可能存在一定差别，但实际统计中，仍然倾向于采用 IP 数量的统计。图 7.1.2 显示了不同关键词带来的独立访问者数量情况。

关键字	搜索次数	独立访客	IP	新独立访客
COCO 奶茶	209	185	184	181
田子坊奶茶加盟	164	4	3	3
奶茶加盟排行榜	109	94	94	92
快乐柠檬奶茶	83	73	72	66
红色巴士	51	45	45	31
地下铁奶茶	39	34	34	33
快乐柠檬	32	30	30	28
鲜果时间加盟费	31	29	29	29
卡旺卡奶茶加盟	31	24	24	23

图 7.1.2

三、用户来源分析

网站用户来源统计信息，为网络营销人员从不同角度分析网站运营的效果提供了方便。例如，至少可以分析常用的网站推广手段带来的访问量。

用户来到一个网站的方式通常有两种：一种是在浏览器地址栏中直接输入网址或者点击收藏夹中的网站链接；另一种是通过别的网站引导而来，即来源于其他网站。用户来源网站，有时也称为引导网站，或者推荐网站。许多网站统计分析系统都提供了用户来源网站统计的功能，这对于网站推广分析具有重要意义。

分析用户来源统计数据，可以了解用户来自哪个网站的推荐、哪个网页的链接。如果是通过搜索引擎检索，可以看出是来自哪个搜索引擎、使用什么关键词进行搜索，以及你的网站（网页）索引出现在所搜结果的第几页、第几项等。

一般来说，通过网站流量统计数据，可以获得用户来源网站的基本信息：来源网站（网页）

的 URL 及其所占百分比、对网站访问量贡献最大的引导网站、对网站访问量贡献最大的搜索引擎、网站在搜索引擎检索中表现最好的核心关键词等。

以搜索引擎为例，通过来源网站的分析，可以清楚地看出：各个搜索引擎对网站访问量的贡献；各个主流搜索引擎的重要程度如何，是否值得购买其付费搜索服务等。这些结论，有利于选择对网站推广有价值的搜索引擎作为重要推广工具，从而减少无效的投入。

当然，这些基本统计信息所能反映的问题并不全面，有些隐性问题可能并没有反映出来。例如，根据分析，某个关键词对于一个网站应该很重要，但是通过对主要搜索引擎带来访问量的分析发现，只是其中一个搜索引擎带来了访问量(通过自然搜索而不是付费方式)，这种情况并不能因此而否定其他搜索引擎的价值，还需要做进一步分析才能知道是自己网站本身的问题，还是搜索引擎的问题。当网站访问量增长(或者下降的时候)，要考虑究竟是因为某些推广措施引起的，还是其他原因。对这些问题的深度分析，需要考虑更多的因素，也可能涉及更多的专业分析手段。

四、搜索引擎和关键词分析

通过网站流量统计数据，可以对用户使用的搜索引擎及关键词进行统计分析，具体指标包括：各个搜索引擎重要程度统计；关键词使用情况统计；最重要的搜索引擎分析；最重要关键词分析；搜索引擎带来的访问量占网站总访问量的百分比。根据这些统计数据，可以初步断定该网站用户使用搜索引擎的一般特征，并可据此改善、优化搜索引擎营销策略。

总之，网站流量统计分析非常重要，尤其其中的搜索引擎关键词分析，对于制定和改进网站的搜索引擎推广策略至关重要。无论是自己进行网站流量分析，还是请专业机构来操作，都很有必要了解网站流量统计分析期望获得的结果，或者说应该能够获得的分析结果。

【活动评价】

李玲通过查阅资料加上咨询相关专业人士，终于弄懂了网站访问统计主要指标的具体含义，接下来她需要学习网络营销推广方案实施的效果评估方法，才能完成公司的任务。

任务二　网络营销效果评估

情景设计

李玲的公司在网络营销推广方案中推广的产品有两个：冰淇淋机和烧烤机，主推冰淇淋机。以冰淇淋品牌加盟形式和单卖设备形式经营。经过近两个月的网络营销推广活动，已经取得了阶段性的成果，现在有必要对网络营销推广方案实施效果进行评估。

任务分解

活动一，搜索引擎推广效果评估；
活动二，网络营销效果优化；

活动一：搜索引擎推广效果评估

【活动背景】

公司要求李玲小组跟踪冰淇淋机网络营销的推广效果，虽然李玲已经掌握了网站访问统计指标分析相关内容，但她对于网络营销效果评估的方法还是不太懂，咨询了专业人士后，终于明白首先要评估搜索引擎推广效果。

【活动实施】

一、搜索引擎推广效果评估

1. 收录和反链

公司网站是二月中旬建好的，二月底开始做该网站推广工作，经过两个月的推广工作，网站收录达到 212，反链达到7 210，如图 7.2.1 所示。

网站 www.90108.com的收录/反链结果						
搜索引擎	百度	谷歌	SOSO	搜狗	Bing	有道
收录	212↑	367↓	69↑	查询失败	1	
反链	7210↑	2	838↑			0

图 7.2.1　两个半月后公司网站收录和反链

2. 百度权重和 Google PR 值

公司网站百度权重提升到 1，Google PR 提升到 3，如图 7.2.2 所示。

图 7.2.2　公司网站百度权重和 Google PR 值

3. 关键词排名

由于公司网站建立时间不长，推广的时间较短，因而关键词排名波动比较大，下面是一些主要的关键词排名情况。

(1)冰淇淋加盟关键词情况如图 7.2.3 所示。

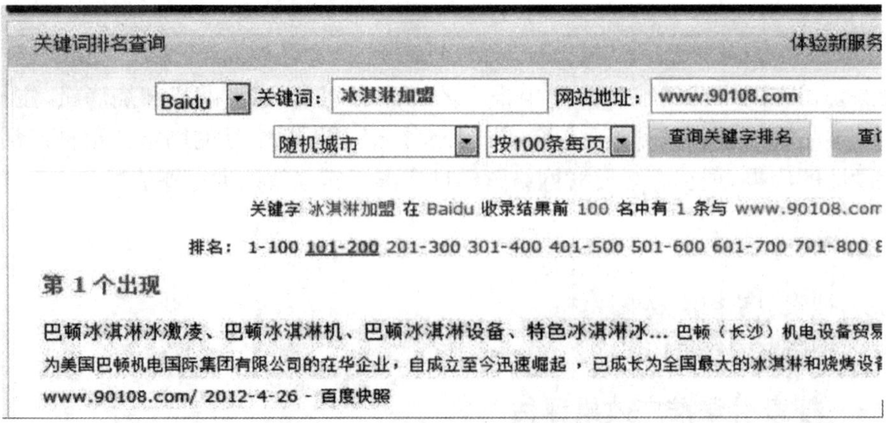

图 7.2.3　冰淇淋加盟关键词排名

(2)冰激凌加盟关键词排名情况如图 7.2.4 所示。

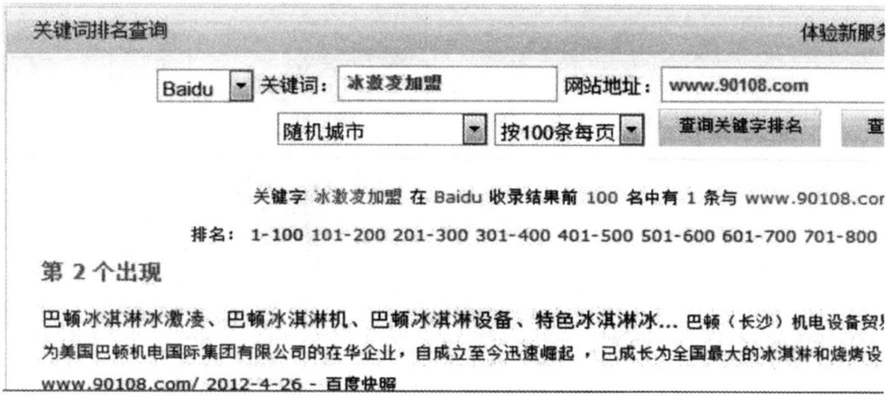

图 7.2.4　冰激凌加盟关键词排名

(3)冰淇淋机关键词排名情况如图 7.2.5 所示。

图 7.2.5　冰淇淋机关键词排名

通过网站收录及反链、百度权重、Google PR 值和关键词排名这些指标的分析，可以发现公司网站被主流搜索引擎收录的数量有较大的增加，Google PR 值提升到 3，在百度搜索“冰淇淋加盟”“冰激凌加盟”等关键词，公司网站排名到了首页靠前位置。因此，近两个月的推广对公司网络品牌和产品推广起到了较好的效果，基本实现了预期的搜索引擎推广目标。

二、其他推广效果评估

通过分析公司网站流量的来源域名，我们发现，网站流量的主要来源是百度网页(www.baidu.com)，占到了 58%，如图 7.2.6 所示；其次是公司在另一个品牌网站(www.chinajm8.com)所做的友情链接；通过 Google 搜索来的客户也占了一部分。

另外，在推广效果的反馈方面，发现通过近两个月的网络推广，打电话咨询的客户较以前明显增加，每天都有十来个客户打电话来咨询公司的项目，而且主动打电话进来的客户转化率比较高。除此之外，公司官网每天都有客户留言，这些客户大都通过搜索引擎找到公司网站，进而了解公司创业项目，然后给网站留言。

总之，通过近两个月的推广，基本上达到了预期的网络营销推广目标。

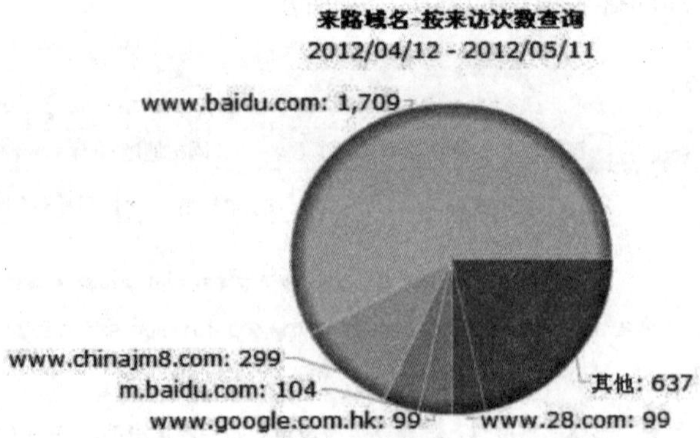

图 7.2.6 来源域名排名

【活动评价】

通过对搜索引擎推广效果相关知识的学习，李玲掌握了收录、反链、百度权重、Google PR值、关键词排名等基本指标，经过两个月的努力学习和工作，终于使得公司网站排名到了首页靠前位置。

活动二：网络营销效果优化

【活动背景】

李玲非常好学，尽管前期她已经掌握了网络营销效果评估的一些方法，但是她深知网络营销效果是可以逐步优化的，她特别想学习如何对网络营销策略进行调整和优化，从而使得公司网站排名更靠前。

【活动实施】

网络营销效果优化主要是指在对网络流量统计数据、点击率、转化率等数据进行分析并正确评估的基础上，对原有的网络营销策略进行调整、优化的行为。

一、访客流量分析及优化

(1)根据店铺每天的访客高峰及低谷，优化客服人员安排、商品上架时间、广告投放时段等。

如图 7.2.7 所示为某网站(店铺)的流量统计图。通过分析可以发现：流量的高峰期在 13～16 点及 20～23 点，流量的低谷期在凌晨 4 点。

针对店铺媒体的访客高峰及低谷的变化规律，可以进行如下调整与优化。

①值班客服人员安排，4 点左右可以休息，14 点、22 点要适当增加客服人员。

②重要商品上下架时间要错开高流量的 14 点和 22 点时间段。

③在推广预算有限的情况下，公司如果参加百度竞价或淘宝直通车，应尽量多安排在 14 点和 22 点流量高峰期。

(2)根据店铺的月访客数及转化率变化情况，优化上架商品种类、产品关键词设置等内容。

某店铺从 10 月、11 日起访客数快速增加，如图 7.2.8 所示，而转化率从 10 月 6 日呈一个快速下降的趋势，如图 7.2.9 所示。

通过这两张图的对比分析可以发现，该店铺的访客数在 10 月份呈快速上升趋势，而同期的转化率却急剧下降，这说明店铺的上架产品、产品关键词设置等方面出现了问题，应该及时进行调整与优化。具体操作可以从以下几方面着手。

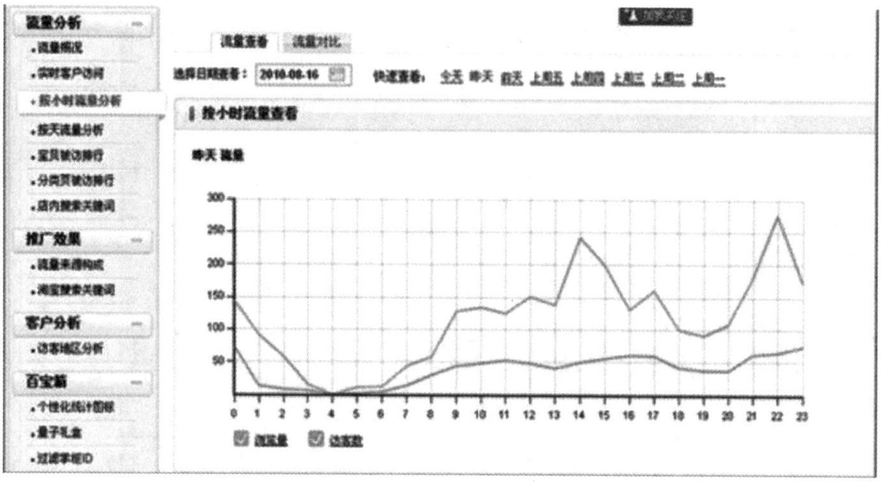

图 7.2.7　某店铺流量统计图

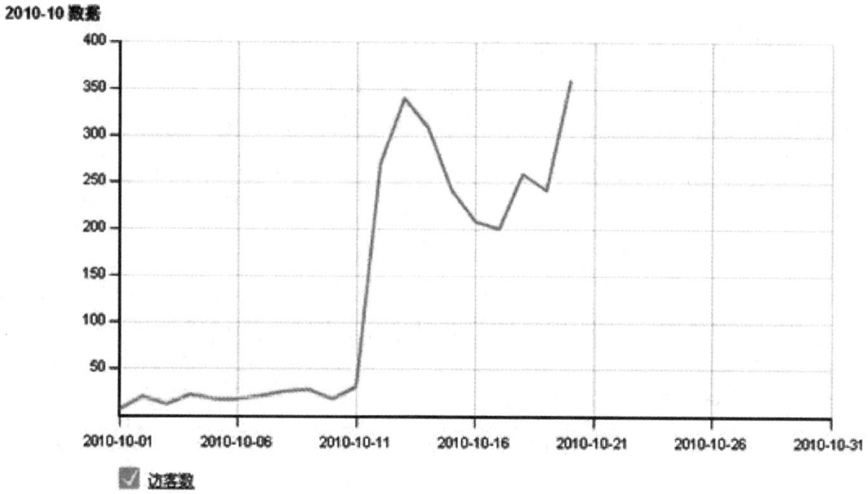

图 7.2.8　某店铺 10 月份访客数变化情况统计图

①产品方面，选择应季时尚、款式好、性价比高的产品，并且每类产品只推广 1～2 款，其他产品适当做关联销售。

②产品的关键词设置应精确，尽量与推广产品的目标客户搜索习惯及需求相一致。

③产品图片一定要清晰、美观、大气，产品描述一定要图文并茂，以提升产品的转化率。

④用户对所购商品的评价尽量避免中差评，假如客户评了中差评，客服人员应尽量与客户沟通交流，让客户修改中差评。即使最后客户评了中差评，客服人员也应该给一个合乎情理的解释与回复，不能让不良信息不断发酵并持续扩散。

二、访问来源分析及优化

在流量统计模块中，有一个关于访问来源的分析图，图中颜色越深，表示该区域访问者人数越多。针对访问来源的分析结果，应对公司的网络营销策略进行相应的调整。

(1)对于访客比较集中的区域，可以单独针对这部分客户实施一些优惠促销活动，如包邮等，以提高转化率；也可以实施区域定向的百度竞价(或淘宝直通车)推广计划。

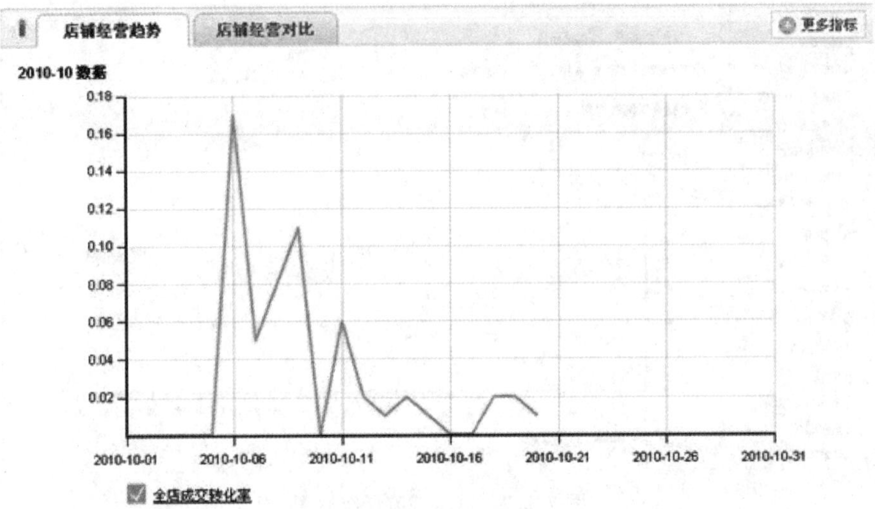

图 7.2.9　某店铺 10 月月份转化率变化情况统计图

(2)注意维护好这些区域老客户的关系,定期发送一些促销打折信息给这些老客户。

(3)对于颜色稍浅的、访客稀少的区域地带,要认真研究为什么会缺少流量。如果是地域原本人烟稀少,或者是快递送不到的区域,可以暂时不管。如果是网站的内部设置有问题,就要去调整,比如查看运费设计是否合理等。另外,在网站(网店)测试阶段,还可以做一个包邮尝试,通过开展促销活动看能不能带来一些访问流量,如果确实无流量,该区域可以暂时放弃。

三、访客关键词分析及优化

图 7.2.10 是某淘宝店铺的访客关键词分析图,从中可以发现,4 号关键词相对其他关键词的展现量较高,点击量小,点击率低。针对此种情况,应该采取相应的优化策略加以改善。

点击量top50关键词详细报表 (2010-10-12 至 2010-10-18)　下载

请输入关键词名称:　搜索　点击量top50关键词

序号	关键词	宝贝	推广计划	展现量	点击量	点击率	花费	平均点击花费	平均展现排名	详细
1	[redacted]		参加活动产品	19	2	10.53%	¥1.00	¥0.50	27	趋势
2	[redacted]		参加活动产品	14	1	7.14%	¥0.50	¥0.50	26	趋势
3	[redacted]		参加活动产品	96	2	2.08%	¥0.74	¥0.37	31	趋势
4	[redacted]		参加活动产品	102	2	1.96%	¥1.37	¥0.69	41	趋势
5	[redacted]		参加活动产品	63	1	1.59%	¥0.50	¥0.50	34	趋势

图 7.2.10　某淘宝店铺的访客关键词分析

(1)优化主题图片:图片要清晰、突出特点;图片文案突出卖点;图片有创意,要适当制造购买紧迫感。

(2)优化关键词标题:使标题更具有吸引力,如特价包邮、打折促销等。

(3)优选推广产品：推广产品应选择具有高性价比的产品，从而使推广产品价格具有吸引力。

(4)优化关键词：关键词的设计要最大限度地与产品目标客户的搜索习惯及需求一致。

四、访客行为分析及优化

图 7.2.11 是某淘宝店铺的访客行为分析图，通过分析发现：图中店铺的直接访问入店跳失率和店铺收藏入店跳失率均比较高，分别为 72.06％和 97.91％。且店铺收藏入店跳失率高于直接访问入店跳失率，说明收藏店铺的老客户对店铺已不感兴趣，店铺对他们缺乏吸引力，店家应该采取相应的网络营销策略来进行补救。具体可考虑如下优化措施。

来源	访客数（UV）	新访客数	新访客占比	入店访问深度	入店跳失率
淘宝付费流量	36,996	33,033	89.29%	2.55	67.38%
钻石展位	24,152	21,597	89.42%	2.86	45.45%
淘宝客	8,713	8,019	92.03%	1.30	91.35%
直通车	4,299	3,533	82.18%	3.51	49.21%
品牌广告	2	2	100.00%	2.00	50.00%
自主访问	33,164	22,551	68.00%	2.20	74.73%
直接访问	17,348	11,160	64.33%	2.33	72.06%
我是卖家	10,063	7,089	70.45%	2.36	69.97%
店铺收藏	7,165	5,268	73.52%	1.09	97.91%
购物车	2,404	1,395	58.03%	2.50	72.84%
宝贝收藏	2,219	1,343	60.52%	2.49	69.78%
我是买家	1,020	534	52.35%	1.75	83.99%
淘宝免费流量	23,339	19,220	82.35%	2.69	67.33%
淘宝站内其他	12,236	9,870	80.66%	2.87	66.00%
淘宝类目	3,123	2,974	95.23%	2.14	73.54%

图 7.2.11　某淘宝店铺的访客行为分析图

(1)注意维护好老客户的关系，定期发送一些打折促销或新产品信息给他们。

(2)注意店铺产品的更新换代，多方面满足老客户的需求。

(3)店铺的装修格局应保持稳定，避免老客户对新风格的反感。

总之，网络营销效果评估与优化是一项复杂而又非常重要的系统工程。随着电子商务的飞速发展，网络营销必然会受到越来越多专业人士的青睐，评估与优化的手段也会不断创新与发展。可以预见，在不久的将来，会有越来越多的有识之士，耕耘在中国互联网的这片沃土上，在辛勤地探索与不断地创新中，成就其网络时代的追求与梦想。

【活动评价】

通过连续的学习，李玲基本掌握了网络营销效果的评估和优化方法，她边努力学习专业知识边努力工作，圆满完成公司交代的任务。

项目总结

本项目主要讲述了两大内容：一是网络营销效果评估基础，主要包括网站流量统计指标、网络广告评价指标、页面浏览量分析、独立访问者数量分析、用户来源分析；二是网络营销效果评估，主要包括搜索引擎推广效果评估、其他推广效果评估、访客流量分析及优化、访问来源分析及优化、访客关键词分析及优化、访客行为分析及优化。

项目检测

一、单选题

1. 评价网络广告效果时,CPA 指的是(　　)。
A. 千人印象成本　　B. 每点击成本　　C. 每行动成本　　D. 每购买成本
2. 网络营销广告效果的最直接评价标准是(　　)。
A. 显示次数　　B. 浏览时间　　C. 点击率　　D. A 和 C
3. 计算网站目标达成的常用的工具是(　　)。
A. 竞价排名 PPC　　B. Click Tracks　　C. Google Analytics　　D. Webalizer
4. 电子商务网站,目标价值是(　　)。
A. 销售产品所产生的利润　　B. 有多少用户填写联系表格
C. 有多少用户打电话给网站运营者　　D. 有多少用户下载白皮书或产品目录
5. 下列哪一项是网站内容向用户传递的信息。(　　)
A. 公司信息　　B. 产品信息　　C. 促销信息　　D. A、B、C 都是

二、多选题

1. FAQ 的设计包括(　　)几个方面的内容。
A. 列出常见问题及答案　　B. 选定客户关系管理人员
C. 客户关系管理人员培训　　D. FAQ 页面的组织设计
2. 企业网站是有效的网络营销工具和网上销售渠道,它能起到(　　)。
A. 使外界了解企业　　B. 树立企业形象
C. 在竞争中立于不败之地　　D. 提供一定服务
3. 网站流量指标有(　　)。
A. 独立访问者数量　　B. 页面浏览数
C. 用户在网站的停留时间　　D. 每个访问者的页面浏览数
4. 网络营销评价指标有(　　)。
A. 网站设计指标　　B. 网站推广指标
C. 网站的用户流量指标　　D. 网络营销成本效益指标
5. 从哪些方面考虑网络营销是否提升企业品牌?(　　)
A. 是否准确定位　　B. 信息传递的方式是否多样化
C. 营销事件是否吸引关注　　D. 是否维护好客户关系

三、简述题

1. 网站转化率是指什么?
2. 网站流量统计分析工具有哪几类?
3. 网络营销是否增进顾客关系,满足顾客需求主要从哪几方面来评价?

四、实训题

请选择一家你常用的购物网站,评估这家网站的网络营销效果,并试着撰写一份网络营销效果评估报告。

参考文献

[1]王永莲，孙菲. 网络营销[M]. 北京：北京理工大学出版社，2014.

[2]沈莹. 网络营销基础与实务[M]. 北京：化学工业出版社，2009.

[3]秦琴，邱娜. 网络营销与实务[M]. 北京：经济科学出版社，2010.

[4]郝戊，王刊良. 网络营销[M]. 北京：机械工业出版社，2007.

[5]乌跃良. 网络营销理论与实践[M]. 北京：机械工业出版社，2011.

[6]亚德里安·斯莱沃斯基，卡尔·韦伯. 财富汇·需求：缔造伟大商业传奇的根本力量[M]. 杭州：浙江人民出版社，2013.

[7]张泉馨. 网络营销[M]. 济南：山东人民出版社，2015.

[8]淘宝大学. 数据化营销[M]. 北京：电子工业出版社，2012.

[9]冯金祥. 市场营销知识[M]. 北京：高等教育出版社，2012.

[10]刑讷. 百雀羚的定价策略解析[J]. 东方企业文化，2014(15).

[11]王建楠，王洪波. SEO 网站营销推广全程实例[M]. 北京：清华大学出版社，2013.

[12]徐长冬. 基于网络个人消费者购买行为的网络营销策略[D]. 哈尔滨工业大学硕士论文，2011.

[13]李琳. 网络营销[M]. 北京：中国商务出版社，2015.

[14]李湘棱. 关于网络消费市场中消费者行为的研究[J]. 中国商贸，2014(10).

[15]彭纯宪. 网络营销[M]. (2 版). 北京：高等教育出版社，2012.

[16]龚文祥. 传统企业如何做电商及微电商[M]. 北京：电子工业出版社，2015.

[17]商玮，段建. 网络营销[M]. (2 版). 北京：清华大学出版社，2015.

[18]杜子建. 微力无边(2014 升级版)[M]. 北京：中国人民大学出版社，2014.

[19]冯英健. 网络营销基础与实践[M]. 北京：清华大学出版社，2013.

[20]谢晓萍. 微信力量[M]. 北京：机械工业出版社，2015.

[21]李国建. 移动营销[M]. 北京：机械工业出版社，2015.

[22]腾大鹏. 移动互联网营销[M]. 北京：人民邮电出版社，2017.

[23]陆兰华. 网络营销[M]. 南京：东南大学出版社，2017.

[24]段建，安刚. 移动网络营销[M]. 北京：中国铁道出版社，2016.

[25]中国互联网信息中心，http://www. cnnic. net. cn/.

[26]腾飞网络营销学院，http://www. tfwlyx. com/.

[27]网络营销教学网站，http://www. wm23. com/.

[28]网上营销新观察，http://www. marketingman. com/.